효명작명

목 성 론

木性論

法古創新과 케이팝 데몬 헌터스

오늘도 애니메이션 '케데헌'의 뜨거운 和音(화음)이 한여름의 열기처럼 지구촌에 울려 퍼지고 있다. 우리 민족의 전통과 문화, 그리고 사상이 담긴 대서사시로 전개됨이 사주의 聯珠相生(연주상생) 구조처럼 아름답게 흐르고 있다. 가볍게 접했다가 흥미와 놀라움 속에 빠져들었다. 이는 法古創新(법고창신, 옛것을 법으로 삼아 새로움을 창조한다.)의 진수라 할 만하다.

'創'은 처음 시작함, 곧 開始(개시)를 뜻한다. 수많은 시행착오 끝에 얻어진 전혀 새로운 결과가 바로 창작이다. 예를 들어, 수레바퀴를 처음 만든 것이 '創'이라면, 바퀴 둘레에 쇠테를 씌우거나 타이어로 발전한 것은 단지 긍정적인 변화일 뿐, 창작은 아니다. '케데헌'에는 前代未聞(전대미문)의 새로운 虎鵲圖(호작도)가 등장한다. 푸른 호랑이(甲寅, 青虎)의 머리 위에 눈 셋 달린 三眼鵲(삼안작)이 앉아 있는 모습이다. 우리 역사에 없던 완전히 새로운 창작물이다.

寅木(인목)은 동방을 상징하는 우리 민족의 기운이다. 흔히 말하는 白虎(백호)의 白은 서방에 속한다. '케데헌' 속 푸른 호랑이는 善과 惡, 너와 나, 동서양을 소통시키는 매개체로 등장한다. 곧 '우뚝 선 우리나라'를 암시한다고도 볼 수 있다.

　三眼鵲(삼안작)은 三足烏(삼족오)를 연상시키며 음양 관계를 떠올리게 한다. 까치의 세 번째 눈은 天地人(천지인)을 꿰뚫는 지혜의 눈, 慧眼(혜안)이다. 세상을 멀리 내다보며 우리나라를 光明藏(광명장)으로 안내하는 神鳥(신조)로 그려진 것이다. 이처럼 새로운 호작도의 탄생은 진정한 법고창신이며, 문화유산으로 보존할 가치가 충분하다.

　'케데헌'은 우리에게 말한다.

　"고전을 법으로 삼고, 자연을 스승으로 여기며, 긍정적인 사주 通變(통변)에 진력한다면, 일취월장의 기쁨을 누릴 수 있을 것이다."

　작품 속 四寅劍(사인검) 또한 흥미롭다. 조선시대 寅年·寅月·寅日·寅時가 겹친 시기에 제작된 辟邪用(벽사용) 검으로, 북극성과 28宿(수)가 새겨져 있어 邪氣(사기)를 물리치는 주술적 의미를 지닌다. 양각과 음각으로 새겨진 이름·아호·두인 세 가지가 세트인 落款印(낙관인) 역시 주술적 힘을 발휘한다는 점에서 사인검과 일맥상통한다.

명리학의 시원인 60甲子 갑골문을 비롯해 천간·지지 금문, 소전의 변천 과정을 명리학계에 최초로 제시하여 '法古'의 출발점으로 삼아 '創新'을 시도하였다. 이를 法古創新으로 自稱(자칭)하기에는 너무 僭濫(참람)하지만, 유튜브에 올라온 영상 중에 述而不作(술이부작, 성인의 말씀을 述할 뿐, 창작하지 않는다.)한 내용을 소개하며 자부심을 느낀다.

- "四柱(사주)를 끌고 다니는 心柱(심주)"

- "木 생명체가 우주의 주인공인 동시에 곧 「나」이기에, 木 중심으로 사주를 간명함이 진정한 生命論(생명론)"

- "약신이 유력하면 약신이 일간 역할을 한다."

- "이름과 아호는 용신과 약신의 기운을 보완하는 훌륭한 수단이다."

'케데헌' 주인공 이름에 부합하는 한자를 넣어 완성할 때, 작명가로서 보람과 긍지를 느낀다.

　- 累美(루미) : 아름다운(美) 언행이 거듭(累) 쌓여 至善(지선)의 경지에 이른다. 이 힘이 바탕이 되어 "우린 분명 황금빛이 될 거야"라며 어둠에서 벗어나 밝음을 노래할 수 있었다.

　- 晉宇(진우) : 악에 맞서 자신을 희생하였다. 햇살처럼 퍼져나가는(晉) 밝은 기운이 우주(宇)에 가득하고, 동방예의지국을 더욱 빛내는 德人(덕인)의 表象(표상)이다. 루미와 하나 되어 魂紋(혼문)을 지킬 수 있었다.

　'和'는 접속사 'and'의 뜻을 담고 있다. 'You and I', "너와 내가 하나 된다."는 도리다. 四柱의 中和(중화), 봄이 봄다운 자연의 調和(조화), 소리의 어울림이 극치를 이룬 和音(화음), 이것이 바로 '和'의 진수다. 총·칼·패권으로 하나되는 것은 虛想(허상)이지만, 음악은 실제로 세상을 하나로 묶는다. '케데헌'의 주제곡 'Golden'이 빌보드 1위에 오른 것은 '文(문)'의 힘이 '武(무)'보다 더 긍정적임을 보여준다.

　명리학 또한 마찬가지다. 부정적인 통변 대신 和合의 마음으로 소통하고, 法古創新의 정신으로 자신을 성찰하며, 삶의 질을 더욱 풍성하게 만들어가는 도구로 삼음이 현명하다. 이렇듯 명리학과 내가 하나 되고, 강호제현과 和而同行(화이동행)하는 木性論(목성론)의 세계가 드넓게 펼쳐지기를 바란다.

乙巳年, 늦더위를 식히며

- 제 1 부 -

甲木論

甲木

甲木 봄

甲木 여름

甲木 가을

甲木 겨울

- 제 2 부 -
乙木論

乙木

乙木 봄

제 1 부

甲木論

명리학은 동양 정신문명의 총 집합체이다.
천문, 지리, 인륜, 의학, 수리, 한학, 성명학, 인문학,
수양서를 포함하며 크게는 음양오행과 우주 변화의
원리 등을 망라한 것이다.

甲木 概論(갑목 개론)
甲木氣象論(갑목기상론) – 1

甲

■ 甲 : 갑옷 갑, 첫째 갑, 첫째 천간 갑, 껍질 갑, 동녘 갑

| 甲骨文(갑골문) | 金文(금문) | 小篆(소전) |

– 갑골문

- 열 십(十) 모양, 10천간(甲, 乙, 丙, 丁, 戊, 己, 庚, 辛, 壬, 癸)

- 十은 음양을 모두 갖춘 수이며, 생명체 甲乙木은 우주의 주인공 역할을 한다.

- 생명이 첫째이다.

– 금문

- 갑옷처럼 딱딱한 열매(□ : 열매의 모양)껍질이 열 십(十)자 형태로 갈라지는 모양

- 사람의 얼굴 모양 : 머리가 첫 번째로 중요한 역할을 한다.

- 囟(정수리 신, 숫구멍 신) : 머리 갈라진 모양

– 소전

- 씨앗이 갑옷처럼 딱딱한 땅을 뚫고 땅 위로 돋아난 새싹 모양

- 딱딱한 땅을 뚫고 나오는 힘은 수소폭탄이 터지는 위력이다.

- **설문해자**

  - 1(一)에서 시작하여 10(十)에서 완성

  - 10천간은 甲에서 시작하여 癸에서 완성 → 삼라만상이 완성

  - 10 완전수 → 동서남북(평면) + 전후 = 입체

生命論(생명론)

- 木은 땅에 뿌리를 내려 태양, 물과 더불어 인간과 같이 생로병사한다.

- 木은 생명체로 자연에서 木이 자랄 수 있는 환경이면 동물을 비롯한 다른 생명체도 살 수 있지만, 그렇지 못하면 생태계 전체가 파괴되어 인간 또한 共滅(공멸)한다.

- 日干(일간)이 木이 아니라도 木을 살리는 쪽으로 용신과 약신, 그리고 길신을 택해야 한다. 만물은 생명체인 木(나)을 키우기 위해 존재한다. 내가 우주의 주인이기 때문이다.

- 사주 명리학에서 木 중심인 생명론이 으뜸이 되어야 하는 배경이기도 하다. 한자 자원오행에 의거해서 작명할 때, 木이 살 집인 戊土를 뿌리로 하여 丙火 조후가 가장 많이 쓰이고, 다음으로 통관 및 滋養(자양)으로 壬水가 많이 쓰이는 이유가 木 생명을 중시하기 때문이다.

甲木의 특징

- 喬木(교목, 喬 : 큰 키 나무 교)이다.

  【예】 소나무, 잣나무, 느티나무, 과일나무

- 한자 부수는 木이다.

  【예】 松(소나무 송), 柏(잣나무 백), 楥(느티나무 원)

- 위로 곧게 자란다.

- Spring : 봄, 용수철, 튀어 오르다.

  - 솟아오르는 양기, 강한 생명력, 추진력, 미래지향적, 리더십

- 仁 : 어질 인, 사랑할 인, 곧음, 정직

  - 교육, 문화, 예술, 기획, 연구

- 시초, 頭領(두령), 장남, 장녀, 사장, 단체장, 책임자, 지도자

  - 모함이나 질시가 따른다. 겸손해지자.

- 甲=담(쓸개), 간과 담은 음양관계이다.

  - 木이 상처 : 간 질환, 눈 질환, 신경성, 불면, 예민, 피로감, 황달

- 木이 자라는 기간 : 寅월 ~ 酉월

  - 이때가 丙火의 왕성한 활동 기간이다.

  - 戌월에는 나무순이 막힌다. 단풍이 진다.

- 동량목, 유실수, 관상수, 약재 木, 火木(땔감)

계절별 甲木

- 봄(寅卯辰) : 嫩木(눈목, 嫩 : 아름다울 눈, 고울 눈, 어릴 눈)

  - 丙火를 보고 자란다. 木火通明(목화통명)

  - 봄의 木은 金을 제일 싫어한다.

  - 水는 辰中 癸水만으로 충분하다.

- 여름(巳午未) : 活木(활목)

  - 활발하게 큰다. 壬水가 우선이다. (조후용신)

- 가을(申酉戌) : 成長木(성장목)

  - 과일 木, 가을 곡식에는 丙火가 우선이다.

- 金火交易(금화교역), 木火通明(목화통명)

■ 겨울(亥子丑) : 休木(휴목), 死木(사목)

- 씨앗을 가지고 있는 木

- 劈甲引丁(벽갑인정) → 庚丁甲(死木)

> ※ **死木**
> 秋冬(추동)의 甲木이 지지에 木이 없어 通根(통근)이 되지 않고, 물이 없어서 바짝 말라 丁火에 잘 탈 경우이다. 死木(사목)이 寅卯辰 木운이나 巳午未 火운에는 죽은 나무에 꽃을 피우려 하니 흉하다.

甲의 유형별 한자

■ 匣(상자 갑) = 匚(상자 방) + 甲, 同字 : 柙

- 갑옷(甲)을 넣어 보관하는 상자(匚)

- 씨앗(甲)을 담아 보관하는 상자(匚)

  【예】手匣(수갑), 紙匣(지갑), 掌匣(장갑)

■ 閘(수문 갑, 물문 갑) = 門(문 문) + 甲

- 새싹이 돋듯이(甲) 水門(門)을 연다.

  【예】閘門(갑문), 閘夫(갑부), 水閘(수갑)

■ 押(누를 압) = 扌(→手 : 손 수) + 甲

- 씨앗(甲)을 심어서 손(扌→手)으로 다독이는 모양

  【예】押送(압송), 押釘(압정), 押收(압수)

■ 鴨(오리 압) = 甲 + 鳥(새 조)

- 식생활에서 으뜸(甲)으로 치는 새(鳥)

  【예】家鴨(가압), 鴨卵(압란), 雁鴨池(안압지)

■ 戎(병장기 융) = 十(→甲) + 戈(창 과)

- 방어 도구인 갑옷(十→甲)과 공격 무기의 대표인 창(戈)을 합한 총체적인 병장기

　【예】 戎馬(융마), 軍戎(군융), 東夷西戎(동이서융)

- 賊(도적 적) = 貝(재물 패) + 戎(병장기 융)

- 병장기(戎)를 들고 남의 돈(貝)을 빼앗는 도적

　【예】 盜賊(도적), 山賊(산적), 萬古逆賊(만고역적)

甲木氣象論(갑목기상론)

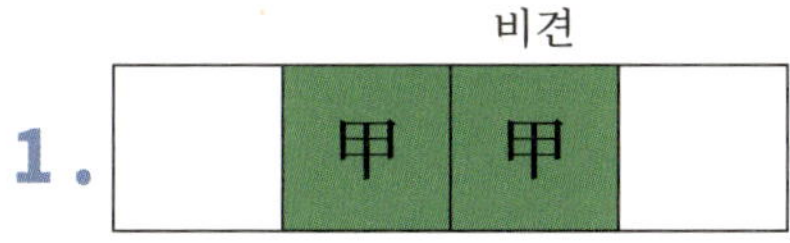

- 큰 나무 + 큰 나무 = 삼림

  - 우거진 숲이나 삼림을 의미한다.

  - 동량목이 되면 대들보 역할을 한다.

  - 木이 뿌리를 내릴 큰 땅이 필요하다.

  - 甲木이 2개 : 木이 많다. (林 : 수풀 림)

  - 甲木이 3개 : 木이 아주 많다. (森 : 빽빽할 삼)

  - 森林 : 木으로 따라가거나, 金으로 間伐(간벌)한다.

- 겨울에 木旺(목왕)하면 大凶인 이유

  - 겨울 조후용신인 丙丁火를 무력하게 한다.

    • 木多丙火滯(목다병화체), 木多丁火熄(목다정화식)

  - 겨울 戊土약신을 극한다. (木克土) 방수, 방풍, 제습을 못 하게 한다.

  - 키우지 못할 나무를 심고, 헛고생만 한다.

■ 만물은 생명체 木을 키우기 위해 존재한다.

최상

접재

2. 

■ 큰 나무 + 꽃, 칡, 등나무, 선인장

- 藤蘿繫甲(등라계갑 : 칡 등, 담쟁이덩굴 라, 얽을 계, 甲木)

- 칡이나 담쟁이덩굴 등 덩굴손이 甲木을 얽어매듯이 타고 올라가 寄生(기생)한다.

- 소나무에 칡넝쿨이 휘감고 오르며 자라는 형국이다.

- 甲木의 본질을 변화시킨다.

- 동량목의 가치가 떨어진다.

- 丙火가 있어야 등라계갑이 이루어진다.

■ 

- 부모궁 乙木이 자식의 덕을 가질 수 있어 좋지만, 자식 입장은 부담스러운 부모

■ 

- 자식궁 乙木 때문에 부모가 어려운 입장

■ 

- 등라계갑은 甲乙木이 붙어있을 때만 가능하다.

甲木氣象論(갑목기상론) - 2

3. 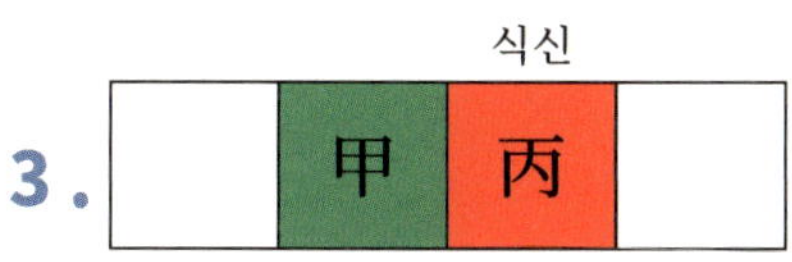

- 큰 나무 + 태양

  - 火生木 = 木火通明(목화통명)

  - 木과 火가 서로 통하여 밝게 빛난다. (봄, 가을)

  - 丙火 태양이 甲乙木 생명을 키우고, 가을에 결실을 맺는다.

  - 甲乙木이 丙火를 보아 살 수 있는 것이 우주의 진리이다.

  - 甲乙木이 죽는 환경이면 자연이 죽고, 나 또한 죽는다.

- 丙火태양이 甲乙木을 키우고 결실하게 하는 것이 火生木이다. 逆生(역생)

  - 동량목, 유실수, 곡식, 약초, 金火交易(금화교역)

  - 丙火는 밝음, 눈, 넓은 시야, 판단력, 식견, 미남미녀, 큰 키, 인기, 명랑, 쾌활, 화려

  - 1등을 다투는 甲木과 丙火가 竝存(병존) : 교만하기 쉽다. 겸손의 미덕을 갖추자.

- 丙火 조후용신 有力(유력)

  - 사주가 따뜻하면 삶도 따뜻하다.

  - 이것은 어떤 한 가지만 특정하여서 좋다는 것이 아니다.

  - 지향하는 바대로 수월하게 목적지에 갈 수 있다는 여러 긍정적인 의미를 포함한다.

- 丙火용신이 자기 역할을 못 하는 경우 : 辛金이나 癸水를 만났을 때 자기 갈 길을 못 간다.

  - 丙辛合化水(병신합화수) : 운에서 辛金이 올 때 合化가 되어 힘을 잃는다.

  - 丙 + 癸 = 구름, 안개 등이 丙火를 가린다. 丙火의 시야가 가려진다.

  - 판단력이 흐려지고 자기 역할을 못한다.

> ※ **用神合去(용신합거, 去: 갈 거, 버릴 거, 떠날 거)**
>   용신 丙火가 자기 역할을 하고 있는데 辛金을 만나 合을 하여 丙火가 떠났다.
> ※ **用神羈絆(용신기반, 羈: 말 굴레 기, 絆: 얽어맬 반)**
>   용신 丙火에 말 굴레를 씌웠다는 뜻으로, 丙火의 역할을 구속한다.
> ※ **用神合去(용신합거) = 用神羈絆(용신기반)**

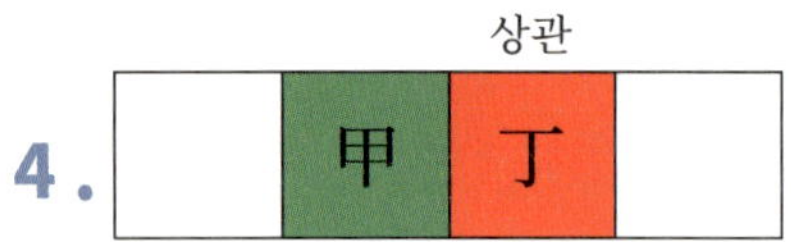

- 큰 나무 + 난롯불 = 장작불

- 丁火 : 촛불, 난롯불, 전깃불, 地熱(지열), 용광로, 온실열, 난방열, 인공열

  - 丁 심장 : 심장이 따듯하다. 情(정)이 많다.

  - 情을 잘 베푼다. 상처를 잘 받는다.

  - 베푼 情만큼 받으려고 하지 말자.

- 木生火 = 甲木(땔감) + 丁火 → 장작불

  - 甲木생명인 자신을 태워 세상을 밝히려고 한다.

  - 空(빌 공)의 세계에 뜻이 있다. 정신세계 추구

  - 종교인, 수도인, 혁명가, 정의사회구현사제단

  - 명리, 철학, 한자 공부를 하기에 적격이다.

- 甲午일주 : 甲木의 뿌리가 火傷(화상)을 입을 수도 있다.

  - 甲木이 좌불안석이다. 섬세, 예민, 불안, 초조하다.

- 甲丁 + 巳, 午, 未月 = 火旺節(화왕절)

  - 肝(간)이 火傷(화상)을 입는다. 간 질환을 겪는다. (火病)

- 간염, 피로감을 쉽게 느낀다. 자주 눕고 싶다. 눈, 신경성 질환을 조심하자.

- 강한 화기를 辰丑濕土로 설기하는 것이 최상이다.

- 濕土한자 : 振(떨칠 진), 周(두루 주), 甫(클 보), 留(머무를 류)

※ 振, 周. 甫. 留 : 논밭에서 싹이 트는 濕土 한자이다.

■ 甲木은 지열(丁火)보다 태양(丙火)을 보고 크는 것을 더 좋아한다.

편재

5. 

■ 큰 나무 + 큰 산 = 高山之木

- 풍광이 좋다. 큰 기상, 고독, 고집이 세다.

- 때 묻지 않은 고고함 : 수도인, 종교인

■ 甲戊 + 子月 = 子水는 病, 戊土약신은 돈

■   甲 戊 丙   + 子月 = 귀국(貴局)

- 金水旺 : 水病, 戊土약신, 丙火조후용신

- 火가 없으면 戊土는 약신과 용신을 겸하여 약용신이라 칭한다.

■   甲 戊 戊   : 첩첩산중

- 해가 일찍 진다. 일찍 下山해야 한다.

- 일조량이 적다. 수확이 적다.

■ 여름 戊土는 病神(병신) 역할 : 水 조후용신을 극한다.

 겨울 戊土는 藥神(약신) 역할 : 방수, 방풍, 제습 → 보온 역할을 한다.

■ 여름 甲木은 藥神(약신) 역할 : 여름 戊土 병신을 극한다.

 겨울 甲木은 病神(병신) 역할 : 겨울 戊土 약신을 극한다.

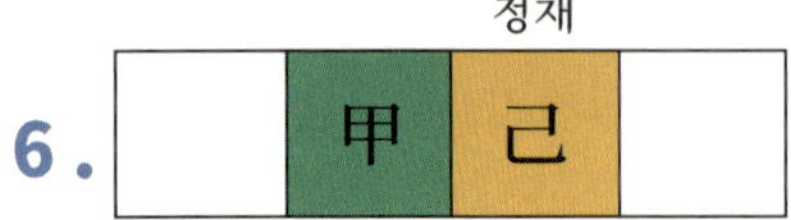

6.

- 큰 나무 + 논밭

- 甲己合化土 : 운에서 己土가 올 때 合化가 된다.

  - 甲木이 土로 변질, 본분 상실, 제 역할을 하지 못한다.

  - 甲木에 곁가지가 나서 땅에 뿌리를 내린다.

- 밭이나 농토인 己土에서는 곡식이나 채소가 생산되는 것이 정격이다.

  - 밭에 과일 木이 자라는 경우도 있다.

- 천간합은 대부분 흉하다. 그러나 길한 경우도 있다.

  - : 丙辛合化水가 吉작용

  - 甲木에게는 辛金이 손톱 밑의 가시와 같은 어려운 존재이다.

  - 丙辛合으로 甲木이 상처 받지 않는다.

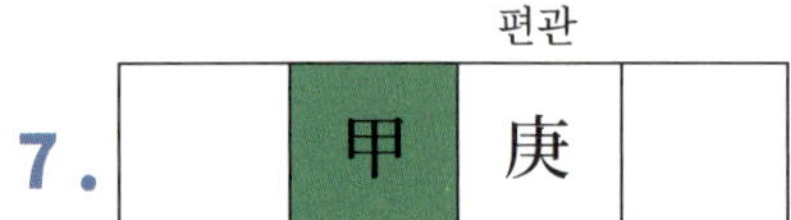

7.

- 큰 나무 + 큰 도끼 = 金克木

  - 쇠도끼로 큰 나무를 자른다.

- 계절별 庚金

  - 봄의 庚金 : 어린 싹(嫩木 : 눈목)을 자르니 凶이다.

    • 봄에는 庚辛金이 없는 것이 좋다.

  - 여름의 庚金 : 곡식이나 열매로 볼 때 자라는 金이다.

  - 가을의 庚金 : 곡식이나 열매가 되면 귀국이 된다.

    • 丙火가 있고 木이 다치지 않아야 가을에 수확할 수 있다. 金火交易(금화교역)이다.

  - 겨울의 庚金 : 눈, 얼음으로 寒氣(한기)를 더한다.

- 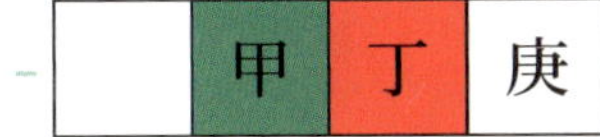

  - 년월의 정편관이 凶이 되어 조상의 음덕이 약하다.

  - 관(남편)이 나를 힘들게 한다.

  - 직장, 직위가 약하다.

  - 水 통관용신, 또는 자기 甲木 비겁용신을 쓴다.

- 官殺(관살)

  - 官(吉 작용을 할 때) : 木多하여 金으로 間伐(간벌)한다.

  - 殺(凶 작용을 할 때) : 신약한 木을 金으로 극할 때 七殺(칠살)이라 한다.

- 三朋(삼붕, 세 가지의 좋은 벗)

  -

  - 가을, 겨울의 甲木이 死木(사목)일 때 해당된다.

  - 아래 ①, ②의 용어는 다르지만, 두 내용은 같다.

  ① 劈甲引丁(벽갑인정, 劈 : 자를 벽, 引 : 당길 인)

   → 甲木을 쪼개어 丁火의 불꽃을 당긴다.

   → 木生火(甲+丁)한 불꽃 丁火로 火克金(丁+庚) 하며, 劈甲引丁(벽갑인정)하여 庚金 관이 吉작용을 한다.

   → 남편덕이 있다. 관운(직장, 직위)이 좋다.

   → 甲庚 : 凶 구조인데, 운에서 丁火가 오면 최고조로 능력을 발휘한다.

  ② 鎔金成器(용금성기, 鎔 : 녹일 용, 成 : 이룰 성, 器 : 그릇 기)

   → 庚金을 丁火로 녹여, 쓸모 있는 새로운 기물을 이룬다.

   → 두뇌 명석, 창의력, 불굴의 의지, 근면, 성공신화

   → 대장간 사주

정관

8. 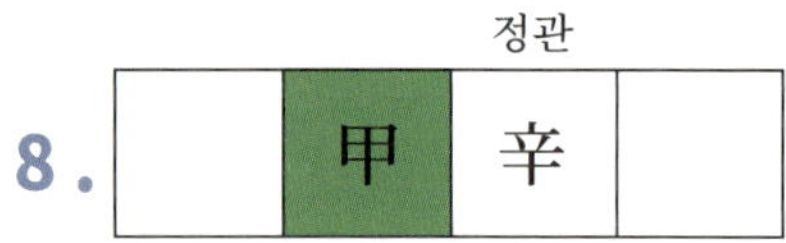

- 큰 나무 + 칼, 낫, 작은 도끼

  - 甲木이 상처를 입는다.

  - 水를 통관길신으로 쓴다.

- 甲木에게는 辛金이 손톱 밑의 가시와 같은 어려운 존재이다.

  - 남들은 어려운 상황이라는 것을 모른다.

  - 甲 辛 丙 : 丙辛合이 吉작용, 운에서 丙火가 올 때 吉하다.

  - 이때 丙辛合化水가 吉작용을 한다. 辛金(음)은 丙火(양)와 놀려고 甲木에게는 상처 주지 않고,

    甲木은 丙火를 만나 생기를 얻는다.

  - 천간합은 대부분 凶작용을 한다. 그러나 위의 경우처럼 吉한 경우도 간혹 있다.

- 辛金

  - 칼, 낫, 침 등 예리한 도구

  - 보석 : 완제품, 고가

  - 가을에는 곡식, 열매, 약초 등으로 보기도 한다. 최고의 보석은 곡식(먹거리)이다.

  - 보석을 丁火로 녹이면 고철이 된다. (丁辛沖)

- 辛金은 丙丁火를 못쓰게 한다. : 丙辛合化水, 丁辛沖

9. 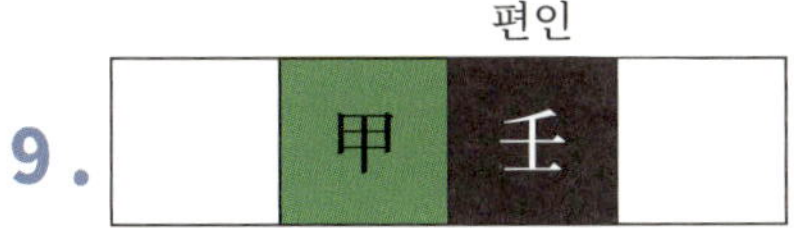

■ 큰 나무 + 큰 물

- 水生木 : 물이 나무를 기른다.

- 甲木이 동량목으로 자랄 수 있는 조건이다.

■ 　甲　壬　庚　 : 金生水로 水旺

- 여름철에는 吉하고, 겨울철에는 凶하다.

- 여름철 戊戌 건토는 병이다. 필요한 물을 막기 때문이다.

- 겨울철 戊戌 건토는 약이다. 불필요한 물을 막기 때문이다.

- 겨울철 戊戌 건토는 방수, 방풍, 제습을 통해 보온 작용을 한다.

■ 　甲　壬　壬　 : 큰 나무 + 대해수

- 甲木이 浮木(부목, 浮 : 뜰 부) 된다.

- 戊土약신이 최우선이다.

10. 　甲　癸

■ 큰 나무 + 비 = 샤워 沐(목욕할 목)

- 水生木 : 물이 나무를 기른다.

- 癸水는 하늘의 물로, 여름철 조후로만 필요하다.

- 하늘의 물로는 雨(비 우), 雲(구름 운), 雪(눈 설), 霜(서리 상), 露(이슬 로), 霧(안개 무) 등이 있다.

- 癸水의 물상 : 약수, 샘물, 눈물, 땀, 정액

■ 癸水는 丙丁火를 무력하게 한다.

- 비, 구름 등은 丙火태양을 가리고, 丁火지열을 꺼지게 한다.

> ※ 그래서 효명작명에서는 雨(비 우), 雲(구름 운), 雪(눈 설), 霜(서리 상), 露(이슬로), 霧(안개 무) 등 하늘의 물을 뜻하는 한자를 불용문자로 본다.

- 癸水는 丙丁火를 반긴다.

  - 癸水 일간은 丙丁火운이 대부분 吉하다.

  - 癸水는 밝음을 추구하여 丙火를 항상 반기며 긍정적으로 살려고 노력한다.

- 丙丁火는 癸水가 싫다.

  - 丙丁火 일간은 癸水운이 대부분 凶하다.

- 甲 癸 癸 + 봄, 여름

  - 癸水의 뿌리(통근)가 없다면 구름이나 짙은 안개가 된다.

  - 申, 子, 辰, 亥 중 한 글자라도 있다면 봄비이다.

  - 子, 辰 두 글자가 있다면 봄 장마 또는 여름 장마이다.

  - 비를 맞고 있는 나무는 햇빛이 없어 한랭하다.

  - 벌, 나비 등의 활동이 없어 열매를 맺지 않으니 수확도 없다.

  - 가난하다. 밖에서 할 일이 없다.

  - 戊戌 건토 약신을 우선으로 하며, 丙丁火 조후용신이 그다음이다.

- 甲 癸 癸 + 겨울

  - 눈, 눈보라, 고드름, 北風寒雪(북풍한설)

  - 이때 癸水는 死神(사신)이다.

  - 戊戌 건토 약신을 우선으로 하며, 丙丁火 조후용신이 그다음이다.

- 水 인성이 凶

  - 공부, 고향, 부모, 선생님 및 직장 상사와의 인연이 약하다.

★12운성 이해하기

長生(장생)	沐浴(목욕)	冠帶(관대)	→	生浴帶(생욕대)	앞 계절
建祿(건록)	帝旺(제왕)	衰(쇠)	→	祿旺衰(녹왕쇠)	자기 계절
病(병)	死(사)	墓(묘)	→	病死墓(병사묘)	다음 계절
胞絶(포절)	胎(태)	養(양)	→	絶胎養(절태양)	반대 계절

◆ 자기 계절은 항상 녹왕쇠이다.

◆ 앞 계절은 항상 생욕대이다.

◆ 다음 계절은 항상 병사묘이다.

◆ 반대 계절은 항상 절태양이다.

■ 일간 甲木의 경우

| 앞 계절은 亥子丑 - 생욕대 | 자기 계절은 寅卯辰 - 녹왕쇠 |
| 다음 계절은 巳午未 - 병사묘 | 반대 계절은 申酉戌 - 절태양 |

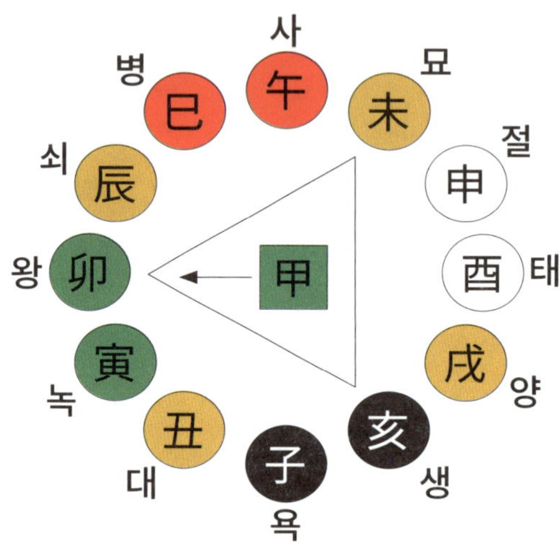

■ 일간 丙火의 경우

| 앞 계절은 寅卯辰 - 생욕대 | 자기 계절은 巳午未 - 녹왕쇠 |
| 다음 계절은 申酉戌 - 병사묘 | 반대 계절은 亥子丑 - 절태양 |

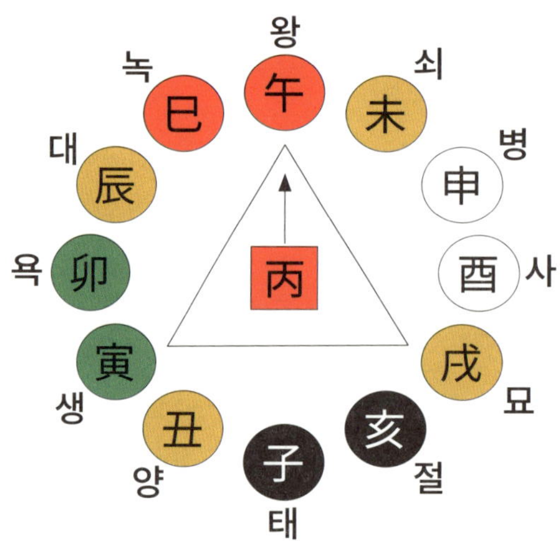

효명작명 목성론

■ 일간 庚金의 경우

앞 계절은 巳午未 – 생욕대	자기 계절은 申酉戌 – 녹왕쇠
다음 계절은 亥子丑 – 병사묘	반대 계절은 寅卯辰 – 절태양

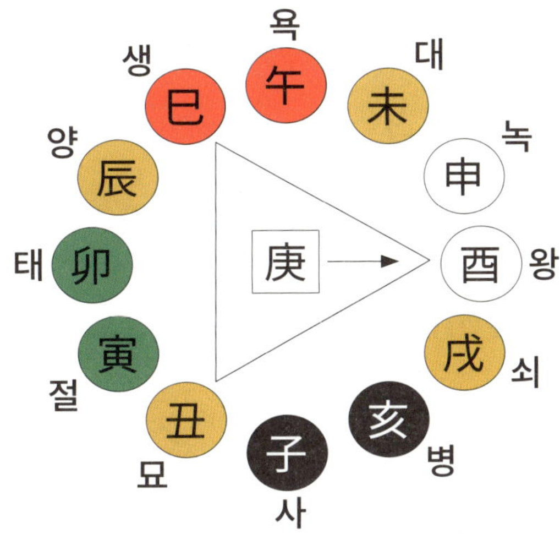

■ 일간 壬水의 경우

앞 계절은 申酉戌 – 생욕대	자기 계절은 亥子丑 – 녹왕쇠
다음 계절은 寅卯辰 – 병사묘	반대 계절은 巳午未 – 절태양

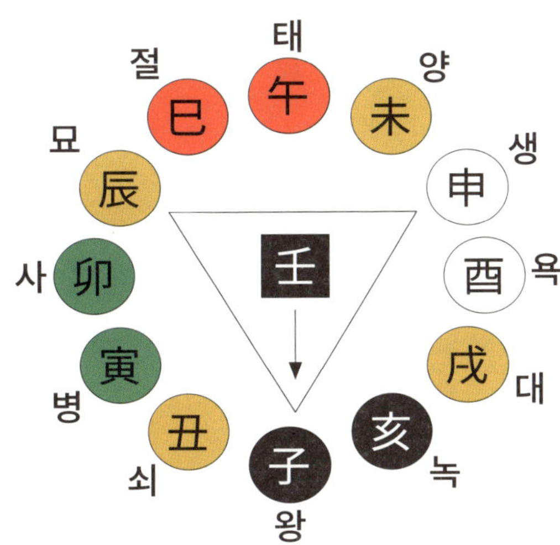

- 三合(삼합)의 특징

  - 生旺墓(생왕묘)를 이은 세 개의 합이 三合(삼합)이다.

  - 앞 계절의 孟月(맹월)에서 시작하여 자기 계절의 仲月(중월)에 와서 다음 계절의 季月(계월)을 잇는다.

- 三合(삼합)의 종류

  1. 亥卯未 木局(해묘미 목국)

  : 木의 앞 계절 孟月 亥, 자기 계절 仲月 卯, 다음 계절 季月 未를 이으면 生旺墓가 되고, 亥卯未 木局이 된다.

  2. 寅午戌 火局(인오술 화국)

  : 火의 앞 계절 孟月 寅, 자기 계절 仲月 午, 다음 계절 季月 戌을 이으면 生旺墓가 되고, 寅午戌 火局이 된다.

  3. 巳酉丑 金局(사유축 금국)

  : 金의 앞 계절 孟月 巳, 자기 계절 仲月 酉, 다음 계절 季月 丑을 이으면 生旺墓가 되고, 巳酉丑 金局이 된다.

  4. 申子辰 水局(신자진 수국)

  : 水의 앞 계절 孟月 申, 자기 계절 仲月 子, 다음 계절 季月 辰을 이으면 生旺墓가 되고, 申子辰 水局이 된다.

★ 孟月(맹월), 仲月(중월), 季月(계월)로 지장간 이해하기

孟月(맹월)	각 계절의 첫 달	寅	申	巳	亥	長生(장생)
		봄	가을	여름	겨울	
仲月(중월)	각 계절의 가운데 달	子	午	卯	酉	帝旺(제왕)
		겨울	여름	봄	가을	
季月(계월)	각 계절의 끝 달 (환절기)	辰	戌	丑	未	墓(묘)
		봄	가을	겨울	여름	

1. 孟月 (長生)

寅(戊丙甲)：寅木 속 지장간 丙火는 천간의 병화와 같다.

申(戊壬庚)：申金 속 지장간 壬水는 여름철에 귀하게 쓰인다.

巳(戊庚丙)：巳火 속 지장간 丙火는 庚金을 빛나게 한다. 영광있게 한다.

亥(戊甲壬)：亥水 속 지장간 甲木은 겨울이면 씨앗이다.

2. 仲月 (帝旺)

子(壬癸)：지장간 壬癸水를 다 가지고 있다. 가장 춥다.

午(丙己丁)：지장간 丙丁火를 다 가지고 있다. 가장 덥다.

卯(甲乙)：지장간 甲乙木을 다 가지고 있다. 가장 봄의 기운이 완연하다.

酉(庚辛)：지장간 庚辛金을 다 가지고 있다. 가장 가을이 무르익었다.

3. 季月 (墓)

辰(乙癸戊)：3월 土, 濕土(습토), 지장간에 癸水가 있다.

　　　　　　辰土 속 癸水로, 辰土는 沃土(옥토)이다.

戌(辛丁戊)：9월 土, 乾土(건토), 지장간에 丁火가 있다.

　　　　　　戌土 속 丁火는 겨울을 나게 한다.

丑(癸辛己)：12월 土, 濕土(습토), 지장간에 癸水가 있다.

　　　　　　丑土 속 辛金이 자갈로, 丑土는 자갈밭이다.

未(丁乙己)：6월 土, 乾土(건토), 지장간에 丁火가 있다.

　　　　　　未土 속 乙木은 선인장이다. 생명력이 강하다.

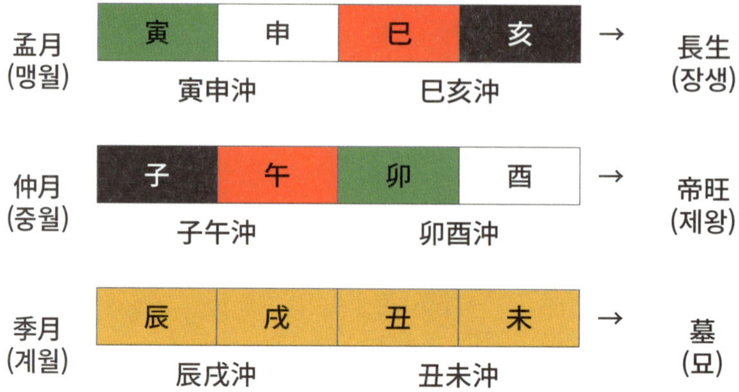

- 寅申沖(인신충) : 金克木 관계이다. 沖이 된다. 水는 통관 길신이다.

  - 5운6기 중 6기 : 寅申小陽相火(인신소양상화)

- 巳亥沖(사해충) : 沖으로 보지 않는다. 넓은 호수 위에 해가 떠 있다. 보기가 좋다.

  - 5운6기 중 6기 : 巳亥厥陰風木(사해궐음풍목)

- 子午沖(자오충) : 水克火 관계이다. 水火는 不相沖이다.

  - 5운6기 중 6기 : 子午小陰君火(자오소음군화)

- 卯酉沖(묘유충) : 金克木 관계이다. 沖이 된다. 水는 통관 길신이다.

  - 5운6기 중 6기 : 卯酉陽明燥金(묘유양명조금)

- 辰戌沖(진술충) : 乾土(건토)와 濕土(습토)의 관계이다. 沖이 된다.

  - 5운6기 중 6기 : 辰戌太陽寒水(진술태양한수)

- 丑未沖(축미충) : 乾土(건토)와 濕土(습토)의 관계이다. 沖이 된다.

  - 5운6기 중 6기 : 丑未太陰濕土(축미태음습토)

甲木日柱論(갑목일주론)

1. 甲子

큰 나무 + 냉수

- ■ 첫째 천간 갑 + 첫째 지지 자 : 60갑자의 첫 번째
  - 생명 잉태, 시초, 우두머리, 장남, 장녀, 책임자, 지도자, 리더
  - 장남, 장녀 또는 조직의 장이 아니더라도 그 역할을 한다.
  - 甲木의 힘이 매우 강하다. 굽히기를 싫어하며 대인관계에 어려움을 겪기도 한다.
  - 고집, 자존심, 자신감, 독립심이 강하다.
  - 맡은 일에 책임감이 강하다.
  - 무슨 일이든지 마음먹으면 바로 시작하지만, 흥미가 떨어지면 포기도 빠르다.
- ■ 하늘 향해 두 팔 벌린 나무들과 같이
  - 강한 생명력을 자랑한다.
  - 靑雲(청운)의 꿈을 안고 정진한다.
- ■ 인성 子水
  - 맑은 물, 맑은 지혜, 맑은 머리, 頭寒足熱(두한족열)
  - 지장간에 壬癸水로 오직 水만을 품고 있다.
  - 여름철 子水는 조후와 통관으로 그 역할이 크다.
- ■ 공부하는 사람이 많다 : 공자, 맹자, 노자, 장자, 순자

- 교육, 문화, 예술, 종교, 철학, 역학, 명리

- 통찰력이 뛰어나며, 맡고 있는 분야에서 두각을 나타낸다.

- 子水의 凶 작용 : 자기 갈 길을 못 간다.

■ 子午卯酉 일지 제왕

- 배우자 궁이 강하다.

- 甲子 : 子水 인성, 어머니가 강하다.

- 남자의 경우, 어머니 같은 아내

- 어머니의 영향력이 크다 : 고부갈등, 자상한 남편

■ 甲子 : 靑鼠(청서 : 푸를 청, 쥐 서)

- 푸른 쥐

- 푸른 숲속의 쥐

- 뛰어난 미모, 민첩성, 근면, 야행성, 비밀이 많다.

- 子月은 一陽(일양)이 始生(시생)하는 *陽復之月(양복지월)로, 甲子는 陽地(양지)를

  찾아다니는 쥐의 형국이다.

> ※ 陽復之月(양복지월) : 양의 기운을 회복하는 달 (☷ : 地雷復卦(지뢰복괘))

2. 甲戌

 큰 나무 + 큰 산

■ 高山之木(고산지목)

- 나무가 무성한 산 : 계곡물이 있다.

- 戌月 : 단풍이 물든 산, 풍광, 운치, 낭만, 멋, 고독, 문화, 예술

- 가을 戌時 : 사색의 계절, 명상, 철학, 종교, 명리

■ 木을 키워 가을에 풍성한 수확을 한다.

– 성품이 인자하고(木 = 仁) 재물복이 있다.

■ 높은 산의 소나무같이 獨也靑靑(독야청청)의 기상으로 현실에 안주하기보다는 영혼의 삶을 추구한다.

■ 나만의 독자적인 길을 가고자 하는 순례자의 고행길을 선택하는 데 주저하지 않는다.

■ 甲 **戌**
- 辛 정관 : 傷官見官(상관견관, 화극금 : 丁辛)
  → 남편, 자식, 직장의 아픔
- 丁 상관 : 傷官生財(상관생재, 화생토 : 丁戌)하면 吉하다.
  → 丁火 하나가 겨울을 나게 한다.
- 戌 편재 : 가을, 겨울에 戌中 丁火와 戌土를 귀중하게 쓴다.
  → 경제적인 안정

– 지장간이 식상(丁) → 재성(戌) → 관성(辛)으로 흐르면 吉하다.

• 언행(食傷)이 바르고 돈(財)이 있으며, 명예(官)도 있다.

• 辛金 정관 명예보다도 戌土 재물을 추구하는 것이 더 효율적이다.

• 배우자궁이 강하다.

■ 辰戌沖 : 지진, 甲木이 흔들린다.

■ 일지 辰戌丑未의 상반된 吉凶 작용

① 墓(무덤 묘)의 凶 작용

– 한여름에 물 없는 熱土(열토)와 한겨울에 불 없는 凍土(동토)는 생명체 木의 무덤(墓)이 된다.

– 12운성의 墓이다. 육친과 관련된 뜻으로 해석한다.

– 나와 가족(부모형제·자·배우자) 중에 누군가가 무덤에 들어있다.

– 육친 관계에서 남모르는 사연과 마음의 상처가 있거나, 건강 문제로 고통받을 수 있다.

② 庫(창고 고)의 吉 작용

– 辰戌丑未는 각 계절의 마지막 달(季月 : 계월)로 봄은 따뜻하고 여름은 덥고 가을은 서늘하며 겨울에는 추운 기운이 쌓여 내려온 계절별 한난조습의 저장 창고이다.

【예】 여름의 季月(계월)인 未월은 小暑(소서)와 大暑(대서)가 있어 강한 열기를 저장하는 창고를 의미하는 庫地(고지)이다.

– 辰戌丑未 四庫 : 땅에서 생산된 농산물을 곡식 창고에 보관한다.

- 재물의 뜻으로 해석한다.

    - 식복이 있다. 재물 복이 있다. 부자다. 부유하다. 경제적으로 윤택하다.

- 辰戌丑未를 일지에 둔 20가지 일주는 식복은 있으나, 나와 부모형제·자·배우자 입장에서는 남모를 고통이 따르는 특징이 있다.

- 의료, 교육, 활인업, 상담, 종교 분야에서 業相代替(업상대체)를 하면 말년에 평안한 삶을 누릴 수 있다.

- 甲戌 : 靑狗(청구 : 푸를 청, 개 구)

    - 푸른 개

    - 숲속에 있는 개

    - 사냥개 : 용맹, 충성심

    - 잘 짖는다. 말을 잘한다.

3. 甲申

- 큰 바위 위의 소나무

    - 큰 바위 위에 큰 이상을 품은 소나무

    - 仁(甲木)과 義(申金)를 실천하려는 의지가 강한 지도자상이다.

    - 絶處逢生(절처봉생 : 끊을 절, 곳 처, 만날 봉, 살 생)

      絶地(절지)에서 태어난 甲木이 지장간 申中 壬水의 生을 받아 산다.

- 바위산의 소나무

    - 더디게 자란다.

    - 뛰어난 환경 적응력과 인내로 삶을 개척한다.

    - 남보다 특별한 재능이 있어 주로 전문직에 종사한다.

■ 고통 속에 피는 꽃

  - 역경이 사람을 강하게 만들고, 고난을 이기면 더 성숙해진다.

  - 현실을 개척하려는 의지가 굳고 실천이 따른다.

  - 고집이 세고, 자존심이 강하다. 고난을 극복한다, 칠전팔기, 자수성가

■ 바위 위의 소나무

  - 한여름 건조기에도 설악산의 소나무는 늘 푸르다. 바위가 밤 동안 공기 중의 습기를 저장하였다가 낮 동안에 소나무 뿌리에 수분을 공급해 주는 金生水의 역할이 이루어지기 때문이다. 그러므로 申金 위의 甲木이 살 수 있는 것이다. 이러한 현상이 絶處逢生(절처봉생)이다.

■ 甲 | 申 |
    - 戊 편재 : 甲木이 뿌리를 내릴 땅
    - 壬 편인 : 공부하여 성공
    - 庚 편관 : 나를 극하는 배우자

  - 吉 작용 : 재생관 → 관생인 (戊 → 庚 → 壬)

■ 甲申일주는 인성 壬水의 역할이 핵심이다. → 공부하여 성공, 보수적인 성향이다.

■ 甲申 : 靑猿(청원 : 푸를 청, 원숭이 원)

  - 나무 위의 원숭이, 뛰어난 민첩성

  - 호기심 천국이며, 다재다능하다.

懸針煞(현침살)

■ 懸針煞은 懸(매달 현), 針(바늘침)을 의미한다.

  - 바늘이나 칼 또는 의료용 주사기, 침이 몸에 매달려 있다.

  - 내가 남에게 나쁜 영향과 좋은 역할을 동시에 할 수 있는 사람

  - 懸針煞의 날카롭고 예민한 기운을 純化(순화)시켜, 긍정적인 에너지로 바꾸어 쓰는 안목을 키

운다면 轉禍爲福(전화위복)이 될 수 있다.

- 예민하고 냉정한 장인의 모습이면서 사람을 살리는 活人(활인)의 성격도 兼備(겸비)한 지혜로운 사람이 많다.

- 수술칼의 쓰임이나 經穴(경혈)의 침 자리가 정확해야 하듯, 남보다 다른 특별한 기술이나 능력을 갖추고 있는 사람이 많다.

- 언론인의 신살이라고도 불리며, 예술적인 능력이 있다.

- 진로 적성 및 직업

  - 의료 분야 : 의사, 간호사, 한의사, 약사, 치과 기공사, 재활 치료사, 도수 치료사, 안마사

  - 영성 교육 분야 : 심리상담사, 역술인, 종교 지도자, 무속인, 교육자

  - 언론 분야 : 문필가, 기자, 논설가, 비평가, 평론가, 유튜버, 인플루언서

  - 예술, 기술 분야 : 조각가, 화가, 서예가, 도예가, 서각, 전각, 석공, 목공, 인테리어, 악기 연주자, 의상 디자이너, 웹·앱 디자이너, 미용사, 네일 아트, 타투이스트, 보석 세공사, IT 기술자, 각종 정비사

  - 기타 : 전문직, 연구직, 군·검·경

- 懸針煞의 종류

  - **천간 甲·辛 + 지지 卯·午·申·酉**

①	甲子	甲戌	甲申	甲午	甲辰	甲寅
	乙卯	乙酉	丙午	丙申	丁卯	丁酉
	戊午	戊申	己卯	己酉	庚午	庚申
	辛未	辛巳	辛卯	辛丑	辛亥	辛酉
	壬午	壬申	癸卯	癸酉		

② 懸針이 3개 이상일 때 강하며, 천간이 지지보다 강하다.

③ 섬세한 손재주, 글솜씨 등 懸針煞을 긍정적으로 발현하는 능력은 하늘의 기운을 받는 것이 중요하다. 천간에 甲·辛이 없으면 지지에 卯·午·申·酉가 다 있어도 同氣感應이 되지 않아 그 힘을 제대로 쓰기가 어렵다.

④ 일주, 월주에 있으면 懸針이 강하게 작용한다.

⑤ 甲申, 甲午, 辛卯, 辛酉일주는 懸針이 강하게 작용한다.

⑥ 懸針은 干與支同이나 괴강과 비견하는 힘이 있다.

⑦ 懸針 3개 이상이 吉작용을 하면 두뇌가 명석하고, 현실 대처능력이 뛰어나다.

⑧ 활인업의 직업을 가지면 예민한 성격을 다스릴 수 있고, 업상대체를 할 수도 있다.

– 羊刃煞(양 양, 칼날 인)

① 羊을 잡는 칼

② 羊刃이 懸針의 기운을 강하게 품고 있다.

③ 羊刃 : 甲-卯, 丙-午, 戊-午, 庚-酉, 壬-子

④

◯	甲	◯	◯
	卯		

→ 羊刃이면서 동시에 懸針

→ 羊刃이 月支에 있을 때가 최강이다.

→ 木 제왕월에 甲木이 힘이 있다.

4. 甲午

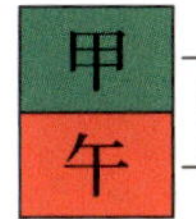 **큰 나무 + 불꽃 = 장작불**

■ 木火通明(목화통명 : 木, 火, 통할 통, 밝을 명) : 木과 火가 서로 통하여 밝게 빛난다.

– 木生火 = 甲木 + 丁火

甲木을 땔감으로 사용하여 丁火가 장작불이 되거나 난방하는 경우이다.

– 부적합한 木生火 = 乙木 + 丁火

乙木(습목)이 잘 타지 않는데 연기만 많이 나서 눈물을 흘리는 경우이다. 타더라도 열량이 적다.

– 火生木 = 丙火 + 甲乙木

봄과 가을에 丙火가 甲乙木 생명을 키우는 것을 木火通明이라 한다. 木火通明은 逆生(역생)관계로,

자연현상에 따른 것이다.

- 봄 寅, 卯, 辰月의 木火通明 : 목왕절에 丙火 조후용신이 유력한 경우

  - 丙火를 보고 木이 잘 자란다. 가을이 되면 곡식을 거둔다.

  - 벌, 나비가 있고, 인기가 많다. 인물이 좋다.

- 가을 申, 酉, 戌월의 木火通明 : 금왕절에 丙火 조후용신이 유력한 경우

  - 자기 역할을 뚜렷하게 드러낸다.

- 甲木 뿌리가 午火에 화상을 입는다.

  - 火多木焚(화다목분) : 水인성이 급선무로 필요하다.

  - 배우자 궁이 不美하고 식신, 상관의 문제가 있다.

  - 辰丑 濕土운이 大吉하다. 午火의 열기가 濕土에 설기된다.

  - 성질이 불같다. 정열적이다.

  - 간 질환 : 신경정신, 눈질환, 피로감, 우울증

- 丙 식신 : 水 조후가 시급. 말솜씨가 좋다.

- 甲 午
  - 丙 식신 : 水 조후가 시급. 말솜씨가 좋다.
  - 己 정재 : 火 설기 → 大吉. 두뇌 총명. 식신생재, 상관생재
  - 丁 상관 : 식신과 상관 혼잡. 조열. 쉽게 흥분. 감정조절 중요. 부부간 不和

- 甲午 : 靑馬(청마 : 푸를 청, 말 마)

  - 푸른 말. 名馬(명마)

  - 자존심, 용감무쌍, 두뇌 총명, 미남, 미인, 8등신, 역마

5. 甲辰

큰 나무 + 沃土(옥토, 沃 : 기름질 옥)

- 甲木이 제일 사랑하는 辰土(沃土)

- 강하게 뻗어나가는 힘 → 진취적인 기상, 적극성, 추진력, 명예욕, 책임감

- 명랑하고 왕성한 사회 활동

- 큰 바람이나 폭설에 맞서다가 꺾인다. → 중도에 막히면 돌아갈 줄 아는 지혜가 필요하다.

- 배우자궁인 옥토에 단단히 뿌리를 내리고 잘 큰다.

  - 善緣(선연) : 배우자가 사랑으로 품어주면 천생연분이다.

  - 惡緣(악연) : 배우자의 질환이나 원망 등이 있다.

  - 부부가 전생의 業緣(업연)이 있다. 팔자소관

  - 악연을 선연으로 만들려는 끝없는 노력이 필요하다. 덕을 실천하자.

- 甲辰 白虎(백호) 일주의 특징

  - 두뇌가 명석하고 강한 추진력으로 자수성가하는 사람이 많다.

  - 고집이 강하며 목표에 대한 강한 집중력과 끈기를 나타낸다.

  - 괴강이나 간여지동에 비견하는 힘이 있다.

  - 특수한 분야에서 능력을 발휘한다.

  - 진술축미 四庫(사고)를 둔 백호 일주는 식복은 있으나 나와 부모형제·자·배우자 입장에서는 남
    이 모르는 고통이 강하게 나타난다.

  - 白虎 일주: 甲辰, 乙未, 丙戌, 丁丑, 戊辰, 壬戌, 癸丑

- **甲 辰**

  - 乙 겁재 : 癸水 비를 맞고 잘 자란다. 예술성, 창의력, 손재주가 뛰어나다.
  - 癸 정인 : 부모의 사랑과 도움을 받는다.
  - 戊 편재 : 癸水 인성과 戊癸合. 문서, 서류가 돈이 된다. 부동산 투자 적합

  - 일지 辰은 申子辰 水局으로, 水庫(물창고)이다.

  - 인성 물이 喜하면 甲木이 잘 자라서 식복이 있고, 건강체이다.

- 甲辰 : 靑龍(청룡 : 푸를 청, 용 룡)

  - 四神(4신) 중 첫 번째

  - 동쪽의 용, 동쪽 지방을 관장하는 왕

  - 위엄, 권력, 군·검·경 분야에서 두각을 보인다.

6. 甲寅

甲
寅 │ **큰 나무(1등) + 큰 나무(1등)**

- 60갑자 중 최고의 자존심을 나타낸 일주이다.

- 뿌리 깊은 거목

  - 강한 신념과 뚝심으로 자기 성취를 이룬다.

- 동량목 : 대들보 역할

  - 활동력이 강하고 진취적이다.

  - 강한 리더십, 책임자, 장남, 장녀가 아니더라도 그 역할을 한다.

  - 바깥 활동이 바람직하다.

  - 대인관계에서 호불호가 분명하다.

- 甲寅 : 仁(사랑할 인)이 겹침

  - 木의 인문학적 성향 : 사랑을 베푼다.

  - 교육, 문화, 예술, 의료, 종교

- 干與支同(간여지동)

  - 간여지동이란

    ① 천간과 지지가 같은 오행이다.

    ② 하늘의 뜻과 땅의 환경이 같다.

    ③ 吉凶이 같이 있다.

    ④ 日柱(일주) 간여지동이 가장 강하다.

  - 간여지동 일주 12가지

甲	乙	丙	丁	戊	戊	己	己	庚	辛	壬	癸
寅	卯	午	巳	辰	戌	丑	未	申	酉	子	亥

- 간여지동 일주의 특징

① 고집, 자기 주장이 강하다. 두뇌가 명석하다. 에너지가 강하다. 역동적이다. 독립적이다.

② 배우자궁의 강한 성정으로 부부 화합의 어려움이 따를 수 있다.

③ 특히 子卯酉 帝旺(제왕)일주가 가장 강하다. 壬子. 乙卯. 辛酉

④ 배우자가 원하는 방향으로 내가 먼저 변해야 한다.

⑤ 행복 탐색 : 불간섭, 주말부부, 여행, 취미생활 등

※ **파도 없는 잔잔한 항해도 좋겠지만 4주 8자의 어려운 환경을 이겨내고 우뚝 일어서는 경지,**
   즉 心柱(심주)를 지속적으로 탁월하게 실현할 때 진정한 주인공이 될 수 있다.

- 간여지동 일주의 길흉

① 내가 신약할 때 인성과 비겁으로 인해 힘을 받으니 길하다. 간여지동으로 같은 오행인 배우자도 길하다.

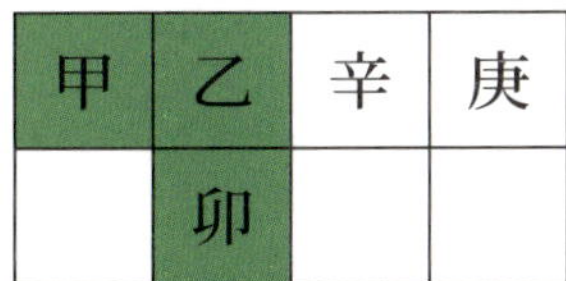

② 내가 신왕할 때 인성과 비겁은 흉하다. 간여지동으로 같은 오행인 배우자도 흉하다.

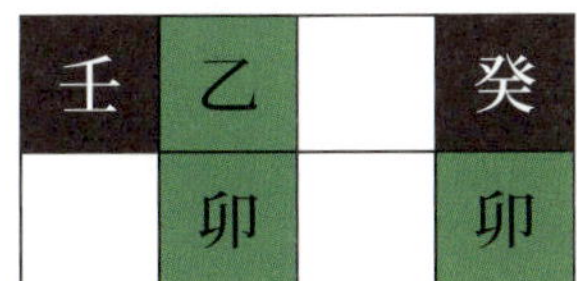

- 木 생명체의 간여지동

① 乙木의 유연함에 卯木의 무성하고 강인함을 뿌리에 두어, 두뇌가 명석하고 고집이 세며 독립심과 인내심이 강하다.

② 생명체 木으로만 구성된 간여지동 일주 중 陽인 甲寅보다 陰인 乙卯가 더 강하다. 乙卯는 오직 木氣만 있는 子午卯酉 제왕의 간여지동 중의 하나이기 때문이다. 外柔內剛型(외유내강형)이다.

■ 甲 寅
- 戊 편재 : 신왕재왕, 戊土는 甲寅木이 살 집, 유통, 사업운이 좋다.
- 丙 식신 : 丙火가 유력하면 목화통명(봄, 가을)
- 甲 비견 : 배우자와의 관계는 노력이 필요하다.

- 木火通明(목화통명) : 두뇌 명석, 특별한 재능, 교육, 문화, 예술

- 자기 역량을 뚜렷하게 드러낸다.

■ 甲寅 : 靑虎(청호 : 푸를 청, 범 호)

- 푸른 호랑이

- 푸른 숲에 大虎(대호)가 유유자적

- 위엄, 권위, 영웅심

- 부부궁 : 큰 호랑이와 동거한다.

不用文字 漢字(불용문자 한자)의 진실

'이름에 쓰지 말아야 할 문자'라는 뜻에서 '不用文字(불용문자)'라고 합니다. 개명을 유도하는 작명가들이 돈벌이 수단으로 활용되다 보니 현대에 이르러 불용문자라고 주장하는 한자들이 급속하게 늘어났고, 지금도 계속 늘어나는 추세에 있습니다. 이처럼 商魂(상혼)에 물든 일부 작명가들에 의해 무분별하게 더해진 '사이비 불용문자'들은 전통 시대로부터 내려오는 본래의 '불용문자'가 아니기에, 이런 문자를 이름에 사용하는 것은 아무 문제가 없습니다.

내용 출처 : Google '불용문자 한자' 중 발췌 I 한국작명교육협회

不用文字로 취급당하는데, 작명에 쓰면 좋은 한자의 예

1. 夏(여름 하, 클 하) = 頁(머리 혈) + 夊(천천히 걸을 쇠)

   - 갑골문 : 햇볕 아래 서 있는 사람

   - 금문 : 여름에 제사를 지낼 때 머리에 관을 쓰고 제단에서 우아하게 춤을 추는 모습

   - 우임금이 세운 '하나라'는 중국 최초의 왕조이다. 17왕 472년 동안(BC 1600년 무렵까지) 존속되었다.

   - 丙丁火의 기운을 같이 가지고 있다.

   - 여름은 태양 丙火는 뜨겁고, 丁火 地熱(지열)도 강하여 한습, 한냉 사주에 쓰면 좋은 한자이다.

   【예】 春夏秋冬(춘하추동), 夏節(하절), 夏季(하계)

2. 南(남녘 남) = 冂(무성할 발) + ￥(점점 심해질 임)

　- 초목은 남쪽으로 갈수록 점점(￥) 무성해진다(冂).

　- 丙丁火의 기운을 같이 가지고 있어 한습한 사주에 많이 쓰인다.

　- 木의 기운도 있다.

　　【예】東西南北(동서남북), 南男北女(남남북녀), 追友江南(추우강남)

3. 炅(밝을 경, 빛날 경) = 日(丙火) + 火(丁火)

　- 丙火는 낮에 밝고, 丁火는 밤에 빛난다.

　- 丙丁火의 기운을 같이 가지고 있어 한습한 사주에 많이 쓰인다.

　- 丙丁火가 필요한 作名(작명)에 대부분 쓰인다.

4. 美(아름다울 미) = 羊(양 양) + 大(큰 대)

　- 통통하게 살이 찐 큰(大) 양(羊)이 아름답게 보인다.

　- 큰 양이 쓸모가 많다. : 고기, 양털, 우유 등

　　【예】美風良俗(미풍양속), 有終之美(유종지미), 去言美來言美(거언미래언미)

5. 福(복 복) = 示(제사 시) + 畐(가득 찰 복)

　- 술을 가득(畐) 부어놓고 신(示)에게 정성껏 제사 지내어 복을 받는다.

　- 畐(가득 찰 복) : 술병에 술을 가득히 채우고 뚜껑을 닫은 모습.

　　• 좋은 술을 빚기 위해서는 재료부터 엄선해서 고르고, 갖은 정성을 들여야 한다. 과정을 중시해서 빚은 술
　　　로 제사를 지내어 하늘로부터 복을 받는다. 좋은 술은 시간이 지날수록 가치가 더해진다.

　　【예】壽福康寧(수복강녕), 轉禍爲福(전화위복), 吉凶禍福(길흉화복)

　- 示(제사 시, 보일 시) : 이 부수에 속한 한자는 모두 神(신), 제사, 제물, 제수, 제단, 제전 등의 뜻
　　이 따른다.

6. 祉(복 지) = 示(제사 시) + 止(그칠 지, 머무를지)

　- 신(示)이 내린 복이 머물러(止) 있도록 바르게 살아야 한다.

　- 받은 복이 새어나가지 않고 계속 가져가려면 그 정성이 지속되어야 한다.

　　【예】福祉國家(복지국가), 社會福祉(사회복지), 福祉施設(복지시설)

7. 祜(복 호) = 示(제사 시) + 古(옛 고)

- 예부터(古) 신(示)이 내린 복

- 그 복을 지키는 것은 나 자신의 정성에 달렸다.

不用文字로 간주되는 한자의 예

1. 祥(상서로울 상) = 示(제사 시) + 羊(양 양)

- 신(示)에게 제물로 바치던 상서로운 양(羊)

  【예】祥瑞(상서), 吉祥(길상), 不祥事(불상사)

2. 翔(날 상) = 羊(양 양) + 羽(깃 우)

- 양(羊)이 희생의 제물로 승화될 때 두 날개(羽)를 달고 하늘로 날아오른다.

  【예】飛翔(비상)

> ※ **轉糞世樂(전분세락 : 구를 전, 똥 분, 세상 세, 즐거울 락)**
> – '개똥밭에 굴러도 이승이 좋다.'는 속담처럼 이승에 사는 것이 나는 좋다. : 범인의 삶
> – 희생의 제물로 바쳐진 양의 삶처럼 사는 것이 나는 좋다. : 수도승의 삶

3. 宇(집 우, 한없는 공간 우) = 宀(집 면) + 于(말할 우)

- 말할 때(于)의 입김이 한없는 공간인 하늘로 올라간다.

- 宀 (집 면) : 이 부수에 속한 한자는 모두 집과 관계된다.

※ 【집의 종류】

- 家(집 가), 室(집 실)　: 일반인의 집

- 官(벼슬 관)　　　　 : 관청 집

- 宮(궁궐 궁)　　　　 : 임금의 집

- 宇宙(집 우, 집 주)　 : 하늘 집

4. 宙(집 주, 무한의 시간 주) = 宀(집 면) + 由(말미암을 유)

- 꼭지로 말미암아(由) 나뭇가지에 열매가 매달린 것처럼, 우주 공간에 매달려 있는 해, 달, 별의 집(宀).

【예】宇宙(우주) = 한없는 空間 우(空) + 무한의 時間 주(時)

• 時空(시공)이라는 한자어가 탄생한다.

• 時空(시공)을 초월하는 이름자를 가지고 있다.

• 매우 형이상학적인 내용이다.

甲木

봄

명리학을 단편적으로 보지 말자.
입체적으로 보는 것이 중요하다. 어느 한쪽에서만
보면 전체를 보지 못하는 愚(우)를 범하게 된다.
群盲撫象(군맹무상) 장님이 코끼리 코만 만지는 격이다.
명리학만 파고든다고 해서 실력이 느는 것이 아니다.
인문학을 폭넓게 접하는 것이 중요하다.

봄 寅卯辰월의 甲木

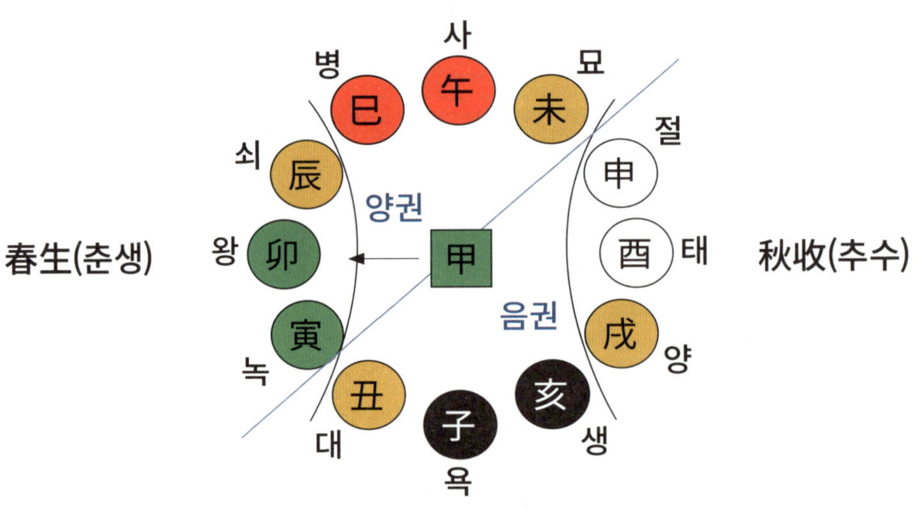

핵심

- 봄의 싹은 金을 무서워한다.

- 木旺節(목왕절)로, 木이 뿌리 내릴 수 있는 土가 필요하다.

- 丙火 : 정용신

- 봄 목화통명 : 貴局(귀국)

봄 甲木의 특징

- 봄의 甲木이 신약하면
  - 어린 싹(嫩木 : 눈목)과 같다.
  - 庚辛, 申酉金이 생명체 木을 꺾으면 매우 흉하다.
  - 木(목: 간) 질환 요주의 : 간, 눈, 피로감, 불면, 신경성 질환
  - 이때는 水가 통관길신이 된다.
  - 金이 旺(왕)하면 丙丁火가 金을 극하여 약신 작용을 해야 좋다.
- 봄의 甲木이 신왕하면
  - 金으로 間伐(간벌)하는 것보다 木이 뿌리를 내릴 土가 더 필요하다.
  - 성장할 때의 木을 金으로 間伐(간벌)이나 가지치기하는 것보다 土로 뿌리를 뻗어나가 살 집을 마련해주는 것이 좋다.
  - 단, 甲木이 太旺(태왕)하면 간벌해 주는 것이 좋다.
- 봄 甲木이 丙火가 有力(유력)하여 木火通明(목화통명)이 되어 木이 잘 자라면 귀국이 된다.
  - 두뇌 총명, 특별한 재능, 지도자, 교육, 문화, 예술, 재물복
- 봄 甲木은 丙火를 正用神(정용신)으로 쓰는데, 丙辛合으로 用神羈絆(용신기반)이 되면 흉하다.
- 봄은 木旺節(목왕절)로, 木이 뿌리를 내릴 땅인 戊辰土 財(재)가 있고 丙火조후가 되면 귀국이 된다.
- 봄 甲木 + 壬癸 + 申子辰 水局 = 水旺(수왕)하고 한랭하면
  - 벌, 나비가 없다. 결실이 없다. 물질운이 약하다.
  - 水旺 : 戊戌 건토 약신
  - 한랭 : 丙丁火 조후용신
- 봄 甲木이 土가 많으면 흉하다.
  - 土가 많아 흙이 두터우면 發芽(발아)가 늦어 힘이 든다.
  - 삶이 순탄치 못하다.
  - 넓은 땅에 나무가 적으니 황량하다 : 財多身弱(재다신약)
  - 이때는 비겁 木으로 疏土(소토)함이 길하다.

※ 지장간 용신을 쓰는 사람들은 숨은 재주가 있다.
※ 역술인, 침술인, 무속인, 수사관, 약사

- 寅 지장간 戊丙甲

  - 여기 戊土 : 길신, 약신으로 주로 쓰인다.

  - 중기 丙火 : 조후용신으로 주로 쓰인다.

- 申 지장간 戊壬庚

  - 중기 壬水 : 조후나 통관용신으로 주로 쓰인다.

- 戌 지장간 辛丁戊

  - 중기 丁火 : 조후용신으로 주로 쓰인다.

寅月의 甲木

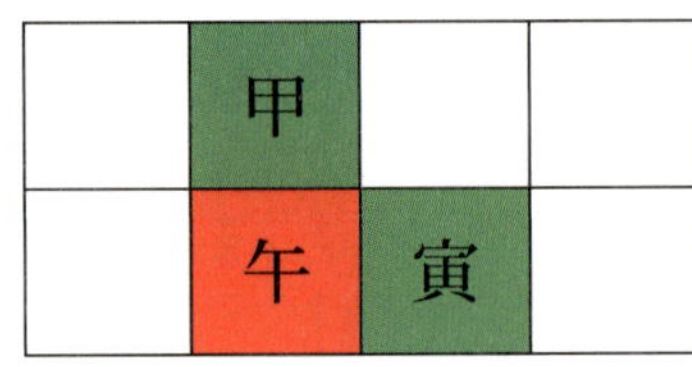

- 지지가 寅午戌 火局이 되면

  - 뿌리가 탄다. 내 몸이 탄다. 화상, 수술 자국

  - 木(목: 간)의 문제 : 불안, 초조, 신경계통, 스트레스, 눈 질환, 피로감, 불면

  - 지지는 가정이다. 가정이 어렵다.

- 甲午일주

  - 甲의 뿌리가 타고 있는지 잘 살펴야 한다. 甲木이 상처를 받지 않아야 하며, 생명체 木은 항상
    보호해야 한다. 이때 水나 濕土(습토)는 길하다.

■ 甲己合化土(갑기합화토)

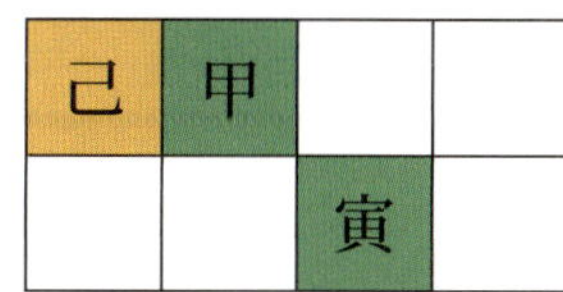

- 寅月에 甲己合化土(갑기합화토)가 되어 甲木이 土로 변질되었다.

  → 운에서 己土가 올 때 확실하게 合化(합화)된다.

- 甲木이 가야 할 길을 가지 않고 딴 짓만 한다.

卯月의 甲木

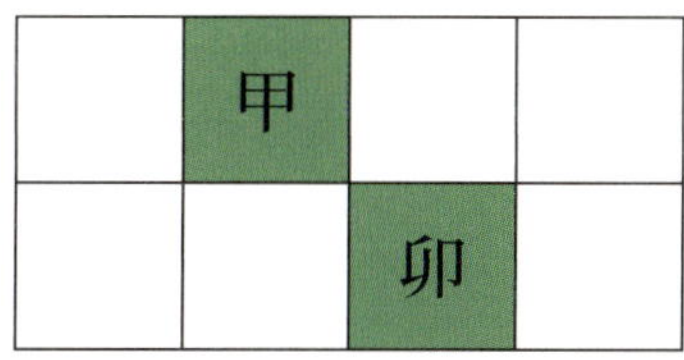

■ 甲木이 卯月이면 木帝旺月(목제왕월)이다.

■ 卯月에 木이 왕하니 金으로 간벌해 주어도 좋다.

■ 寅卯辰 木局을 이루었을 때 金으로 간벌하면 귀국이 된다. : 身旺官旺(신왕관왕)

■ 身旺財旺(신왕재왕), 身旺官旺(신왕관왕) 사주가 국이 크고 좋은 사주이다.

  → 이 경우 甲木은 동량목이나 유실수가 되어 높은 지위(官)나 돈(財)이 된다.

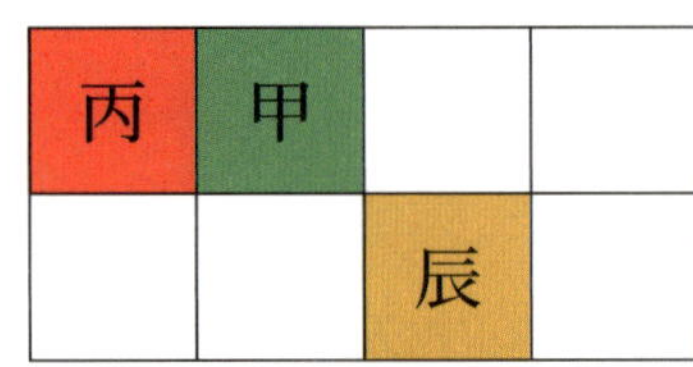

- 甲木이 辰土(沃土 : 옥토)에 뿌리를 내려 힘이 있고, 丙火를 보아 잘 크고 있어 木火通明(목화통명)으로 귀격이다.

- 辰 지장간

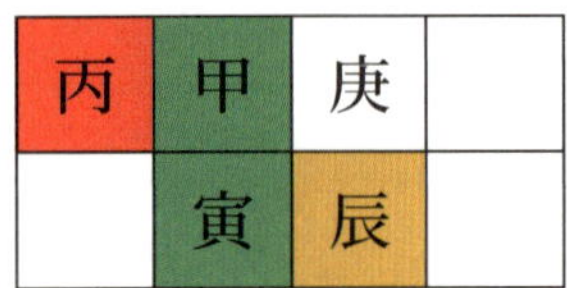

여기 乙木 : 어린싹
중기 癸水 : 봄비 ┐ 봄비를 맞는 어린싹이 沃土에서 잘 자라고 있다.
본기 戊土 : 표면 토 ┘

- 초봄에는 辰中 癸水 하나만으로도 물은 충분하다.

- 身旺官旺(신왕관왕) 구조

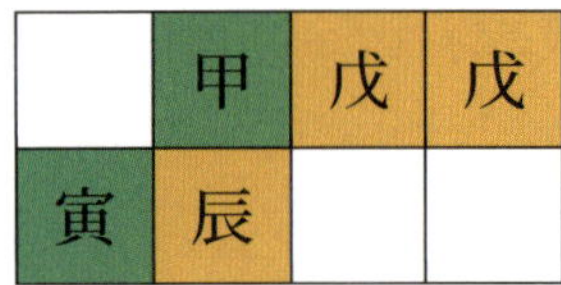

  - 辰월의 沃土(옥토)에 뿌리를 내린 甲寅일주가 丙火를 보아 건왕하다.

  - 庚辰(괴강)월주도 힘이 있어 身旺官旺(신왕관왕)으로 귀국이 되었다.

- 身旺財旺(신왕재왕) 구조

  - 첩첩산중의 甲木이다.

  - 甲木이 辰土 沃土(옥토)에 뿌리를 내리고, 寅卯辰 木局으로 身旺(신왕)하다.

  - 戊土 財(재)가 많아서 財旺(재왕)하다.

  - 身旺財旺(신왕재왕) 구조이다.

■ 財多身弱(재다신약) 구조

	甲	戊	戊
		辰	

- 나(甲)는 약하고 土財(재)는 많다. 財多身弱(재다신약)이다.

- 아내의 수입으로 사는 남편으로, 남의 힘에 의존하려는 성향이 짙다.

寅月의 甲木 실전 사주

실전 1. 여

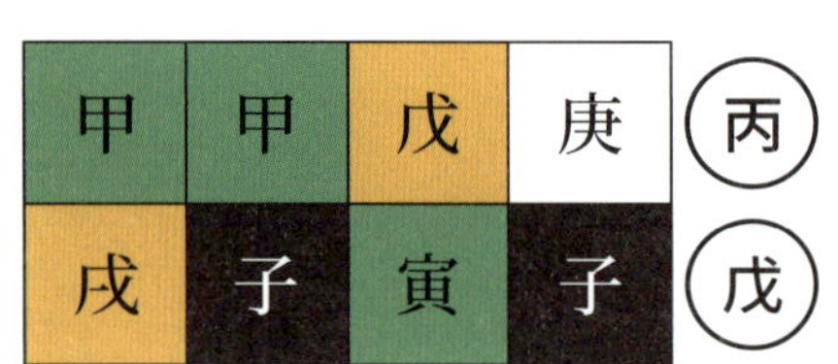

■ 길흉을 오행으로 쉽게 이해하기

신약/신왕	5 > 3		신왕	水2, 木3 > 火0, 土2, 金1
오행	水		구신	병이 되는 木을 키운다.
	木		병신	木이 너무 많다.
	火	丙火	조후용신	寅中 丙火
	土	건토	약신	많은 水를 막는다.
		습토	흉신	火氣를 흡수한다.
	金	천간 金	길신	木을 간벌한다.
		지지 金	흉신	金生水로 木 병신을 키운다.

- 看命(간명) 할 때 한난조습 조후를 최우선으로 본다.

- 초봄에 水旺(수왕)하면 흉하다. 庚金과 子水가 있어 水旺한 것이 큰 병이 되었는데, 戊戌건토 약신이 건왕하여 좋은 약이 있어 吉하다.

- 有病有藥(유병유약) : 병이 깊은데 좋은 약이 있다. 局이 크다.

- 고난이 있어도 이를 극복할 수 있는 강한 정신력으로 성공할 수 있는 구조이다.

■ 일주 甲子] 큰 나무 + 냉수

- 첫째 천간 甲 + 첫째 지지 子 : 60갑자의 첫 번째

- 생명 잉태, 시초, 우두머리, 장남, 장녀, 책임자, 지도자, 리더

- 인성 子水 : 공부하는 사람이 많다. 공자, 맹자, 노자

- 교육, 문화, 예술, 종교, 철학, 역학, 명리

- 통찰력이 뛰어나며, 맡고 있는 분야에서 두각을 나타낸다.

- 子午卯酉 일지 제왕 : 배우자 궁이 강하다.

- 靑鼠(청서) : 푸른 쥐

■ 부모궁이 戊寅으로, 戊土약신과 寅中 丙火 조후용신을 겸하고 있어 부모덕이 있다.

■ 身旺財旺(신왕재왕)으로 재물복이 있으며, 말년에 巳午未 대운이 길하여 평생 편안하고 안정된 삶을 누린다.

■ 이름 看命(간명)

- 榮(영화 영, 오동나무 영) : 丁火 글자이다. 丙火용신을 쓰는 사람에게는 맞지 않는다.

- 玉(구슬 옥) : 辛金 글자이다.

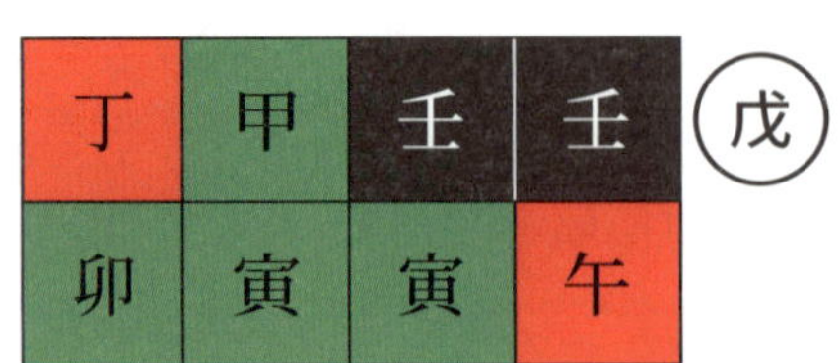

- ■ 6 〉2 太旺(태왕)

  - 水와 비견, 겁재가 많아 태왕하다.

  - 群比爭財(군비쟁재) = 群劫爭財(군겁쟁재)

    : 일간과 같은 오행인 비견과 겁재가 많아 재물을 두고 싸운다.

    - 水 : 仇神(구신)   - 木 : 병신   - 土 : 약용신   - 火 : 조후 길신   - 金 : 지지 길신(간벌)

- ■ 寅中 戊土가 약용신이다. 배우자궁이 좋다.

  태왕한 木의 살 집을 마련해주어야 한다.

- ■ 일주 **甲/寅**] 큰 나무(1등) + 큰 나무(1등) = 干與支同(간여지동)

  - 60갑자 중 최고의 자존심을 나타낸 일주이다.

  - 뿌리 깊은 거목 : 강한 신념과 뚝심으로 자기 성취를 이룬다.

  - 대들보 역할을 한다.

  - 木의 인문학적 성향 : 사랑을 베푼다.

  - 바깥 활동이 바람직하다.

- ■ 干與支同(간여지동)

  - 日干과 日支의 오행이 같다는 뜻이다.

  - 배우자의 고집이 세다.

  - 靑虎(청호) : 푸른 호랑이

- ■ 작명에 쓰면 좋은 戊土 한자

  - 圭(영토 규), 佳(아름다울 가), 奎(문운 맡은 별 규), 垣(담 원), 峻(=陵, 埈 높을 준)

  - 의미상의 土 : 廷(조정 정), 庭(뜰 정), 序(차례 서, 담 서, 학교 서), 信(믿을 신)

실전 3. 여

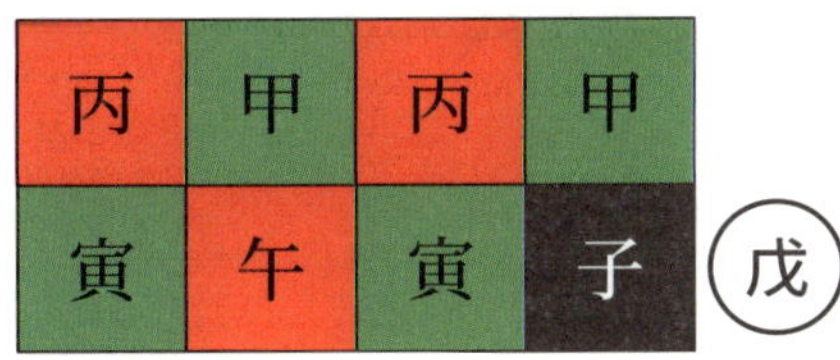

- ■ 5〉3 身旺(신왕)

- ■ 지장간 寅中 丙火로 火氣가 강하다.

- ■ 水용신이며, 辰丑 습토 운이 길하다.

- ■ 천간의 金은 木을 간벌하여 길하다. 지지의 金은 子水로 통관되어 木氣만 더해주니 흉하다.

- ■ 木이 뿌리 내릴 戊土는 길신이다.

- ■ 일주 甲午 ⎤ 큰 나무 + 불꽃 = 장작불

  - 甲木 뿌리가 午火에 화상을 입는다. 좌불안석

  - 火多木焚(화다목분, 焚 : 불사를 분)이 되면 辰丑 습토가 급선무이며, 水 조후가 그다음이다.

  - 성격이 불같다. 정열적이다.

  - 木(목: 간)질환 : 간염, 신경계 질환, 눈질환, 피로감

  - 靑馬(청마) : 푸른 말

- ■ 이름 看命(간명)

  - 晶(빛날 정, 수정 정)

    별 3개가 하늘에서 빛나고 있다. 丁火 글자이다.

  - 水용신을 쓰는데, 丁火 이름은 맞지 않다.

卯月의 甲木 실전 사주

실전 1. 여

- 3 〈 5 身弱(신약)

  - 火 : 조후용신   - 木 : 길신   - 戊戌未 건토 : 길신   - 己辰丑 습토 : 흉신

  - 水 : 길신   - 金 : 지지 金 흉신

- 甲午 일주의 甲木은 午火를 아래에 두어, 火가 강하면 甲木의 뿌리가 화상을 입을 수도 있다. 그러나 辰丑습토에 火氣가 설기되어 길하다.

- 甲辰, 乙巳대운이 좋아서 공부할 때 공부하고 취업하여 활동을 잘하고 있다.

- 공부할 시기에 吉運이 오면 미래가 밝다.

실전 2. 여

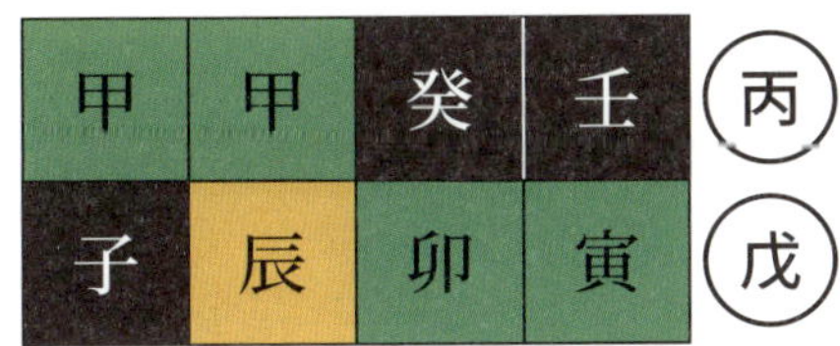

- 7 〉 1 太旺(태왕). 從旺格(종왕격). 木從(목종)

  - 丙火 : 조후용신   - 戊土 : 약신

- 인성 水가 甲木 일간을 水生木하고, 寅卯辰 木局으로 전체가 木 한가지 오행으로만 구성되었다. 木으로 따라간 格(격)이다.

- 木從(목종, 從 : 따를 종) : 木으로 따라갔다.

  - 木從(목종) 사주는 木이 本體(본체)가 되며, 木이 用神이 된다.

  - 木이 주류를 이루고 있다.

  - 木(나)이 가야 할 길이다.

  - 木從(목종) = 木體(목체) = 木用神(목용신)

  - 木 주인공이 가는 길을 막는 오행은 金이다(금극목). 金이 病神(병신)이 된다. 원국에 水가 있어 통관이 되면 大吉하다.

- 從旺格(종왕격)

從旺格(종왕격)				
從(종)	體(체)	用神(용신)	通關(통관)	病神(병신)
木從	木體	木用神	水	金
火從	火體	火用神	木	水
土從	土體	土用神	火	木
金從	金體	金用神	土	火
水從	水體	水用神	金	土
從旺格(종왕격)은 官印相生(관인상생)이 되면 길하다.				

- 종격이 되면 길운에는 순탄하게 가다가, 격을 깨는 상극의 오행이 오는 운에는 한꺼번에 무너지는 고통이 따른다.

■ 이 사주는 원국의 干支(간지)에 水가 있어서 庚辛, 申酉金이 와도 통관되어 매우 길하다.

  - 이처럼 從格(종격)이 되어 오히려 貴局(귀국)이 되는 경우가 종종 있다. 복을 받고 태어난 것이다.

  - 통관길신이 원국에 없다면, 작명이나 아호에 한자 자원오행이 맞는 한자를 넣어 주면 된다.

■ 從格(종격) 사주도 조후용신을 으뜸으로 한다. 金從格 사주에 조후로는 丙火를 쓸 수 있다. 巳酉丑 金局으로 金은 불 속에서 장생하며, 丙火가 없으면 활동하지 않기 때문이다.

■ 寅中 丙火 조후용신이며, 木이 뿌리를 내릴 戊土가 길신이다. 어떤 오행이 와도 무난하다.

  - 원국에 丙火가 없더라도 正用神이 丙火가 되므로 작명에 丙火를 쓴다.

■ 이름에 쓰면 좋은 한자

  - 春(봄 춘, 동녘 춘) = ++(→艸 풀 초) + 屯(모일 둔) + 日(병화)

  • 햇빛(日)을 받아 풀(++→艸)이 무성하게 자라 모이는(屯) 봄.

  • 봄에 초목이 丙火를 보아 木火通明이 되었다. 잘 자라서 가을에 수확하면 재물복이 있다. 건강운도 따른다.

  • 不用文字(불용문자)가 아니다.

  【예】春夏秋冬(춘하추동), 一場春夢(일장춘몽), 陽春(양춘)

  - 椿(참죽나무 춘, 춘나무 춘) = 木(나무 목) + 春(봄 춘)

  • 봄(春)의 양기를 받아 동량목으로 자라는 나무(木)이다.

  • 大椿(대춘)이라는 나무가 만년을 살았다는 莊子(장자)의 寓言(우언)에 의하여 장수를 상징한다. 남의 아버지의 존칭

  【예】椿府丈(춘부장) = 椿堂(춘당)

실전 3. 남

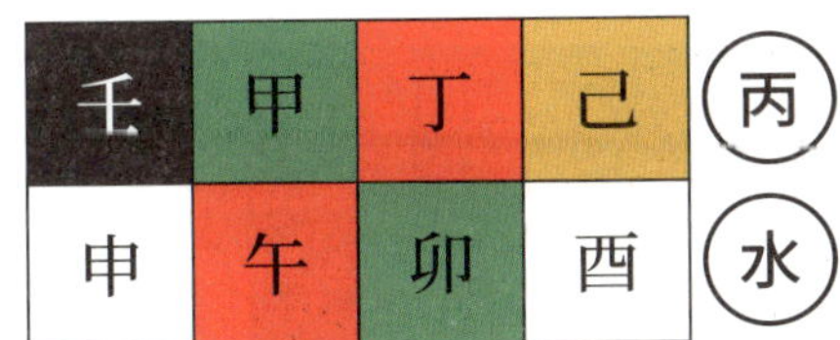

- ■ 3 〈 5 身弱(신약)

  - 木 : 길신   - 丙火 : 조후 정용신   - 지지 水 : 통관길신

- ■ 卯木은 酉金을 가장 무서워한다. (卯酉沖, 금극목) → 卯木이 상처를 받고 있다.

- ■ 어릴 때부터 몸이 약하다.

- ■ 일주 甲／午] 큰 나무 + 불꽃 = 장작불

  - 甲木 뿌리가 午火에 화상을 입는다. 좌불안석

  - 火多木焚(화다목분, 焚 : 불사를 분)이 되면 辰丑 습토가 급선무이며, 水 조후가 그다음이다.

  - 성격이 불같다. 정열적이다.

  - 木(목: 간) 질환 : 간염, 신경계 질환, 눈, 피로감

  - 靑馬(청마) : 푸른 말

- ■ 大運(대운)

  25 甲／子
  - → 신약 사주에서 내가 힘을 받으니 길이다.
  - → 통관 길신으로 길이다. 卯木이 다치지 않는다.

  35 癸／亥
  - → 丁癸沖으로 丁火가 꺼지니 길흉이 같이 있다.
  - → 통관길신으로 길이다. 卯木이 다치지 않는다.

  45 壬／戌
  - → 丁壬合化木(정임합화목)으로 길이다.
  - → 건토는 길이다.

丙	甲	癸	丁
寅	子	卯	卯

丙
戊

水	印	2	木이 왕하여 水 인성이 흉이다.
木	比劫	4	비겁 木은 병이다.
火	食傷	2	丙火 조후용신
土	財	0	건토 약신, 습토 흉
金	官	0	金生水, 水生木으로 水의 기운만 강하게 하여 흉이다.

- 6 〉2 太旺(태왕)

- 丙火 조후용신 : 寅中 丙火가 뿌리가 되어 용신이 有力한 듯 보이나, 木多丙火滯(목다병화체)되어 결국 丙火 용신이 無力하다.

- 나무는 많은데 뿌리를 내릴 땅이 寅中 戊土(財星) 밖에 없어, 돈 때문에 고통받는다.

- 일주

甲
子

큰 나무 + 냉수 = 60갑자의 첫 번째

  - 생명 잉태, 시초, 우두머리, 장남, 장녀, 책임자, 지도자, 리더

  - 강한 생명력을 자랑한다.

  - 靑雲(청운)의 꿈을 안고 정진한다.

- 寅卯辰 木局에는 고통이 더욱 심해진다.

> ※ **참고해 두면 좋은 사주 간명의 순서**
>
> 1. 조후를 가장 먼저 살펴야 한다. 조후가 되어 있는지, 부족한지 살펴보고 조후용신을 찾는다.
>
> 2. 통관을 두 번째로 본다.
>
> 3. 조후와 통관이 되어 있으면 세 번째로 억부를 살핀다. 과하거나 부족한 오행을 찾아 과한 오행은 누르고, 부족한 오행은 채워 준다.

辰月의 甲木 실전 사주

실전 1. 남

丙	甲	戊	己	丙
寅	申	辰	卯	水

水	印	0 水生木하는 水는 길 / 지지 水 통관 길신
木	比劫	3 신약하므로 木은 길
火	食傷	1 丙火 조후용신
土	財	3 건토 길, 습토 흉
金	官	1 金克木하는 金은 흉

- 3〈5 身弱 → 身旺財旺(신왕재왕)
  - 지지 寅卯辰 木局으로 甲木이 건왕하여 신약이 신왕으로 변했다.
- 戊己土가 土月인 辰土에 通根(통근)하여 財星(재성)이 강하여 身旺財旺(신왕재왕)의 귀국이 되었다.
- 丙火 조후용신이 寅中 丙火가 뿌리가 되어 용신에 힘이 있다.
  - 용신이 時柱(시주)에서 有力(유력)하여 말년과 자식궁이 좋다.

- 辰月의 甲木이 身旺財旺(신왕재왕)하고, 丙火를 보아 무성하게 자라고 있어 木火通明(목화통명)의 부귀격이 되었다.

  - 甲木이 동량목의 역할을 한다.

  - 두뇌가 총명하고 리더의 자질이 있으며, 인물이 훤하다.

- 일주 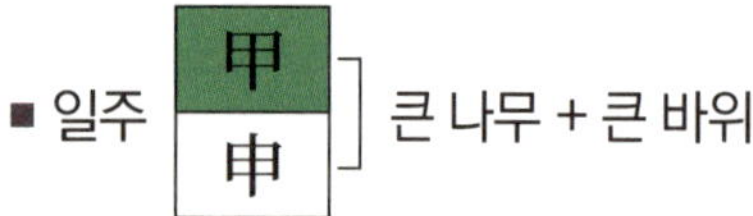 큰 나무 + 큰 바위

  - 바위산의 소나무

  - 絶處逢生(절처봉생) : 絶地(절지)에서 태어난 甲木이 지장간 申中 壬水의 生을 받아 산다.

  - 뛰어난 환경 적응력과 인내로 삶을 개척한다.

  - 남보다 특별한 재능이 있어, 주로 전문직에 종사한다.

  - 고통 속에 피는 꽃 : 역경이 사람을 강하게 만들고, 고난을 이기면 더 성숙해진다.

  - 靑猿(청원) : 푸른 원숭이

- 대운

  - 甲木 : 身旺財旺(신왕재왕), 돈이 戊辰 月柱처럼 무진장하게 들어온다.

  - 酉金 : 辰酉金으로 寅卯辰 木局이 무너져 흉이다.

  - 戌土 : 辰戌沖으로 寅卯辰 木局이 무너져 흉이다.

  - 辛金 : 丙辛合으로 用神合去(용신합거) = 用神羈絆(용신기반) 되어 흉하다.

    주식 투자 실패

  - 癸卯年 : 殞命(운명)

실전 2. 여

■ 4 〉 4 身旺(신왕)

- 丙火 조후용신 　　- 戊土 약신

■ 寅卯辰 木局이 되고 지장간 未中 乙木으로 지지 전체가 木이 되어 甲木이 太旺(태왕)으로 변했다.

- 木多丙火滯(목다병화체)가 되어 숲 속 아래는 丙火의 햇살이, 많은 甲木에 가려져 어둡고 습하다.

- 木多丁火熄(목다정화식)이 되어 丁火는 꺼진다.

■ 丙火와 癸水가 竝存(병존)하여 癸水가 구름이 되어, 丙火를 가리니 丙火가 無力하다.

- 일조량이 적으면 곡식의 수확량이 적다.

■ 甲木 양옆으로 식신(丙), 상관(丁)이 같이 있을 때의 성향은 이중구조로 성격을 가늠하기가 어렵다. 까다롭다.

- 甲木 양옆에 丙火만 있다면 初志一貫(초지일관)이다.

- 심혈관 질환을 조심하자.

■ 일주 <u>甲
寅</u>] 큰 나무(1등) + 큰 나무(1등) = 干與支同(간여지동)

- 60갑자 중 최고의 자존심을 나타낸 일주이다.

- 뿌리 깊은 거목 : 대들보 역할을 한다.

- 강한 신념과 뚝심으로 자기 성취를 이룬다.

- 木의 인문학적 성향 : 사랑을 베푼다.

- 교육, 문화, 예술, 의료, 종교

■ 大運(대운)

- 辛金 : 丙辛合, 丁辛沖되어 흉하다.

- 丑土 : 火氣(화기)가 습토 속으로 泄氣(설기)되어 흉하다.

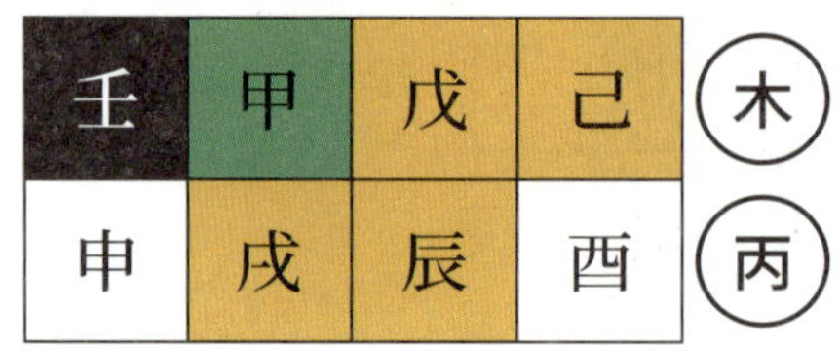

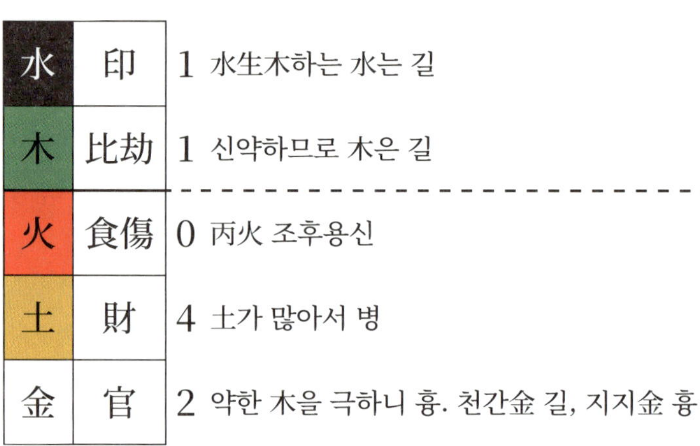

水	印	1	水生木하는 水는 길
木	比劫	1	신약하므로 木은 길
火	食傷	0	丙火 조후용신
土	財	4	土가 많아서 병
金	官	2	약한 木을 극하니 흉. 천간金 길, 지지金 흉

- 2 〈 6 太弱(태약). 財多身弱(재다신약)

  - 水 : 길신   - 丙火 : 조후 正用神(정용신)   - 土 : 병신   - 木 : 약신
  - 金 : 천간 金은 吉(官印相生하기 때문이다)

- 甲木 일간은 신약하고, 土財는 신왕하다. : 財多身弱(재다신약)

  - 돈에 대한 욕구가 강하지만, 실제로 자기 손에 얻기가 힘들다. 내가 약하여 많은 財星(재성)을 감당할 수가 없기 때문이다.

  - 노력의 대가로 살 때 삶이 아름답다.

- 일주 甲戌] 큰 나무(1등) + 큰 산 = 高山之木(고산지목)

  - 나무가 무성한 산 : 풍광, 운치, 낭만, 멋, 고독, 문화, 예술

  - 木을 키워 가을에 풍성한 수확을 한다. 성품이 인자하고 재물복이 있다.

- 일지 辰戌丑未 四庫의 吉凶

  - 墓(무덤 묘)의 凶 작용

  ① 생명체 木의 무덤(墓)이 된다.

② 12운성의 墓이다. 육친과 관련된 뜻으로 해석한다.

③ 나와 가족(부모형제·자·배우자) 중 누군가가 무덤에 들어있다.

④ 육친 관계에서 건강과 마음에 상처가 있다.

- 庫(창고 고)의 吉 작용

① 辰戌丑未는 각 계절의 마지막 달(季月 : 계월)로, 한난조습의 저장 창고이다.

② 땅에서 생산된 농산물을 곡식 창고에 보관한다. 재물의 뜻으로 해석한다. 식복이 있다.

> ※ **핵심**
> 辰戌丑未를 日支(일지)에 둔 20가지 日柱(일주)는 식복은 있으나, 나와 부모형제·자·배우자 입장에서는 남이 모르는 고통이 따르는 특징이 있다.

■ 대운은 길하나 세운이 흉하면 흉한 강도가 약하다. 대운의 영향을 더 많이 받기 때문이다.

작명에 중요한 寅, 卯 유형별 한자

寅의 개념 정리

- 寅 : 동방 인, 공경할 인, 넓을 인, 범 인, 화살 인, 1월 인, 셋째 지지 인

- 寅木(嫩木 눈목, 嫩 : 어릴 눈, 예쁠 눈, 고울 눈) = 甲木

- 봄의 첫 달, 孟月(맹월)

甲骨文(갑골문)　　　金文(금문)　　　小篆(소전)

- 갑골문

- 화살 모양

- 금문

- 양손에 화살을 들고 쏘는 모습

- 寅 지장간 戊丙甲 : 이른 봄에 해를 보아 甲木이 戊土에 싹을 틔우고 있는 모습이다. 봄 햇살이
  화살처럼 땅에 꽂힌다. 싹은 계속 돋아나 생명을 잉태한다. 그 힘이 강하다.

- 봄 = Spring = 용수철

- 木이 성장하는 것이 용수철처럼 튀어 오르거나, 화살처럼 힘 있게 뻗어나간다.

- 소전 : 宀(집 면) + 大(어른) + 臼(양 손 국)

- 집(宀) 안의 어른(大)을 양손(臼)으로 '공경히' 받들어 모신다.

- 어른을 공경히 받들어 모시는 '동방'의 예의 바른 나라

- '범'의 활동 무대가 '넓다.'

- 봄의 새싹이 '넓고' 무성하게 싹튼다.

寅의 유형별 한자

■ 演(펼 연, 넓을 연) = 氵(→水 물 수) + 寅(寅木)

- 봄에 물(氵→水)이 寅木을 기른다.

- 水生木하는 한자이다.

  【예】演劇(연극), 演說(연설), 演奏會(연주회)

卯의 개념 정리

■ 卯 : 무성할 묘, 밝아올 묘, 2월 묘, 문 열 묘, 토끼 묘, 넷째 지지 묘

■ 木旺節(목왕절)의 仲月(중월)이며, 십이운성의 제왕이다.

甲骨文(갑골문)   金文(금문)   小篆(소전)

- 문 열 묘 : 門(닫힌 문) / 卯(열린 문) → 卯

  • '2월'에 大門(대문)을 활짝 '열어' 丙火의 '따뜻하며' '밝고' '무성한' 기운을 집 안으로 받아들인다.

  • 이때, 立春榜(입춘방)을 붙인다.

- 寅월의 木이 어린 싹이라면, 卯월에는 가지와 잎이 무성해진다.

  • 낫으로 卯木을 벤 후 뒤를 돌아보면 다시 무성하게 나온다.

  • 卯木은 매우 강한 생명력을 지니고 있다.

- 多産(다산)하는 토끼는 그 기운이 무성하다.

- 卯木은 丙火가 없으면 陰地草(음지초)이며 桃花煞(도화살)로, 음지도화이다.

卯의 유형별 한자

■ 留(머무를 류) = 卯(무성할 묘) + 田(밭 전)

- 농작물을 무성하게(卯) 가꾸려고 밭(田)에서 오래 머문다.

- 농작물을 가꾸어 수확하면 돈이 된다.

- 습토 글자로, 조열한 사주에 쓰면 좋다.

  【예】 留學(유학), 留保(유보), 挽留(만류)

- 濕土(습토) : 火氣(화기)를 泄氣(설기)한다. 습토는 불 먹는 하마이다.

- 濕土(습토)한자 : 振(떨칠 진), 周(두루 주), 甫(클 보), 留(머무를 류)

■ 溜(낙숫물 류, 증류수 류) = 氵(→水 물 수) + 留(머무를 류)

- 처마의 끝에 머물다가(留) 떨어지는 낙숫물(氵→水)

- 밭의 곡식 잎에 머물다가(留) 떨어지는 감로수(氵→水)

- 물의 양이 적다. 아주 맑은 물이다.

  【예】 蒸溜水(증류수), 殘溜(잔류), 溜出(유출)

■ 榴(석류 류, 석류나무 류) = 木(나무 목) + 留(머무를 류)

- 사람에게 필요한 좋은 성분을 많이 머금은(留) 나무(木)

- 수피, 근피, 과피, 열매까지 하나도 버릴 것이 없다. 석류 미인

- 항암제, 관절, 심장, 당뇨 등에 효과가 있다.

　【예】石榴(석류), 榴月(유월 : 석류 꽃이 피는 음력 5월)

漢字(한자)에서 3자가 1자로 생략된 경우

■ 昴(별 이름 묘) = 日(→晶 수정 정) + 卯(무성할 묘)

- 무성한(卯) 별자리 사이에 있는 별(日→晶)

- 昴에서는 日이 丙火가 아닌, 丁火의 역할을 한다.

　【예】28宿(수)
　　청룡　동방칠수 春(춘) : 角亢氐房心尾箕 (각항저방심미기)
　　현무　북방칠수 冬(동) : 斗牛女虛危室壁 (두우여허위실벽)
　　백호　서방칠수 秋(추) : 奎婁胃昴畢觜參 (규루위묘필자삼)
　　주작　남방칠수 夏(하) : 井鬼柳星張翼軫 (정귀류성장익진)

■ 星(별 성) = 日(→晶 수정 정) + 生(날 생)

- 여러 개의 별(日→晶)이 모여 빛을 낸다(生).

　【예】印星(인성), 財星(재성), 十二運星(십이운성)

■ 集(모을 집) = 隹(→雥 새 떼 잡) + 木(나무 목)

- 새 떼(隹→雥)가 나무(木) 위에 모여 앉아있다.

　【예】集合(집합), 離合集散(이합집산), 群集(군집)

■ 雷(우레 뢰) = 雨(비 우 : 일기, 기후, 천기) + 田(→畾 밭 갈피 뢰)

- 우레(雨)를 맞는 범위의 수많은 땅(田→畾)

　【예】雨雷(우뢰), 附和雷同(부화뇌동), 落雷(낙뢰)

■ 累(여러 루, 거듭 루, 겹칠 루) = 田(→畾 밭 갈피 뢰) + 糸 : 실 멱(→絲 실 사)

- 밭 이랑(田→畾)이 실타래(糸→絲)같이 여러 차례 거듭 겹쳐있다.

　【예】累計(누계), 累卵之危(누란지위), 累積(누적)

해례본으로 작명하는 이유와 그 예시

발음오행은 훈민정음 해례본으로 한다.

훈민정음	木	火	土	金	水
해례본	ㄱ, ㅋ	ㄴ, ㄷ, ㄹ, ㅌ	ㅁ, ㅂ, ㅍ	ㅅ, ㅈ, ㅊ	ㅇ, ㅎ
운해본	ㄱ, ㅋ	ㄴ, ㄷ, ㄹ, ㅌ	ㅇ, ㅎ	ㅅ, ㅈ, ㅊ	ㅁ, ㅂ, ㅍ

세종 28년 1446년에 반포한 훈민정음은 크게 例義(예의)와 解例(해례)로 나누어져 있다. 例義(예의)는 세종대왕이 직접 지은 글로 한글을 만든 이유와 한글의 사용법을 간략하게 설명하였고, 解例(해례)는 집현전 학사들이 한글의 자음과 모음을 만든 원리와 용례로 상세하게 설명한 글이다.

- 훈민정음 운해본 (1750년 영조)
  - 신경준의 개인 연구논문
  - 1938년 조선어학회에서 발간
- 훈민정음 해례본 (1940년 발견)
  - 1962년 국보 제70호
  - 1997년 유네스코 세계기록유산 등재

※ 해례본이 운해본보다 늦게 발견되었어도, 한글 발음오행은 해례본으로 작명해야 함이 마땅하다는 생각이다.

한자명	한자 자원오행	수리오행	한글명	한글 발음오행
金		8획	김	ㄱ (木)
				↑
衍	水	9획	연	ㅇ (水)
				↑
周	濕土(습토)	8획	주	ㅈ (金)

1. 字源五行(자원오행) : 부수에 따른 한자가 내포하고 있는 의미에 따라 오행을 구분한다.

 金 (성씨) : 성씨는 자원오행을 구분하지 않는다.

 衍 (水) : 오행 중 水에 해당한다.

 周 (습토 글자) : 오행 중 습토에 해당한다.

> ※ 예시 이름의 사주가 조열하다고 가정하였을 때, 조열한 사주에는 水와 濕土(습토)를 넣어 작명한다. 금생수하여 水를 더하고, 水가 濕土(습토)로 저장되며 濕土(습토)에 많은 火氣(화기)가 설기 될 수 있도록 작명한다.

2. 수리오행 : 이름 세 글자의 획수를 따져 길흉을 분석한다.

 ① 元亨利貞(원형이정)으로 수리를 맞춰야 한다.

 ② 홀수와 짝수가 모두 들어가야 한다. 전부 홀수가 되거나, 전부 짝수가 되면 안 된다.

$$
利(이)\ 16획
\begin{cases}
金 & 8획 \\
衍 & 9획 \\
周 & 8획
\end{cases}
\begin{aligned}
& 17획\ 亨(형) \\
& 17획\ 元(원)
\end{aligned}
$$

$$\overline{\quad 貞(정)\quad 25획 \quad}$$

3. 발음오행(음령오행, 소리오행) : 한글 발음을 오행으로 구분한다.

- 훈민정음 해례본을 따른다.

金(김)	ㄱ	木(목)
衍(연)	ㅇ	水(수) : 천간
周(주)	ㅈ	金(금) : 지지

① 한글명 '김연주'의 발음오행은 금생수 → 수생목이 되도록 작명한 것이다.

② 한글 발음오행은 상생관계(순행)로 작명한다. 상극 관계만 피하면 되므로 간단하다. 그러나 발음오행이 순행 되지 않더라도 한자 자원오행이 좋다면 작명으로 쓸 수 있다. <u>발음오행보다 자원오행이 우선이다.</u>

작명의 3요소

1. 字源五行(자원오행) – 漢字名(한자명)

2. 數理五行(수리오행) – 한자 획수

3. 發音五行(발음오행) – 한글명(한글 이름)

※ 작명의 3요소 중 한자 자원오행이 가장 중요하다.

작명시의 어려움

작명에는 용신과 약신의 두 가지 오행을 많이 쓰는데, 한자 자원오행을 우선으로 하며 수리오행으로 획수를 맞춘다. 그리고 한글 발음오행이 상생되어야 비로소 작명의 3요소가 조화를 이룬다. 이때 다음과 같은 어려움이 따를 수 있다.

- 작명에 필요한 木·火·土·金·水가 들어있는 한자의 숫자가 매우 적어 제한을 많이 받는다.

- 그러므로 작명할 수 있는 경우의 수가 적을 수밖에 없다.

- 또한 현시대에 감각적이지 못한 단점이 있다.

※ 용신과 약신에 맞는 漢字(한자)를 사용하여 올바르게 작명하는 것이 효명작명의 목표이다.
　또한 기존 이름자의 장단점을 알아보는 眼目(안목)을 갖추는 데에도 한자 字解(자해) 공부는 반드시 필요하다.

작명에 중요한 辰 유형별 한자

辰의 개념 정리

- 辰 : 조개껍질 진, 별 진, 용 진, 3월 진, 날 신, 다섯째 지지 진

- 辰 한자는 농사와 아주 관계가 깊다. 고대에는 큰 조개껍질을 농기구로 만들어 사용했다

甲骨文(갑골문)   金文(금문)   小篆(소전)

- 갑골문, 소전 : 조개가 입을 벌리고 움직이는 모양

① 별 진

→ 동쪽 하늘에 전갈자리 별(房星)이 보일 때 농사철이 시작된다. 이때가 3월이다. 辰월이다. 조개가
  입을 벌리고 활동하는 때이다.

→ 辰土는 옥토이다. 3월 辰土가 옥토인 이유를 지장간에서 찾아보자.

여기 : 乙 (새싹)

중기 : 癸 (봄비)   봄비가 땅에 내려 새싹이 난다.

본기 : 戊 (표면土)

② 용 진, 3월 진

→ 용은 물과 관계된다. : 龍宮(용궁), 龍王(용왕), 龍神祭(용신제)

③ 날 신

    → 日月星辰(일월성신), 生辰(생신), 誕辰(탄신)

辰의 유형별 한자

- 震(벼락 진, 진동할 진) = 雨(비 우 : 일기, 기후, 천기) + 辰(3월 진)
  - 3월(辰) 농사철에 한 번씩 비(雨)가 오면서 벼락이 친다.

    【예】震動(진동), 震怒(진노), 地震(지진), 耐震設計(내진설계)
- 振(떨칠 진) = 扌(→手 손 수) + 辰(3월 옥토)
  - 3월(辰) 농사철에 일손(扌→手)이 바쁘고 만물이 떨쳐 일어난다.

  - 조개껍질로 만든 농기구로 경작하니, 능률이 오르고 수확량도 많다.

  - 습토 글자로, 조열한 사주에 쓰면 좋다.

  - 濕土(습토) : 火氣를 泄氣(설기)한다. 습토는 불 먹는 하마이다.

  - 濕土(습토)한자 : 振(떨칠 진), 周(두루 주), 甫(클 보), 留(머무를 류)

    【예】農業振興公社(농업진흥공사), 士氣振作(사기진작)
- 賑(구휼할 진) = 貝(조개 패 : 돈, 재물, 곡식) + 辰(3월 옥토)
  - 沃土(옥토)인 辰土에서 농사가 잘 되어 3월 춘궁기에 가난한 사람에게 곡식(貝)을 나누어준다.

  - 身旺財旺(신왕재왕) 사주에 쓸 수 있는 매우 좋은 한자이다.

    【예】賑恤(진휼), 救恤(구휼), 開賑(개진)

    * 財多身弱(재다신약) 사주 : '쌀독에서 인심 난다.'고 했는데, 재다신약하면 실현 불가능한 허황된 꿈만 꾸는 격이 된다.

> ※ 좋은 한자를 사주의 크기에 맞게 작명하면 황금알을 낳는 거위가 되고, 잘못 쓰면 버거운 짐을 지고 사는 것과 같다.

■ 晨(새벽 신)

 = 辰 + 夕(저녁 석),  = 日(→晶 : 별, 丁火) + 辰

- 별(夕, 日→晶)이 지는 이른 새벽부터 농사(辰)를 짓는다.
- 주체가 별이므로, 丁火가 필요한 사주에 쓴다. 즉, 여기에서 日은 丙火가 아니다.

【예】 晨星(신성), 晨鐘(신종), 一日難再晨(일일난재신)

■ 娠(아이 밸 신) = 女(계집 녀) + 辰(별 진 : 여자의 자궁)

- 삼신할미(三台星 : 삼태성)의 점지를 받아 여자(女)의 沃土(옥토)인 자궁(辰)에서 아이를 밴다.

【예】 姙娠 = 妊娠(임신), 姙娠婦(임신부), 子宮外姙娠(자궁외임신)

※ 三台星(삼태성) : 큰곰자리에 있는 자미성을 지키는 별이다.
※ 辰戌沖 : 자궁적출 수술이 많다.

■ 脣(입술 순) = 辰(조개 진) + 月(→肉 육 달 월 : 신체 부위)

- 조개(辰)가 껍질을 벌렸다 오므렸다 하는 것처럼, 우리 신체 부위에서 입을 벌리고 닫는 입술(月→肉)

【예】 脣音(순음), 脣亡齒寒(순망치한), 丹脣皓齒(단순호치)

■ 辱(욕될 욕) = 辰(농사철) + 寸(법도 촌)

- 농사철(辰)을 놓친 자는 법도(寸)에 따라 벌을 받는다.
- 문헌에 의하면 농작물을 제때에 심고 거두지 못한 자는 그 땅에서 죽임을 당하는 시기도 있었다.

【예】 辱說(욕설), 困辱(곤욕), 恥辱(치욕)

■ 農(농사 농) =  (갑골문)

- 갑골문 : 숲(林)이 있고, 밭(曲→田)이 있는 곳에서 농사를 짓는다(辰).

【예】 農村(농촌), 士農工商(사농공상), 農器具(농기구)

■ 濃(짙을 농) = 氵(→水 물 수) + 農(농사 농)

- 물(氵→水)이 풍부하여 농사(農)가 풍년이다.

【예】 濃厚(농후), 濃度(농도), 濃淡(농담)

甲木

여름

중병에 걸리고 나면 억만금도 소용없다.
死後藥方文(사후약방문)이라 미리미리 처방전을
준비하여 예방책을 마련함이 상책이다. 신체 건강의
처방전이 필요하듯이 삶의 지혜가 녹아있는 명리학이
名實相符(명실상부)한 해답이 될 것으로 믿는다.

여름 巳午未월의 甲木

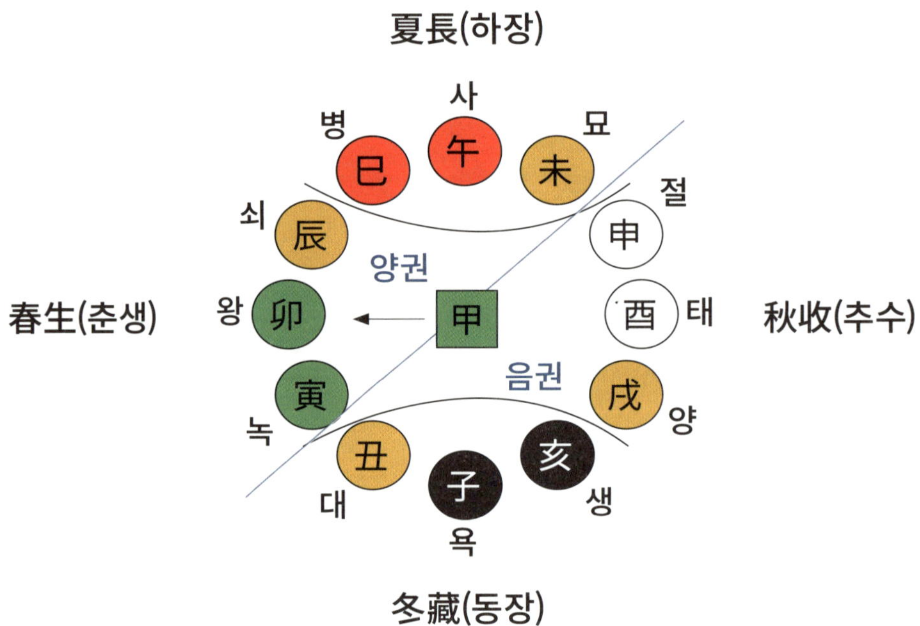

▦ 핵심

- 水 정용신이며, 金生水로 官印相生되면 귀국이다.

- 戊戌건토는 큰 병이다.

- 지지 辰丑습토는 大吉하다.

陽圈(양권)과 陰圈(음권)

- 陽圈(양권)

  - 봄, 여름 : 春生夏長(춘생하장), 活木(활목)

  - 양권(봄, 여름)은 木의 활동기로, 甲木은 活木(활목)이다.

  - 活木은 봄에 싹이 나서(春生 : 춘생) 여름에 무성하게 성장(夏長 : 하장)한다.

  - 봄, 여름에 나무가 生長(생장)한다.

  - 벌과 나비가 있다. → 열매가 열린다. → 수확이 있다. → 돈이 있다.

- 陰圈(음권)

  - 가을, 겨울 : 秋收冬藏(추수동장), 死木(사목)

  - 음권(가을, 겨울)은 木의 休眠期(휴면기)로, 甲木은 死木(사목)이다.

  - 死木(사목)

    ① 戌月에는 나무순이 막히며, 겨울철 甲木은 死木(사목)이 된다.

    ② 死木은 水生木이 되지 않는다.

    ③ 가을에 거두어(秋收 : 추수) 겨울에 감춘다(冬藏 : 동장).

    ④ 가을, 겨울에 나무가 收藏(수장)한다.

  - 꽃은 있으나, 벌과 나비가 없다. → 열매가 없다.

여름 甲木의 특징

- 여름 甲木이 吉(길)이 되는 경우

  - 水가 있으면 길하다.

  - 水 조후가 으뜸이며, 金生水로 官印相生(관인상생)되면 최상이다.

　　　　① 천간 : 壬癸水　　　　　② 지지 : 亥子水

　　　　③ 방합 : 亥子丑 水局　　　④ 삼합 : 申子辰 水局

　- 여름 甲木이 水太旺하면 水多木浮(수다목부)이다.

　- 濕土(습토)가 있으면 길하다. 濕土는 火氣(화기)를 흡수하기 때문이다. 濕土는 불 먹는 하마이다.

　　　　① 천간 : 己土　　　　　　②지지 : 辰丑土

　- 여름 甲木을 丁火로 태워 火旺하면, 火氣를 辰丑습토로 泄氣(설기)한 후에 水를 더함이 길하다.

■ 여름 甲木이 凶(흉)이 되는 경우

　- 火가 많으면 흉하다.

　　　　① 천간 : 丙丁火　　　　　② 지지 : 巳午火

　　　　③ 방합 : 巳午未 火局　　　④ 삼합 : 寅午戌 火局

※ 여름 戊戌건토는 水용신을 막으며, 盆地(분지)의 역할로 더위를 더해주니 흉하다.
※ 戊戌건토 財(재)가 흉이면 돈 욕심만 많고 돈은 쌓이지 않는다.

■ 木을 태우면 일어나는 현상

　- 재물과 건강을 태우는 것과 같다고 볼 수 있다.

　- 木 = 간이다. 魂(혼)은 간에 머문다.

　　• 넋 = 얼 = 정신 / 넋 빠진다. = 얼빠진다.

　　• 정신 차려 → 정신 질환(신경계 질환) = 조증, 울증, 공황 장애

　- 가정이 어렵다. 내 몸을 태워 세상을 밝히려 한다.

　- 정신세계를 추구하는 수도인 또는 종교 지도자이거나 위선자, 사기꾼이 될 수도 있다.

■ 여름 甲木 + 火旺 + 戊戌건토 竝存(병존)

　- 여름에 火와 戊戌건토가 병존하면 雪上加霜(설상가상)이다.

　- 엎친 데 덮친 격으로 흉하다.

　- 이때는 木으로 疎土(소토)하는 것보다, 金으로 旺土를 泄氣(설기)하면 자동으로 官印相生(관

　　인상생)이 되므로 귀격이 된다.

- 여름 甲木 + 水太旺 + 丑土습토 = 한습 사주

  - 여름에 火 逆用神(역용신)을 쓴다.

  - 逆用神을 쓰는 사람은 사고방식이 일반인과는 다르다. 삶이 다르다. 운이 없다. 대인관계에서
    융화가 어렵다.

  - 水가 많으면 여름 장마다. 꽃이 피지 않고 벌과 나비가 없으니 수확이 없다. 기를 것이 없으니 게
    으르다.

  - 水多木浮(수다목부) : 甲木은 浮木(부목)이 되고, 乙木은 水草(수초)가 된다.

  - 水多土流(수다토류) : 水가 많으면 土(財)를 쓸고 가버린다.

- 사주가 偏枯(편고 : 치우칠 편, 마를 고) 되면 일어나는 현상

  - 偏枯(편고)란, 사주가 한가지 오행으로 치우치는 현상이다.

  - 내 생각이 편고 된다. 내 생각으로 치우친다. 왕고집이다. 삶이 편고 된다.

    【예】 偏愛(편애), 偏食(편식), 偏見(편견)

꽃과 곡식

- 英(꽃부리 영, 뛰어날 영, 영웅 영) = ⺿(풀 초 머리, 초 두) + 央(가운데 앙)

  - 꽃(⺿)의 중앙(央)인 꽃부리와 같이 뛰어난 영웅

  - 꽃은 있으나, 열매는 없는 꽃이다.

    【예】 英雄(영웅), 英才(영재), 英語(영어)

- 花(꽃 화) = ⺿(풀 초 머리, 초 두) + 化(변화할 화)

  - 꽃 봉오리(⺿)가 변화하여(化) 꽃이 핀다.

  - 꽃과 열매가 모두 있는 꽃이다.

    【예】 花無十日紅(화무십일홍), 落花流水(낙화유수), 錦上添花(금상첨화)

■ 華(꽃 화, 빛날 화, 화려할 화) = ⁺⁺(풀 초 머리, 초 두) + 垂(드리울 수)

- 꽃(⁺⁺)이 화려하게 드리워진(垂) 모양

- 꽃과 열매가 모두 있는 꽃이다.

　【예】 華麗(화려), 外華內貧(외화내빈), 華燭(화촉)

※ 〈참고〉 작명에 쓰면 좋은 한자 : 嬅(탐스러울 화), 樺(자작나무 화)

巳의 개념 정리. 巳월의 갑목 실전 사주

巳의 개념 정리

■ 巳 : 자식 사, 4월 사, 뱀 사(同字 : 蛇), 여섯째 지지 사(巳火 = 丙火)

■ 여름이 시작되는 달이다.

甲骨文(갑골문)   金文(금문)   小篆(소전)

- 자식 사 : 모태에서 자라는 태아의 머리통이 큰 모양

  • 자식의 출산은 집안의 가장 큰 경사로, 자식이 태양으로 가차 되었을 것이라 유추한다.

- 뱀 사 : 뱀이 똬리를 틀고 큰 머리를 치켜세운 모습

  • 뱀은 丙火의 기운이 강해지는 巳月(4月)에 나온다.

  • 태아의 머리통이 큰 모양과 뱀의 구불구불한 모양이 비슷해서 가차 되었을 것이라 유추한다.

■ 巳 지장간
- 여기 戊 : 寅申巳亥 여기는 戊土로 시작한다.
- 중기 庚 : 巳酉丑 金局, 金이 불 속에서 장생한다.
- 본기 丙 : 巳火 = 丙火.

勹(쌀 포)

> ※ 두 팔로 무언가를 에워싸 품고 있는 모습

> ※ 아이를 밴 불룩한 임산부의 배 모양

- 包(쌀 포) = 勹(쌀 포) + 巳(자식 사)

  → 엄마가 배 속에 아이(巳)를 싸안고(勹) 있는 모양

  【예】 包容力(포용력), 包藏(포장), 包含(포함)

- 抱(안을 포) = 扌(→手 손 수) + 包(쌀 포)

  → 자식을 손(扌→手)으로 감싸(包) 안다.

  【예】 抱擁(포옹), 抱負(포부), 懷抱(회포)

- 胞(태보 포, 세포 포) = 月(육 달 월 → 肉 : 고기 육) + 包(쌀 포)

  → 뱃속(月→肉)에서 태아를 싸고 있는 胎褓(태보)처럼 싸여있는 세포

  【예】 胞胎(포태), 僑胞(교포), 細胞(세포)

- 飽(배부를 포) = 食(밥 식) + 包(쌀 포)

  → 음식물(食)이 배 속에 가득하게 쌓여(包) 배부르다.

  【예】 飽食(포식), 飽滿感(포만감), 飽和狀態(포화상태)

- 砲(대포 포) = 石(돌 석) + 包(쌀 포)

  → 돌(石)을 감싸서(包) 멀리 쏘던 옛날의 대포

  【예】 大砲(대포), 砲彈(포탄), 砲兵隊(포병대)

- 袍(두루마기 옷 포, 도포 포) = 衤(→衣 옷 의) + 包(쌀 포)

  → 온몸을 감싸는(包) 긴 옷(衤→衣)

  【예】 道袍(도포), 紅袍(홍포), 龍袍(용포)

- 鮑(절인 어물 포) = 魚(물고기 어) + 包(쌀 포)

  → 물고기(魚)를 소금에 싸서(包) 절인다.

  【예】 管鮑之交(관포지교), 鮑石亭(포석정), 鮑叔牙(포숙아)

- 銀(은 은) = 金(쇠 금) + 艮(그칠 간 : 눈동자의 활동)

  → 눈동자를 굴릴(艮) 때의 흰자위처럼 백색인 쇠(金)

    【예】 金銀銅(금은동), 銀河水(은하수), 銀粧刀(은장도)

- 鎬(호경 호, 빛날 호) = 金(쇠 금) + 高(높을 고)

  → 쇠(金)로 일반 그릇보다 손잡이를 높게(高) 만든 큰 냄비를 뜻하며, 周(주)나라 武王(무왕)의 도읍지인 鎬京(호경)을 뜻하기도 한다.

    【예】 鎬京(호경)

- 鉉(솥귀 현, 세발 솥 현) = 金(쇠 금) + 玄(검을 현)

  → 손잡이를 매달아 들어 올릴 수 있게 만든 검은(玄) 세발 쇠(金) 솥이다.

  → 작명에 많이 쓰이는 한자이다.

    【예】 鉉席(현석) : 三公의 지위

실전 1. 남

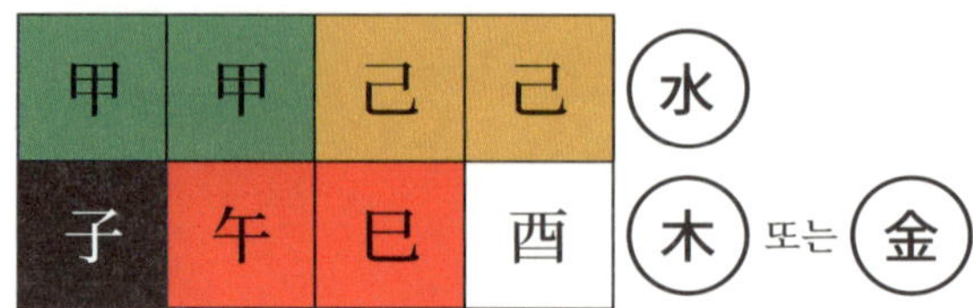

- **길흉을 오행으로 쉽게 이해하기**

신약/신왕		3 **<** 5	신약	水1, 木2 **<** 火2, 土2, 金1
오행	水		조후용신	子水
	木		길신	신약 사주에서 木은 길신이다.
	火	丙火	길신	약한 木을 길러준다.
		丁火	흉신	甲木에 상처를 준다.
	土	건토	흉신	여름 사주에 용신 水를 막는다.
		습토	길신	火氣를 흡수한다.
	金	천간 金	흉신	木을 극한다.
		지지 金	길신	金生水로 水氣를 더해준다. 단, 丑운에 巳酉丑 金局되어 甲木을 극하면 흉이다.
작명 시	이름 첫 번째		水	水는 金을 통관시켜 木을 보호한다.
	이름 두 번째		木	신약한 甲木을 강하게 한다.

- **丑대운**

  → 巳酉丑 金局 대운에 교통사고로 처와 死別(사별) 후 재혼과 이혼이 거듭되는 고난이 따랐다.

- **일주**  큰 나무 + 불꽃 = 장작불

  - 甲木 뿌리가 午火에 화상을 입는다 : 좌불안석

  - 火多木焚(화다목분)이면 辰丑 습토가 급선무이며, 水 조후가 그다음이다.

- 명리학에서는 子午沖(자오충)이라 말하지만, 六氣(육기) 중 하나인 五運六氣學(오운육기학)에서 子午小陰

  君火(자오소음군화) 편을 참고한다면 地支沖(지지충)에 대해 넓은 이해가 있을 것으로 확신한다.

실전 2. 여

■ 길흉을 오행으로 쉽게 이해하기

신약/신왕	3 < 5		신약	水2, 木1 < 火3, 土1, 金1
오행	水		조후용신	子水, 丁癸沖하는 癸水보다 子水를 용신으로 쓰는 것이 좋다. 배우자 자리에 용신이 있으므로 배우자 복이 있다.
	木		길신	신약 사주에서 木은 길신이다.
	火	丙火	길신	약한 木을 길러준다.
		丁火	흉신	甲木에 상처를 준다.
	土	건토	흉신	여름 사주에 용신 水를 막는다.
		습토	길신	火氣를 흡수한다.
	金		길신	金生水로 水氣를 더해준다. 운에서 金이 들어와도 명식의 水가 통관시켜주니, 목에 지장이 없다. 관인상생이다.

■ 일주 甲子 ┐ 큰 나무 + 냉수 : 60갑자의 첫 번째

  - 공부하는 사람이 많다 : 공자, 맹자, 노자, 장자, 순자

  - 통찰력이 뛰어나며, 맡고 있는 분야에서 두각을 나타낸다.

실전 3. 여

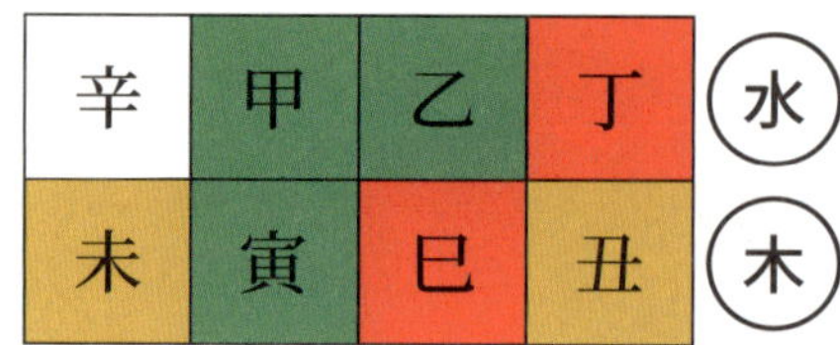

- 길흉을 오행으로 쉽게 이해하기

신약/신왕	3 < 5		신약	水0, 木3 < 火2, 土2, 金1
오행	水		조후용신	조후 겸 통관용신
	木		길신	신약 사주에서 木은 길신이다.
	火		병신	여름 사주에 火는 병이다.
	土	건토	흉신	여름 사주에 용신 水를 막는다.
		습토	길신	火氣를 흡수한다.
	金		흉신	운에서 酉金이 巳酉丑 金局되어 寅木을 극하면 흉이다.

- 조열한 사주에서 年支(연지) 丑 습토 하나가 火氣를 흡수하여 大吉(대길)하다.

> ※ **작명에 꺼려지는 世, 桑**
> - 世, 桑을 작명 시 불용문자로 보는 것은 私見(사견)임을 우선 밝힌다.
> - 두 글자 모두 숫자와 관계가 있는 한자이다.

- 世(인간 세, 세상 세, 서른 해 세, 한 대 세) = 卋 (설문해자)

  十(열 십) + 十(열 십) = 廿(스물 입)

  十(열 십) + 十(열 십) + 十(열 십) = 卅(서른 삽)

  ① 서른은 스물을 싸안고 있는 모습이다.

  ② 옛날에는 인간의 수명이 60(환갑)만 지나도 장수로 보았다. 철없는 어릴 때의 시간과 잠자는 시간을 빼면 인간의 활동 기간은 대개 30년이다.

  ③ 아버지와 첫 자식의 나이 차이는 대개 30년이다. 이것이 世代(세대)차이다.

- 桑(뽕나무 상) = 叒(뽕나무 약 → 卉 : 풀 훼) + 木(나무 목)

  ① 무성한 가지와 잎(叒→卉)이 달린 뽕나무(木)이다.

  【속】 桒 = 卉(30) + 木(18) = 48, 桑年 : 48살을 달리 이르는 말이다.

② 예외로, 40세 이후에는 개명에 적합한 글자이다.

午의 개념 정리. 午월의 갑목 실전 사주

효명작명 목성론

午의 개념 정리

■ 午 : 낮 오, 5월 오, 말 오, 일곱째 지지 오

■ 火帝旺(화제왕)월이다. 여름의 仲月(중월 : 가운데 달)로, 가장 덥다.

甲骨文(갑골문)　　　　金文(금문)　　　　小篆(소전)

- 갑골문

  • 앞뒤가 동글동글한 해시계의 바늘은 나무로 만들어졌다. 절굿공이의 모양과 흡사하다.

  • 午는 杵(절굿공이 저)에서 木이 생략된 것이다.

  • 태양의 고도가 가장 높은 午時(오시)에 나무 절굿공이를 세워 둔 절구통의 아래에 생긴 그림자가 가장 짧다.

- 금문

  • 아래의 가운데는 불똥 모양이다. (丶 : 불똥 주 = 丁火)

- 소전

  • 음기(一)와 양기(ㅣ)가 교차하여(十) 양기가 음기를 밀어 올리는 기운이 무성할 때가 한낮이고, 午時(오시)이다.

- 旿(대낮 오, 밝을 오) = 日(날 일) + 午(낮 오)

  - 해시계의 절굿공이(午)가 햇볕(日)에 드러나는 대낮이다.

  - 丙丁火가 같이 있어 火가 필요한 작명에 잘 쓰인다. 丙火가 중심이다.

- 忤(거스를 오) = 忄(→心 마음 심) + 午(낮 오)

  - 한낮(午)의 열기를 싫어하는 마음(忄→心)

  　【예】違忤(위오), 忤逆(오역), 乖忤(괴오)

- 許(허락할 허) = 言(말씀 언) + 午(낮 오)

  - 허락하는 말(言)은 밝고(午), 명확해야 한다.

  　【예】許諾(허락), 許容(허용), 特許(특허)

- 滸(물가 호) = 氵(→水 물 수) + 許(허락할 허)

  - 물(氵→水)과 땅이 만나는(許) 물가

  　【예】水滸志(수호지)

실전 1. 남

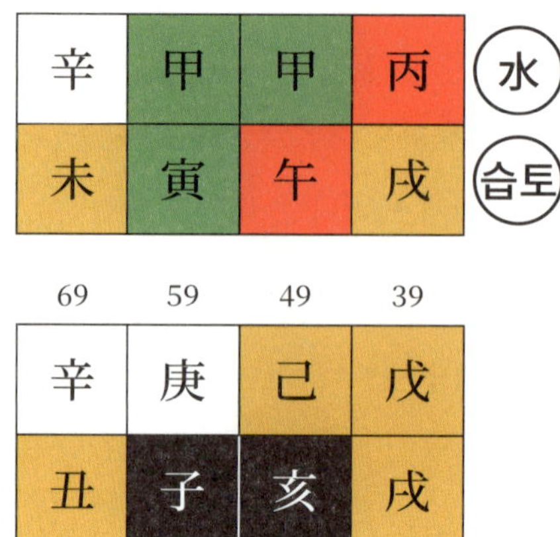

- 午月 炎天(염천)에 甲木 생명이 살 수 있는 환경인지 아닌지의 여부를 가장 먼저 살펴야 한다. 水 조후가 없어 고난을 예고한다.

- 최악의 환경이다.

  - 午月 丙火 + 寅午戌 火局 + 未時 = 조열 사주

  - 木(仁)생명이 타고 있다. 木이 불타면 내가 타는 것과 같다. 간이 손상된다.

  - 여름 戌未 건토는 물을 막아서 흉하다.

- 丙火가 길 작용을 하면 좋은 명성이 나고, 흉 작용을 하면 나쁜 명성이 난다.

  - 이 명식에서의 丙火는 그저 열기만 더할 뿐이다.

- 지지가 불바다이다.

- 내 몸을 태우는 구조는 주변에 사람이 없다.

  - 불 속을 찾아 들어갈 사람은 아무도 없다. 외롭다.

- 개명 및 아호

  - 이름 첫 번째 자에 水 글자, 두 번째 자에 濕土(습토) 글자로 火氣를 泄氣 (설기)시킨다.

  - 이름 첫 번째 자는 천간 자리, 두 번째 자는 지지 자리와 같다.

  - 濕土(습토) 한자 : 振(떨칠 진), 周(두루 주), 甫(클 보), 留(머무를 류)

실전 2. 여

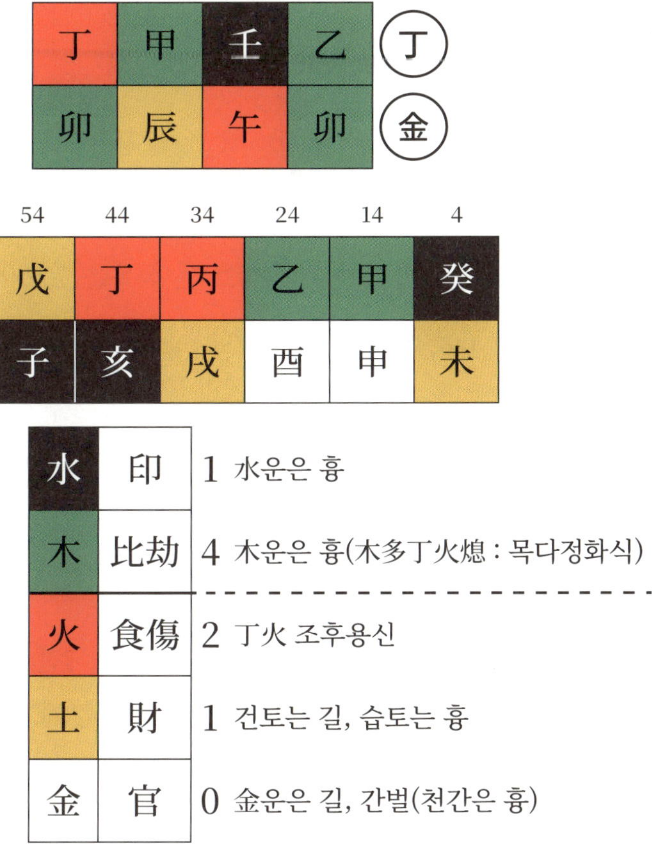

54	44	34	24	14	4
戊	丁	丙	乙	甲	癸
子	亥	戌	酉	申	未

水	印	1 水운은 흉
木	比劫	4 木운은 흉(木多丁火熄 : 목다정화식)
火	食傷	2 丁火 조후용신
土	財	1 건토는 길, 습토는 흉
金	官	0 金운은 길, 간벌(천간은 흉)

- ■ 5 〉 3 身旺(신왕)

  - 인성 水와 일지 辰土(沃土 : 옥토)에 뿌리를 둔 甲木이 신왕하다.

- ■ 逆用神(역용신)을 쓴 이유

  - 습목이 많다. (乙, 卯, 卯)

  - 辰 습토에 火氣(화기)가 흡수되고, 卯時生으로 火勢(화세)가 약하다.

  - 한여름인데도 사주가 습하여 丁火를 조후용신으로 사용한다. 여름철에 태어난 사주는 대부분 水를 정용신으로 사용하는데, 이 사주에서는 丁火를 조후용신으로 사용하니 逆用神(역용신)이 라 할 수 있다.

- ■ 辰丑 습토는 사주가 한습하면 위장병으로 나타난다.

- ■ 여름철 습한 사주는 곰팡이가 생기기 쉽다.

  - 피부병, 예민

- 丁火 상관을 용신으로 쓰면 언변과 창의력이 좋다. 가끔은 직설적인 말투가 나올 때도 있다.

- 일주 甲辰] 큰 나무 + 沃土(옥토, 沃 : 기름질 옥)

  - 甲木이 제일 사랑하는 辰土(沃土)

  - 강하게 뻗어나가는 힘 : 진취적인 기상, 적극성, 추진력, 명예욕, 책임감

  - 辰戌丑未 四庫(사고)를 둔 甲辰日柱 白虎(백호)는 식복은 있으나 나와 부모형제·자·배우자 입장에서는 남이 모르는 고통이 강하게 나타난다.

- 대운

  - 지지 申酉金(관) 약신운인 대학생 때부터 공부를 잘했고, 취직 및 결혼 등 승승장구하였다.

  - 戌대운에 일지 辰과 辰戌沖이 되어 일간 甲木이 뿌리를 내리고 있던 땅이 흔들려 위암 수술을 받았다.

  - 亥子丑 水운은 木多丁火熄(목다정화식)되어 丁火가 무력해진다. 신장, 방광, 심장 질환에 주의가 필요하다.

실전 3. 남

■ 2 〈 6 太弱(태약)

- 水 조후용신이 有力(유력)하다.

■ 형식상으로는 태약하지만, 내용상으로는 약하지 않다.

- 甲木이 일지 辰土(沃土)에 뿌리를 내려 건왕하다.

- 時柱(시주) 壬申은 金生水의 샘솟는 물로, 여름철 水 조후용신이 힘이 있다.

- 官印相生(관인상생) 구조이다. : 官과 印이 나를 도와준다.

　• 申金(편관) → 壬水(편인) → 甲木(일간)

　• 官(관) : 국가, 사회, 단체, 조상, 최고의 희망

　• 印(인) : 부모, 어른, 직장 상사, 고향, 공부

■ 甲木이 官印相生(관인상생)되며 丙火를 보아 대들보로 자라고 있다.

- 크게는 聯珠相生(연주상생) 구조로, 부귀격이 되었다.

■ 聯珠相生(연주상생, 聯 : 잇닿을 연, 연이을 연, 珠 : 구슬 주)

- 구슬을 연이어 꿰서 완성품을 만들 듯, 사주 원국의 干支(간지)들이 서로 조화롭게 상생의 관계를 맺으며 순환되는 것을 聯珠相生(연주상생)이라고 한다.

- 대운이나 세운에 어떤 오행이 와도 도움을 받을 수 있는 긍정적인 환경을 가진 것이다.

- 부귀겸전하는 大局을 이룬다.

■ 평생 무난한 대운이다.

- 丑 습토 운에 은행 차장으로 승진하였다.

- 甲木은 丑土보다 辰土를 더 좋아한다. 丑土는 지장간에 辛金이 있어 자갈밭이 되기 때문이다.

■ 일지 辰土(沃土)의 역할

- 甲木이 살기 좋은 집이 된다.

- 辰中 癸水로 壬水 조후용신의 뿌리가 된다.

- 壬辰은 마르지 않는 샘물이다.

- 辰土는 財星(재성)으로, 재물복이 있으며 처덕 또한 좋다.

■ 용신에 힘이 있으면 능력이 있다.

- 재물복, 자식복, 처복 등이 같이 따른다.

未의 개념 정리

未의 개념 정리

- 未 : 무성할 미, 아닐 미, 양 미, 6월 미, 여덟째 지지 미

  - 무성할 미 : 가지와 잎이 '무성'하다.

  - 아닐 미 : 6월에는 곡식이 아직 익지 '않았다'.

  - 양 미 : 살찐 '양'이 고기와 털, 우유가 풍부하여 귀하게 쓰인다.

- 6월 열토 : 사막토이다.

甲骨文(갑골문)　　　金文(금문)　　　小篆(소전)

- 갑골문, 금문, 소전

  - 가지와 잎이 무성하다.

- 未 지장간
  - 여기 丁 : 6월의 정화는 조열하다.
  - 중기 乙 : 선인장. 생명력이 강하다.
  - 본기 己 : 이면토이다.

  - 未月의 乙木이나 乙未일주는 생명력이 강하다.

- 子水 냉수가 未土 열토 속에 흡수되어 辰 습토가 된다.

  - 子水 + 未土 = 辰土

■ 味(맛 미) = 口(입 구) + 未(아닐 미)

- 아직 익지 아니한(未) 과일의 맛을 본다(口).

【예】 山海珍味(산해진미), 魚頭一味(어두일미), 味覺(미각)

■ 妹(누이동생 매) = 女(계집 녀) + 未(아닐 미)

- 아직 다 성숙하지 아니한(未) 누이동생(女)

【예】 兄弟姉妹(형제자매), 姉妹結緣(자매결연), 男妹(남매)

■ 朱(붉을 주) = 丿(삐침 별) + 未(무성할 미)

- 무성하게(未) 큰 나무의 잘린 단면(丿)이 붉다.

【예】 近朱者赤(근주자적), 南朱雀(남주작), 印朱(인주)

■ 株(그루터기 주, 그루 주, 뿌리 주, 주식 주) = 木(나무 목) + 朱(무성하게 큰 나무)

- 무성하게 큰 나무(朱)는 뿌리가 튼튼하다. 주식은 자본의 뿌리가 된다.

【예】 株式會社(주식회사), 守株待兎(수주대토), 株價(주가)

■ 姝(예쁠 주) = 女(계집 녀) + 朱(무성하게 큰 나무)

- 키가 크고 풍만하며(朱), 덕성도 겸비한 여자(女)

- 작명에 유용하게 쓰이는 한자이다.

■ 珠(구슬 주) = 王(→玉 구슬 옥, 辛金) + 朱(붉을 주)

- 조개에서 나온 붉은(朱) 구슬(王→玉)

【예】 珍珠 = 眞珠(진주), 珠玉(주옥), 夜光珠(야광주)

※ **중요**
- 玉(구슬 옥)이 한자의 왼쪽 자리인 '邊(변)'에 위치할 때는 王(임금 왕)으로 모양이 바뀌어 들어온다. 王(임금 왕)의 뜻이 아니라 玉(구슬 옥)의 뜻이며, 玉(구슬 옥) 부수다.
- 구슬은 보석이므로 명리·사주에서는 오행 상 辛金에 해당한다.
- 辛金은 金木相爭(금목상쟁)으로 木(생명체)에게 상처를 주며, 丙辛合과 丁辛沖으로 丙丁火를 못 쓰게 하는 흉 작용이 길 작용보다 더 강하게 작동한다. 따라서 작명에 사용하기에는 타당하지 않다는 소견이다. 단, 辛金 일간이 신약하여 극을 받거나 土多金埋(토다금매) 될 때는 비견 용신 辛金을 쓸 수 있다.
- 辛金 한자
  【예】 璂(구슬 기), 珉(옥돌 민), 璇(구슬옥 선), 琇(옥돌 수), 珍(보배 진) 등

■ 洙(물가 수, 강 이름 수) = 氵(→水 물 수) + 朱(붉을 주)

- 黃河(황하)는 항상 붉은(朱) 황토물(氵→水)이 흐른다. 孔子(공자)가 洙水(수수)와 泗水(사수) 사이에서 제자들을 가르쳤다.

　【예】洙泗學(수사학) : '유학'을 달리 이르는 말이다.

■ 銖(저울 눈 수) = 金(쇠 금) + 朱(붉을 주) : 저울대에 붉은(朱) 점을 찍은 쇠(金) 저울대

　【예】錙銖(치수) : 아주 가벼운 무게를 이르는 말이다.

■ 制(마름질할 제, 절제할 제) = 牜 (→朱 : 무성하게 큰 나무) + 刂(→刀 칼 도)

- 무성하게 큰 나무(牜→朱)를 도구(刂→刀)로 규격에 맞게 마름질한다. 절제 있게 한다.

　【예】制度(제도), 制服(제복), 節制(절제)

■ 製(지을 제) = 制(마름질할 제) + 衣(옷 의) : 천을 마름질하여(制) 옷(衣)을 짓는다.

　【예】製藥會社(제약회사), 製造(제조), 製品(제품)

未月의 甲木 실전 사주

실전 1. 남

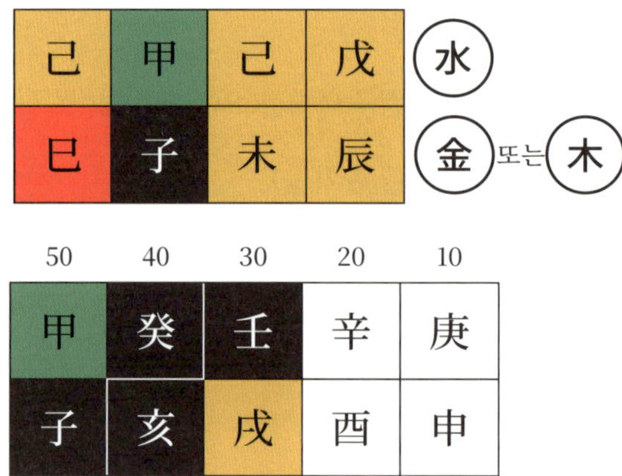

■ 길흉을 오행으로 쉽게 이해하기

신약/신왕	2 < 6		태약	水1, 木1 < 火1, 土5, 金0
오행	水		조후용신	子水
	木		길신, 약신	신약 사주에서 木은 길신이다. 土가 병이 되어 木은 약신이다.
	火		흉신, 구신	여름 사주에 火는 흉이다. 火生土하여 병을 키우니 구신이다.
	土	건토	병신, 흉신	土가 많아 병신이다. 여름 사주에 필요한 水를 막아 흉신이다.
		습토	길신	火氣를 흡수한다.
	金	천간 金	흉신	木을 극한다.
		지지 金	길신	金生水로 水氣를 더해준다.

- 넓은 땅에 甲木이 나 홀로 쓸쓸하다.

  - 財多身弱(재다신약) : 日干(일간) 甲木은 약하고 土財(토재)가 강하다.

  - 木이 약신이기 때문에, 이름자 두 번째에 '三(석 삼)' 글자를 '森(빽빽할 삼)'으로 개명했다.

- 日支(일지) 子水 인성이 조후용신이 되어 배우자궁이 좋다. 이러한 경우, 결혼하면 좋은 기운을 배로 받을 것이다.

  - 水용신을 쓰는 사람이 커피숍을 운영하여 찰떡궁합이 되어 사업이 번창한다.

  - 지장간 未中 乙木, 辰中 乙木으로 예술적 감각과 손재주가 뛰어나다. '맛 좋은 커피집'으로 소문이 자자하다.

  - 未는 味와 같다. 손맛이 좋다. 요리사, 바리스타, 미식가, 맛집 등과 관계가 깊다.

- 한여름 더위에 濕土(습토) 하나는 만 냥 짜리다. 火氣를 흡수하기 때문이다. 년지 辰土가 길하다.

- 천간에 丙丁火가 없어 地支(지지) 巳火의 강도가 약하다. 干支(간지)가 같은 오행으로 通根(통근) 되었을 때 비로소 그 오행의 힘이 강해진다.

- 일주 甲子 : 큰 나무 + 냉수

  - 未月의 甲木이 子水를 받아 동량목으로 잘 자란다.

  - 子午卯酉일지 제왕은 배우자궁이 강한 경우인데, 원국에서 강한 子水가 용신이 되어 매우 길하다.

  - 子水는 냉수이다. 맑은 물, 맑은 지혜를 뜻하며, 맑은 머리(頭寒足熱 : 두한족열)로 지혜를 구하여 인문학 및 명리 공부를 하는 사람이 많다.

- 대운

  - 庚申金(凶) : 甲木을 극한다.

  - 辛酉金(吉) : 巳酉丑 金局, 辰酉金 → 金生水

  - 戌(凶) : 여름 건토는 흉하다. 辰戌沖

실전 2. 남

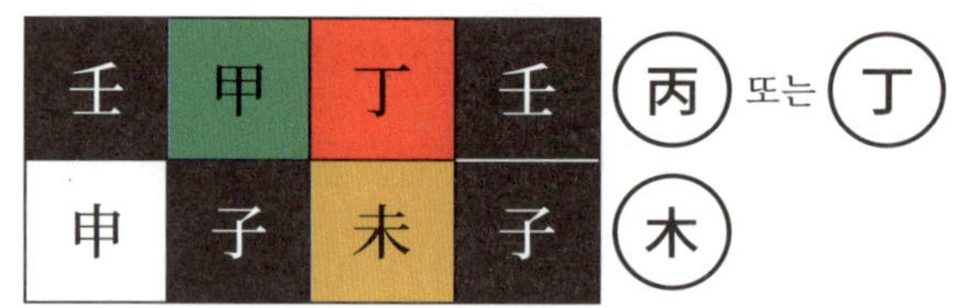

- 5 〉 3 太旺(태왕)

- 壬子로 水旺하고 申子로 물이 더해져 大海水(대해수)가 되었다.

- 甲木이 浮木(부목)이 되어 유랑객 사주이다.

- 한여름 未月生이나, 사주가 냉하여 逆用神(역용신) 丁火를 쓴다. 지장간 未中 丁火에 뿌리를 두어 명맥을 유

  지한다.

- 대운

  − 壬水 (凶) : 丁壬合, 用神合去(용신합거), 用神羈絆(용신기반)

- 이름 看命(간명)

  昶(해길 창) = 永(길 영) + 日(병화) ⇒ 日 부수 : 좋은 이름자

  − 해(日)가 길게(永) 비친다.

  − 해가 긴 시간 동안 비치는 이름자로, 여름 火 逆用神(역용신)에 적합하다.

  − 昶 = 永(壬水) + 日(丙火) : 水와 火는 不相沖(불상충)이다.

실전 3. 여

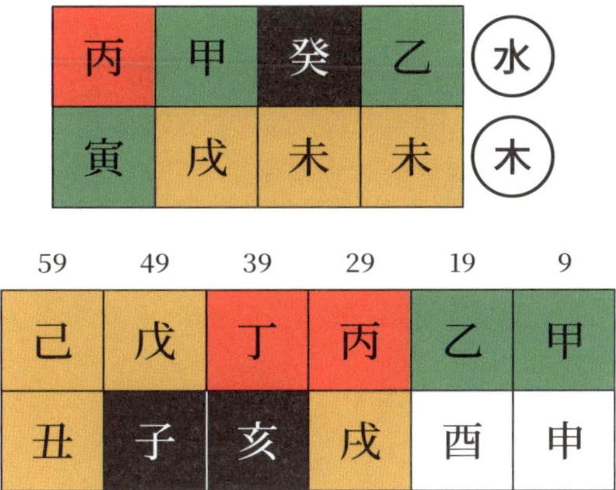

- 4 〈 4 身弱(신약)

- 水조후용신 癸水가 한여름 未土 열토 위에 있어 증발한 물상이다.

- 地支가 寅中 丙火와 戌未未 건토 속의 丁火가 더해져 甲木의 뿌리가 화상을 입을 수 있다.

- 木으로 疎土(소토), 剋土(극토)함이 길하다.

- 金 ┌ 천간 庚辛金 (吉) : 癸水로 통관
     └ 지지 申酉金 (凶) : 金克木, 寅木이 상처를 입는다.

- 작명 시

  - 이름자 첫 번째(천간)에 水 조후용신, 이름자 두 번째(지지)에 木 약신을 넣는다.

  - 용신운보다 약신운이 더 좋다.

개명의 플라시보 효과

예시. 여

庚	甲	乙	丁	木
午	子	巳	巳	水 또는 金

水	印	1	水 조후용신
木	比劫	2	甲＋庚→破木生火(파목생화) 乙＋丁→눈물이 난다
火	食傷	4	火운은 흉
土	財	0	건토는 흉, 습토는 길
金	官	1	庚辛金은 흉, 申酉金은 길

- 3 < 5 身弱(신약)

- 水 조후용신 겸 천간 통관길신

- 劈甲引丁(벽갑인정) : 庚金으로 甲木을 잘라서 丁火로 태운다.

  - 劈甲引丁(벽갑인정)은 丁火로만 가능하다. 丙火는 불가하다.

- 乙木(습목)이 丁火를 만나면 타면서 연기만 난다. 눈물을 흘리는 형국이다.

- 藤蘿繫甲(등라계갑)

  - 乙木(넝쿨)이 甲木(큰 나무)을 타고 올라간다.

  - 부모궁의 乙木이 甲木을 타고 올라가 甲木이 고통받는다. 부모덕이 없다.

■ 일주 甲子 : 큰 나무 + 냉수

　- 60갑자의 첫 번째

　- 생명 잉태, 시초, 우두머리, 장남, 장녀, 책임자, 지도자, 리더

　- 조직의 장이 아니더라도 그 역할을 한다.

　- 甲木의 힘이 매우 강하다.

　- 고집, 자존심, 자신감, 독립심이 강하다.

■ 大運(대운)

　- 火 (凶) : 조열함을 더한다.

　- 濕土(습토) (吉) : 火氣(화기)를 흡수한다.

　- 천간 庚辛金 (凶) : 金木相爭(금목상쟁)

　- 지지 申酉金 (吉) : 官印相生(관인상생)

■ 개명의 플라시보 효과

　- 사주 명식의 가장 나쁜 글자를 좋은 기운의 글자로 변화시킨다고 인식하는 자체가 심리적 안정
을 준다.

　- 개명 이후에 내 생각을 긍정적으로 바꾸는 것이 중요하다.

가을

명리학은 오행 중심으로만 看命(간명)해도
큰 뼈대를 세울 수 있다. 오행 상호 간의 상생, 상극의
변화가 무궁무진한 것과 같이 통변 또한 다양한 해석이
나올 수 있다. 이는 자연이 많은 해답을 주기 때문이다.
한자 자원오행에 의거한 작명은 격국, 신살, 십이운성,
육친 등과는 무관하다.

가을 申酉戌월의 甲木 – 1

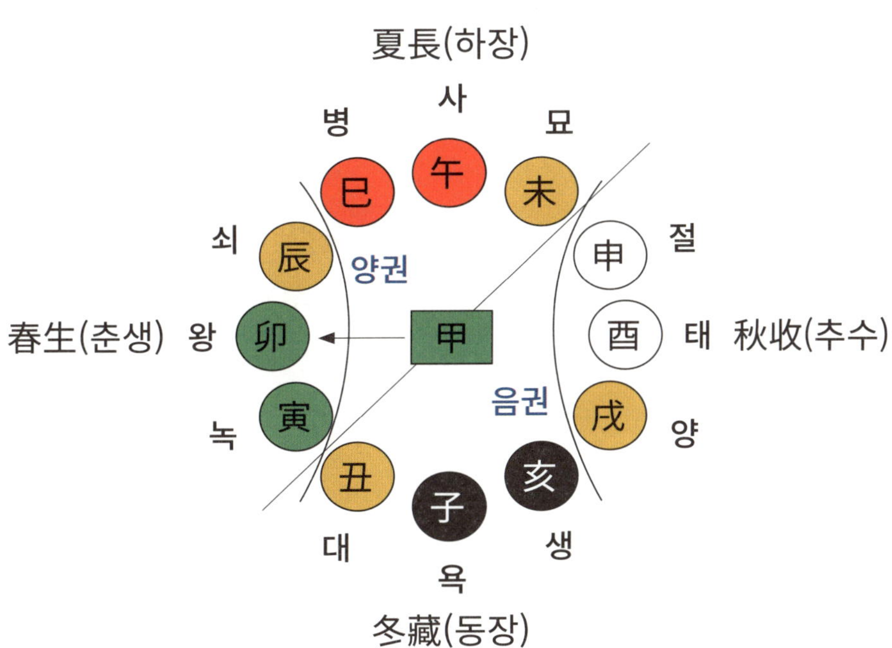

▦ 핵심

- 한랭, 숙살, 결실의 계절

- 丙丁火 조후 으뜸

- 丙火 : 열매, 곡식이 익는다. (金火交易, 木火通明)

- 丁火 : 벽갑인정, 용금성기, 파목생화

가을 甲木의 특징

- 가을 甲木 + 寅卯辰 + 丙火 유력

  - 곡식, 열매, 과일목, 동량목

- 가을 甲木 + 壬癸水 旺

  - 한랭, 쭉정이 농사, 가난하다.

  - 丙火 조후용신, 戊土 약신 : 제방을 쌓고 물길을 낸다.

-
	申月	酉月	戌月
甲	절	태	양
丙	병	사	묘

  甲木과 丙火는 生死를 같이 한다.

  - 가을 申酉戌월의 12운성에서 甲木은 절태양이 되어 성장이 멈추고, 丙火는 병사묘로 태양의 고도가 낮아져 점점 추워진다. 이처럼 甲木과 丙火는 生死(생사)를 같이하는 불가분의 관계이다.

  - 봄 甲木이 싹이 틀 때는 丙火의 따뜻함이 중요하고, 여름의 甲木이 무성하게 자랄 때는 丙火의 왕성한 기운이 필요하다. 丙火가 생명체 木을 키울 때 기쁨이 있는 것이다.

  - 생명체인 甲乙木은 사계절 내내 태양이 필요하다.

  - 그러므로 丙火 조후용신이 가장 많이 쓰이고, 작명에도 이와 같은 이치가 적용됨이 마땅하다.

- 가을, 겨울생이 戌土 하나를 가지고 있으면 의식 걱정이 없다.

  - 戌中 丁火는 동식물이 추운 겨울을 나게 하는 난방 역할을 하며, 봄꽃을 피우기 위해 존재한다.

  - 戌中 戊土는 방수, 방풍, 제습의 약신 작용을 한다.

- 가을 甲木과 丙火

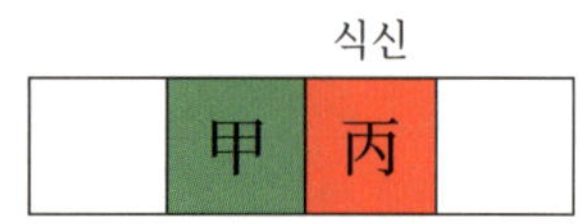

  - 甲木이 태양을 보고 자라면 정격이다.

  - 시야가 넓다. 가을 향기, 향기목, 단풍

  - 火多多益善(화다다익선) = 수확량이 많다.

■ 가을 甲木과 丁火

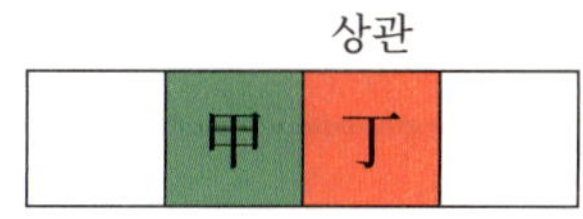

- 甲木이 지열을 보고 자란다.

- 시야가 좁다.

- 丁火의 吉작용 : 창조의 신, 丁火의 凶작용 : 부정의 신

■ 三朋(삼붕)

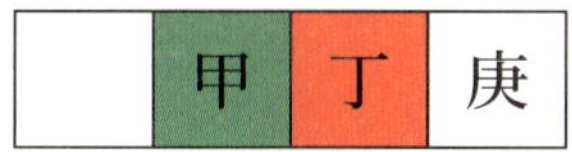

- 丁火로 庚金을 제련하여 가을 甲木을 동량목으로 다듬는다.

  : 劈甲引丁(벽갑인정), 鎔金成器(용금성기)

- 高價(고가), 부귀격이다. 여자 사주의 경우 남편복이 있다. 고위직에 오른다.

- 약사, 의사, 교육자, 종교인, 복지사, 침구사 등 기술자, 활인업에 종사하면 좋다.

- 丁火가 없고 金이 많으면 金木相爭(금목상쟁)으로 木이 상처받는다.

- 木과 火가 길신이 되면 木火通明(목화통명)이라 한다.

  ① 생명을 키운다. 사회에서 큰일을 한다. 봉사한다.

  ② 활인업에 종사하면 좋다. 리더, 책임자의 역할을 한다.

■ 木火通明(목화통명)

- 木과 火가 서로 통하여 밝다.

- 木과 火가 길신이 되는 경우이다.

- 생명을 잘 키운다. 사회에서 큰일을 한다.

- 활인업에 종사하면 좋다. 리더, 책임자의 역할을 한다.

- 일간이 木이 아니더라도 木이 다치면 내가 다치는 것과 같은 아픔이 있다. 木의 生死(생사) 여부
  를 살피는 것이 가장 중요하다.

■ 가을, 겨울에 甲乙木이 많으면 흉하다.

- 木多丙火滯(목다병화체) : 木이 많으면 丙火를 가린다.

- 木多丁火熄(목다정화식) : 木이 많으면 丁火는 꺼진다.

- 木克土(목극토) : 가을, 겨울에 필요한 戊戌土를 극하여 흉이다.

- 가을, 겨울에는 나무를 심지 않는다.

가을 申酉戌월의 甲木 – 2

통관용신 水 사용 방법

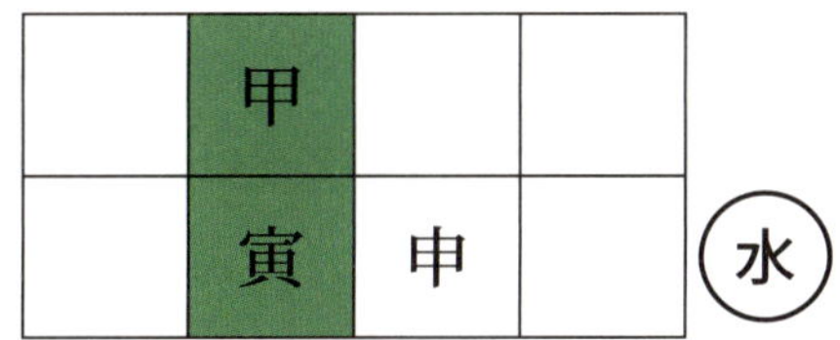

- 金이 木을 金克木하는 구조에서는 水를 통관용신으로 쓴다.

- 水를 넣어 金을 통관시킴으로 木을 보호한다. 관인상생 (金 → 水 → 木)

- 작명 시 이름 두 번째 자에 水를 넣어 金을 통관시켜 木을 보호한다.

- 木 일간의 작명에는 水 통관과 丙火로 조후하는 사례가 많다.

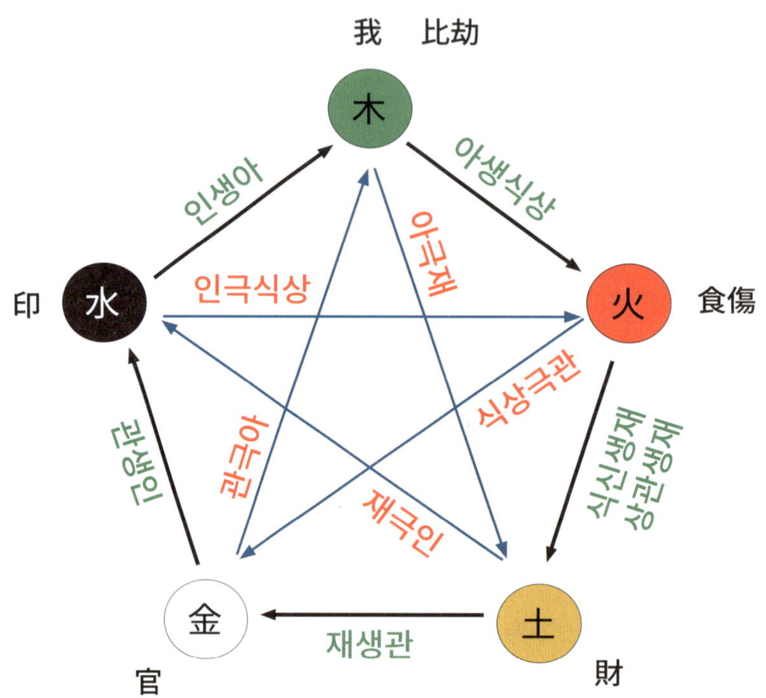

■ 상생

木 (我) → 火 (食傷) → 土 (財) → 金 (官) → 水 (印)

아생식상 → 식신생재, 상관생재 → 재생관 → 관생인 → 인생아

■ 상극

木 (我) → 土 (財) → 水 (印) → 火 (食傷) → 金 (官)

아극재 → 재극인 → 인극식상 → 식상극관 → 관극아

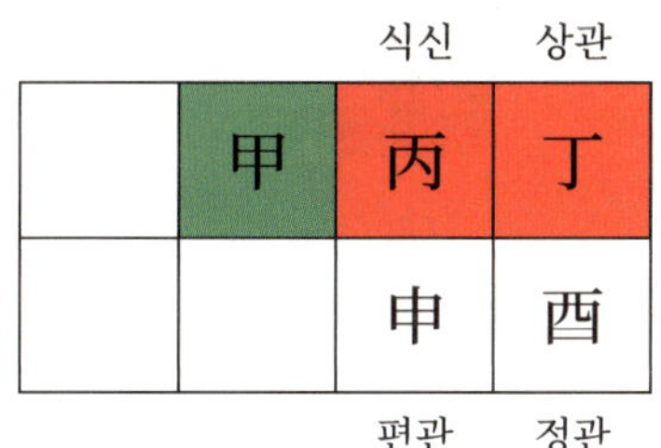

- 甲木은 申月이 절지이다. 극을 당하는 계절이다.

- 食傷(식상 : 식신, 상관)은 자식이다.

- 官(관 : 편관, 정관)은 조상, 가문, 국가, 직장, 직위이며, 여자 사주에서는 남편, 남자 사주에서는 자식이다.

- 여자 사주일 경우 정편관(남편)이 나(甲)를 金克木하고 있으니 남편복이 약하다.

  - 식상인 자식이 내 편이 된다. 자식을 낳고 힘을 얻는다. (木生火, 火克金)

- 천간이나 지지에 정편관이 연월에 같이 있으면 관운이 약하다.

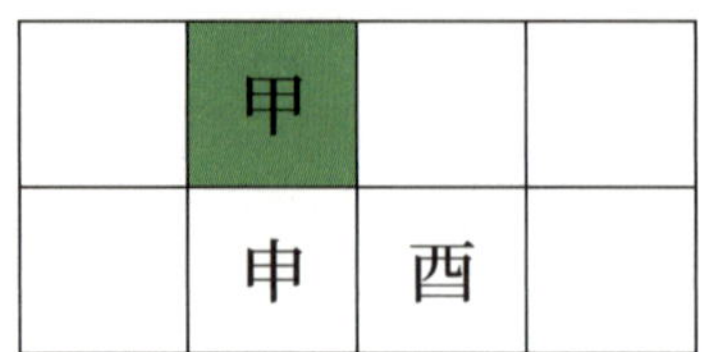

■ 酉月은 金 제왕월이다. 곡식이 익어가고 있다.

■ 일주 甲申 : 큰 나무 + 큰 바위

  - 큰 바위 위의 소나무

  - 絶處逢生(절처봉생) : 申金 絶地(절지)에서 태어난 甲木이 지장간 申中 壬水의 生을 받아 산다.

  - 고통 속에 피는 꽃

  - 뛰어난 환경 적응력과 인내로 삶을 개척한다.

  - 역경이 사람을 강하게 만들고, 고난을 이기면 더 성숙해진다.

■ 水 : 통관 용신

■ 작명 시

  - 이름 첫 번째 자(천간)에 丙火 조후길신

  - 이름 두 번째 자(지지)에 水 통관용신

戌月의 甲木

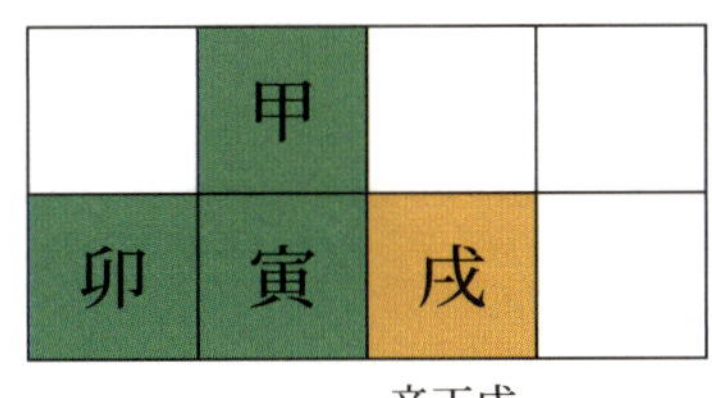

- 戌月은 가을이 깊어 단풍이 들고 결실을 보는 계절이다.

  - 肅殺之氣(숙살지기) : 쌀쌀하고 매서운 가을의 기운

  - 사색의 계절 : 燈火可親(등화가친)의 계절, 삶을 뒤돌아보며 성찰한다.

- 지장간으로 戌의 세계 알아보기

  - 戌土 속에 있는 丁火는 추운 겨울을 나게 한다.

  - 戌土 속 丁火는 산에서 촛불을 켜고 기도하는 모습이다. 戌亥 天門(천문)으로 무속인, 종교인들
    에게서 많이 볼 수 있다. 세상을 밝히고자 한다. 정신세계를 추구하고 영감이 발달한다. 종교,
    철학, 명리, 주역, 한문 공부에 관심이 많다.

  - 戌土 속 辛金은 甲木에게 고통을 준다. 자갈밭에 뿌리를 내리려니 고통이 따른다.

  - 甲木 입장에서 戌土는 財이다. 남자 입장에서는 아내와 재물이 된다.

  - 甲木은 土를 좋아한다. 土는 甲木에게 의지처가 된다. 甲木에게 土가 없으면 허공에 떠 있는 형
    국이 된다.

- 대운

  - 辰(凶) : 辰戌沖되어 甲木이 흔들린다. 내가 흔들리니 가정도 흔들린다.

"

申酉戌의 개념 정리 및 유형별 한자

申의 개념 정리

■ 申 : 번개 신, 펼 신, 원숭이 신, 7월 신, 아홉째 지지 신, 申金

- '7월'에는 '번개'가 친다.

- 申金 : 7월에는 곡식(金)이 영근다.

| 甲骨文(갑골문) | 金文(금문) | 小篆(소전) |

■ 갑골문, 금문

- 번개가 번쩍이는 모양, 내부에서 음양이 소용돌이치는 모양

- 양음 : 天地否卦(천지비괘), 소통되지 않고 막힌 상태

- 음양 : 地天泰卦(지천태괘), 하늘과 땅이 서로 화합하는 괘

- 번개가 치면 땅이 수많은 질소비료를 받는다 : 자연의 신비

- 번개가 치면 비는 따라온다. 지장간 申中 壬水를 생각할 수 있다.

■ 소전

- 양손으로 내 허리를 쭉 펴는 모양 (설문해자)

- 땅의 기운이 번개가 치듯 크게 펼쳐진다.

屈伸(굴신)운동

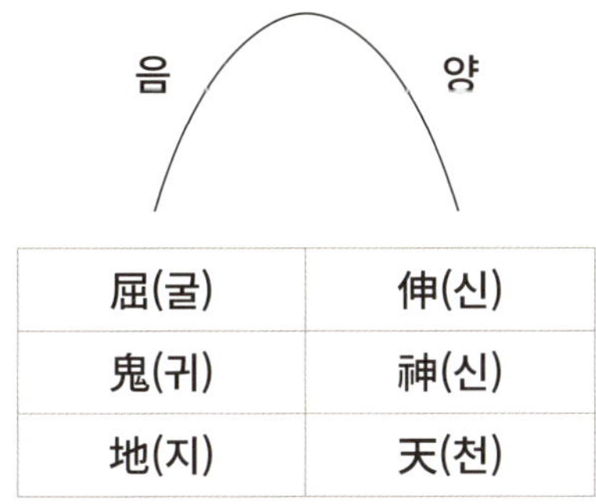

- 屈伸(굴신)운동은 자벌레의 움직임과 같다. 자벌레가 陰(음) 운동으로 오메가 자형(Ω)으로 몸을 오므렸다가 곧이어 陽(양) 운동으로 몸을 곧게 펼치는 음양 운동의 반복으로 이동하는 것이다.

- 陰陽(음양)이 공존하는 한자어

天地(천지),	男女(남녀),	晝夜(주야),	明暗(명암),	高低(고저),	長短(장단)
淸濁(청탁),	有無(유무),	首尾(수미),	廣狹(광협),	遠近(원근),	可否(가부)

申의 유형별 한자

- 伸(펼 신) = 亻(→人 사람 인) + 申(펼 신)

  - 사람(亻→人)이 하늘의 기를 받아 덕(仁義禮智信 : 인의예지신)을 펼친다.

    【예】屈伸運動(굴신운동), 伸縮性 纖維(신축성 섬유)

- 神(귀신 신, 신령 신) = 示(→神 귀신 신) + 申(펼 신)

  - 만물을 펼쳐(申)내고 재앙과 복을 내리는 신(示→神)

    【예】調候用神(조후용신), 通關用神(통관용신), 抑扶用神(억부용신)

- '申'이 들어가는 한자는 대부분 '펼친다'는 뜻을 가지고 있다.

- 한자는 음이 같으면 뜻도 같은 것으로 처리되는 경우가 많다.

  - 申 = 伸 = 神 = 紳 = 呻

- ■ 酉 : 술동이 유, 닭 유, 8월 유, 열째 지지 유, 酉金

  - '8월'에는 기장이 익고 '술동이'에 술을 빚는다. 祭酒(제주)로 쓴다.

  - '닭'이 횃대에 올라가는 酉時(17:30 ~ 19:30)에 술을 먹어야 한다.

甲骨文(갑골문)　　　　金文(금문)　　　　小篆(소전)

酉의 유형별 한자

- ■ 酒(술 주) = 氵(→水 물 수) + 酉(술동이 유)

  - 누룩과 물(氵→水)을 술동이(酉)에 넣어 빚은 술

  - 亥(氵→水) + 酉 = 酒 : 술을 잘 먹을 수 있다. (지지에 亥水와 酉金 나란히 있는 경우)

    【예】酒店(주점), 燒酒(소주), 高粱酒(고량주)

- ■ 醜(주할 추) = 酉(술동이 유) + 鬼(귀신 귀)

  - 술(酉)을 많이 먹어 귀신(鬼)이 되면 추하다.

    【예】醜行(주행), 醜態(주태), 美醜(미추)

- ■ 酋(술 익을 추, 우두머리 추) = 八(나눌 팔) + 酉(술동이 유)

  - 술동이(酉)에 있는 술이 발효가 잘되어 부글부글 끓는(八) 모습. 다 익은 술을 우두머리에게 바친다.

    【예】酋長(추장), 酋領(추령), 巨酋(거추)

- 尊(높을 존) = 酋(술 익을 추) + 寸(법도 촌)

  - 잘 익은 술(酋)을 법도(寸)에 맞게 높은 분에게 바친다.

    【예】 尊敬(존경), 天上天下唯我獨尊(천상천하유아독존)

- 遵(좇을 준, 따를 준) = 尊(높을 존) + 辶(쉬엄쉬엄 갈 착, 달릴 착)

  - 높은(尊) 이의 행적을 본받아 따라간다(辶).

    【예】 遵守(준수), 遵法精神(준법정신), 遵用(준용)

- 奠(제사 지낼 전, 올릴 전) = 酋(술 익을 추) + 大(→丌 책상 기)

  - 잘 익은 술(酋)을 제상(大→丌)에 올리고 제사를 지낸다.

    【예】 釋奠祭(석전제), 奠祭(전제), 香奠(향전)

- 鄭(정중할 정, 나라 정, 성씨 정) = 奠(제사 지낼 전) + 阝(→邑 고을 읍)

  - 고을(阝→邑)에서 제사를 정중하게 지낸다(奠).

  - 奠(12획) + 阝→邑(7획) = 19획

    옥편에서는 15획이지만, 성명학에서는 19획으로 본다.

戌의 개념 정리

- 戌 : 때려 부술 술, 개 술, 9월 술, 열한째 지지 술, 戌土

- '戌月'이 되면 양기가 땅속으로 들어가 나무순이 막힌다. 물관, 체관이 막힌다.

- 의식을 행할 때 큰 도끼를 들고 위엄을 나타내는 글자이다.

- 큰 도끼 모양 → '때려 부수다.'

甲骨文(갑골문)   金文(금문)   小篆(소전)

- 戍(수 자리 수, 지킬 수) = 人(사람 인) + 戈(창 과)

  - 병사(人)가 무기(戈)를 들고 변방 초소에서 근무한다.

    【예】戍卒(수졸) = 戍軍(수군), 戍樓(수루), 戍將(수장)

- 滅(멸망할 멸, 없어질 멸) = 氵(→水 물 수) + 戌(때려 부술 술) + 火(불 화)

  - 무기로 때려 부수고(戌) 불(火)로 태운 후에 물(氵→水)로 씻어 없앤다.

    【예】滅亡(멸망), 生者必滅(생자필멸), 永遠不滅(영원불멸)

- 威(위엄 위) = 戌(큰 도끼 월) + 女(계집 녀)

  - 큰 도끼(戌)를 들고 있는 위엄있는 여자(女), 모계사회에서 우두머리

    【예】威嚴(위엄), 狐假虎威(호가호위), 威風堂堂(위풍당당)

- 咸(다 함) = 戌(큰 도끼 월) + 口(입 구)

  - 큰 도끼(戌)를 들고 큰 소리(口)를 지르며 온 힘을 다 쓴다.

    【예】咸陽郡(함양군), 咸鏡道(함경도), 咸興差使(함흥차사)

- 感(느낄 감) = 咸(다 함) + 心(마음 심)

  - 마음(心)으로 다(咸) 느낀다.

    【예】至誠感天(지성감천), 多情多感(다정다감), 感覺器官(감각기관)

    視而不見(시이불견)하고 : 보아도 보이지 않고

    聽而不聞(청이불문)하며 : 들어도 들리지 않으며

    食而不知其味(식이부지기미)니라 : 먹어도 그 맛을 알지 못한다.

> ※ 마음이 작동하지 않으면 감각기관이 작동하지 않는 것처럼, 명리 사주로 비유하였을 때 心柱(심주)의 중요성을 알려준다.

孝는 백행의 근본. 가족 사주풀이

【아버지】

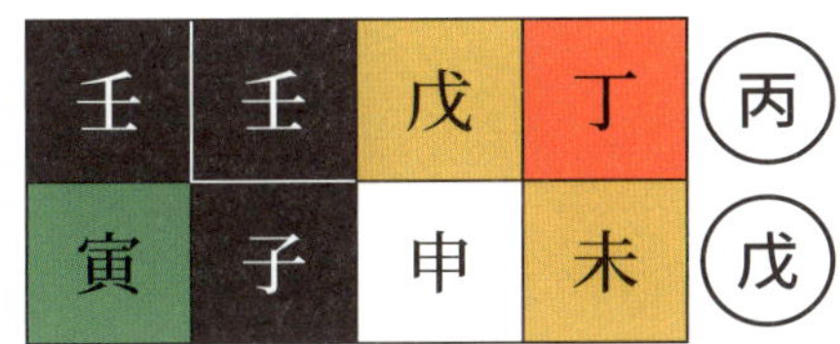

- ■ 4 〉4 身旺官旺(신왕관왕)

  - 寅中 丙火 조후용신 　- 水 병신 　- 金 구신 　- 木 길신 　- 戊土 약신

- ■ 일주 壬子 : 大海水(대해수) + 干與支同(간여지동)

  - 子午卯酉 제왕 干與支同(간여지동)은 매우 강하다.

  - 時干(시간) 壬水와 申子 水局으로 水太旺하고 한랭하다.

  - 火氣(화기)가 약하고 한랭하면 체온을 높이기 위해 과음하는 경우가 많다.

  - 알코올 의존증, 가정 폭력

- ■ 爕(불꽃 섭, 불에 익힐 섭) = 炊(불 성할 개)+ 言(→辛金, 조리용 도구) + 又(손 우)

  - 손(又)에 조리용 쇠 냄비(言→辛金)를 잡고 음식물을 넣은 후 불(炊)로 익힌다.

  - 두뇌가 명석하고 예민하며, 일 처리가 완벽하여 대인관계에 원만함이 요구되는 한자이다.

【어머니】

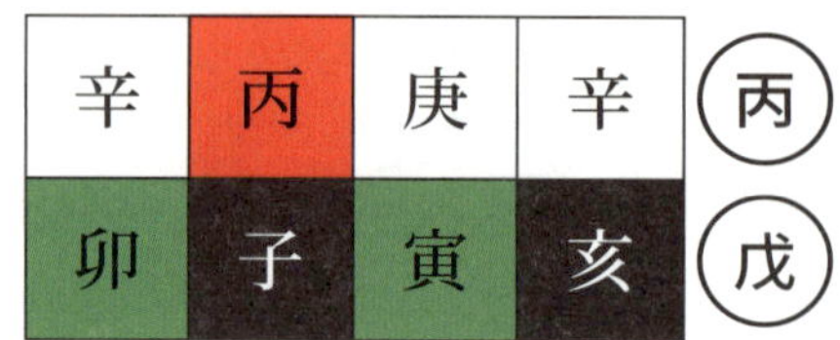

- 3 〈 5 身弱(신약)

- 丙火 조후용신이 寅中 丙火에 뿌리를 두어 밝고 바른 사람이다.

- 일지 子水가 金生水로 水太旺하여 남편(官)이 병이 되었다.

  - 남편의 알코올 의존증과 폭력으로 인해 자녀를 데리고 가출하였다.

【의뢰인(아들)】

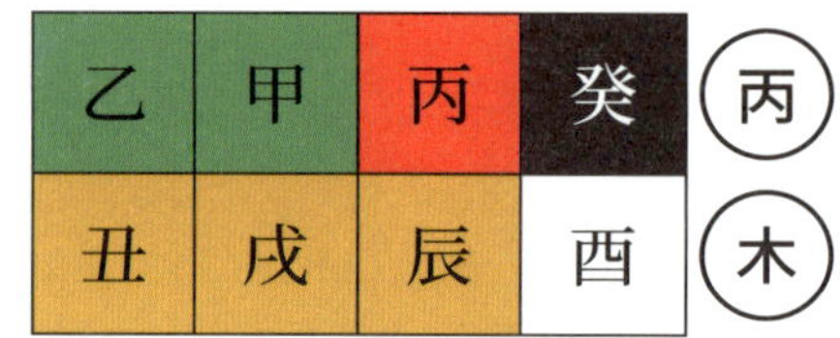

- 3 〈 5 身弱(신약)

  - 丙火 조후용신   - 水, 木 길신   - 건토 길신

- 봄에 木이 상처받지 않고 丙火를 보고 잘 자라고 있으나, 丑時(축시)로 조후가 약간 부족하다.

- 사주의 부족함을 강인한 정신력인 心柱(심주)로 극복한 모범적인 경우이다.

- 孝心(효심)이 깊은 구독자

  - 취업 후 첫 봉급을 받은 후 곧바로 어머니 개명신청을 위해 효명작명을 찾아온 孝子다.

  - 곡진한 사연이 있음이 분명하고, 아들이 어머니의 개명을 간절히 원하는 마음이 가상하여 계획에도 없는 아들부터 먼저 간명한 미담이다.

- 세운

  - 대학교 : 국가 장학금(내가 살 길은 오직 공부뿐), 아르바이트

  - 군대 : 공익근무가 끝나면 아르바이트를 병행

  - 21세, 22세 癸巳, 甲午 : 학생 지도 및 저축

- 23세 乙未 : 캐나다 여행, 어학연수, 영어 회화 능통

- 24세, 25세 丙申, 丁酉 : 독일, 유럽연합 장학금, 세계인들과의 교류

- 26세 戊戌 : 부모의 불화, 극심한 우울증 극복

- 27세 乙亥 : 대학교 졸업

- 28세 庚子 : 대형 종합 입시학원 취업, 상담실 근무, 적성에 맞음, 고액 연봉

■ 일주 甲戌 : 큰 나무 + 큰 산, 高山之木(고산지목)

- 木을 키워 성품이 인자하고, 가을에 풍성한 수확을 한다.

- 辰戌丑未 四庫 중 戌土를 일지에 두어 식복은 있으나, 부모형제·자·배우자 입장에서는 남이 모르는 고통이 있다.

■ 어려운 가정환경과 대운의 不美(불미)함에도 心柱(심주)를 바로 세워 온갖 역경을 극복하고 성공 신화를 이룬 삶의 여정이 아름다운 청년이다.

【남동생】

■ 4 〉4 身旺財旺(신왕재왕)

- 丙火 조후용신   - 水 병신   - 戊戌(재) 건토 약신 유력

■ 身旺財旺(신왕재왕)

- 사주가 신왕하고 財星(재성)이 두 개 이상인 경우이다.

- 원국의 戊戌처럼 財星(재성)이 干支(간지)에 있으면 최상이다.

- 목표를 세우고 꾸준히 노력하여 장애를 극복해 나가고 있다.

- 특히 원국의 癸亥처럼 水 인성이 강하여 신왕해진 사주는 재물을 탐하지 말고, 자기 분야에서 공부하여 능력을 키워서 전문인이 되면 영화는 계속될 수 있을 것이다.

효경서문을 통해 본 명리학 - 孝

孝經序文(효경서문)

仁은 人心也요 : 사랑한다는 것은 사람 마음이다.

- 仁은 공자 사상의 핵심이며 義禮智信(의례지신)의 대표이다. 仁이 있으면 義禮智信(의례지신)은 따라오는 것이며, 仁이 없다면 義禮智信(의례지신)도 없는 것과 같다. 있으면 다 있고, 없으면 하나도 없는 것이다.

- 木 생명체(나)가 없다면 火土金水의 존재도 무의미한 것이다. 내가 우주의 주인공이기 때문이다. 명리학에서 생명론이 핵심이 되어야 하는 이유이다.

- 仁義禮智信(인의예지신)을 다른 말로 德(덕) 또는 天性(천성), 本性(본성)이라 한다. 하늘에게서 부여받아 오직 사람만이 가지고 태어났다.

- 仁은 人과 같으니, 사랑할 줄 알아야 사람이다. 사랑할 줄 모르면 사람이 아니다.

- 명리 사주에서 日干(일간)이 木이 아니더라도 원국에서 木이 살면 내가 살고, 木이 죽는 환경이면 내가 죽는 것과 같다.

- 그래서 仁은 人心也 : 사랑한다는 것은 사람 마음이다.

學은 所以求仁이요 : 배움은 仁을 구하는 수단이다.

- 필요하니까 구한다. 내면에 있는 仁이 작동하지 않고 잠만 자고 있다면, 仁을 일으켜 세워야 한다. 興仁(흥인)이다. 仁이 興起(흥기)하면 義禮智信(의례지신)도 따라서 興起(흥기) 되는 것이다.
- 동요 '동 동 동대문을 열어라, 남 남 남대문을 열어라'처럼, 동대문(木)인 興仁之門(흥인지문)이 열려야 남대문(火)인 崇禮門(숭례문)도 따라서 열린다.
- 木 생명체가 丙火를 보아 잘 자라는 木火通明(목화통명)의 귀국이 되는 사주 구조와 이치가 같다.
- 復性(복성)은 본성을 회복함이다. 회복은 求仁(구인)과 같은 내용이다. 공자, 맹자를 비롯하여 수많은 성현 학자가 역설한 것이 바로 復性(복성)이다.
- 復性(복성)을 心柱(심주)로 보고, 求仁(구인)을 생명체 木을 구하는 생명론으로 대입해 보는 것도 재미있다.

孝는 行仁之本이라 : 효는 仁을 행하는 근본이다.

- 孝는 실천이 중요하다. 知行一致(지행일치)가 중요하다. 孝를 실천한다는 것은 매우 어려운 일이다. 孝는 修身(수신)하는 가장 큰 덕목이 된다.

> 仁은 人心
> 學은 求仁 ┐
> 孝는 行仁 ┘   仁(木)이 핵심이다. 명리학에서 생명론의 중요성과 같다.

- 仁을 구현하는 방법은 孝를 실천하는 데에서 가능하다.
- 배워서(學) 알고(知), 마음으로 깨달아야(心得 : 심득) 孝가 행해진다(孝行).

心得(심득)의 경지는 心柱(심주)가 굳건한 것과 같으니 人文學은 廣大無邊(광대무변)한 하나의 세계이다.

현대인의 孝

- **小孝** : 옷, 음식 사드리고 여행 보내드리기

- **中孝** : 안부 전화 드리기, 제사 지내기

- **大孝** : 매사 성의껏 부모님을 대하고 자기 몫을 다하여 사람답게 살기

學語集(학어집)

子(자)라,

人子之職(인자지직)은 惟孝爲大(유효위대)니,

孝莫大焉(효막대언)이니 敢不敬與(감불경여)아!

瞻彼林烏(첨피임오)하니 亦知反哺(역지반포)어든

可以人兮(가이인혜)여,

不如鳥乎(불여조호)아?

자식이라,

사람의 자식 된 직분은 오직 효가 가장 크니,

효보다 더 큰 것은 없으니 감히 공경하지 않을쏜가!

저 숲속 까마귀를 보니 또한 돌이켜 (부모를) 먹일 줄을 알거든

어찌 사람이여,

새만 같지 못해서 되겠는가?

申月의 甲木 실전 사주 – 부부

【남편】

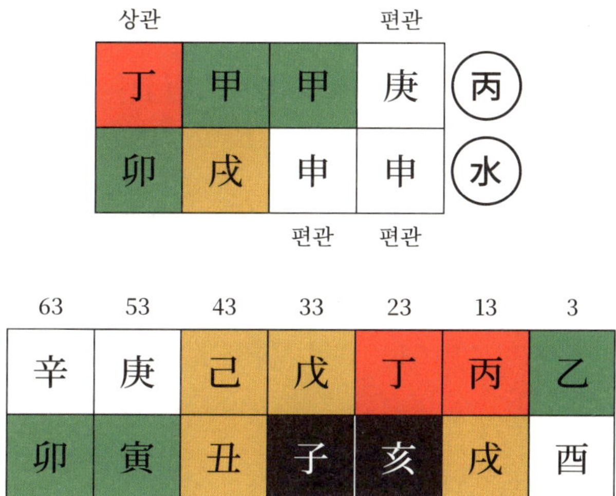

- 3 〈 5 身弱官旺(신약관왕)

  - 丙火 조후용신　　　　– 金 병신　　– 丁火 약신 : 金 병신을 극한다.

  - 申中 壬水 통관 길신　　– 土 흉신

- 申月에 연주 庚申金이 병이 되어 조상의 음덕이 없다.

  - 조부가 명문거족의 후손으로 큰 부자였는데, 도박으로 재산을 탕진하였다.

- 甲申월주인 부모님이 큰 갈빗집을 운영하여 부유하였다.

  - 금전적, 정신적으로 어머니의 도움이 컸다.

  - 申中 壬水 통관으로 甲木이 絶處逢生(절처봉생)하여 고난을 극복할 힘이 되었다.

- 일주 甲戌 : 큰 나무 + 큰 산 = 高山之木(고산지목)

  - 나무가 무성한 산 + 庚申申 : 계곡물이 있다.

- 배우자궁 戌中 丁火가 時干(시간)에 있어 유력한 火氣가 庚申金 병을 극하여 약신 역할과 조후를 겸하고 있다. 처덕이 있다.
- 아내에게 여러 차례 구혼하며 진심과 정성이 통하여 결혼에 성공하였다.

■ 聯珠相生(연주상생) 구조 : 木 → 火 → 土 → 金 → 水
- 사주 원국의 干支(간지)들이 구슬을 연이어 꿰어 완성품을 만들 듯, 서로 조화롭게 상생의 관계를 맺으며 순환되는 것을 聯珠相生(연주상생)이라 한다.

■ 대운 및 세운
- 乙酉 (凶) : 乙庚合金, 申酉戌 金局으로 유년 시절에 허약 체질이었다.
- 丙戌 (吉) : 중, 고, 대학생 때 건강해져 게임에 몰두, 대학을 컴퓨터 공학과로 진학하였다. 한국 최고의 게임왕에 등극하여 월수입 천만 원에 육박하였으나, 정신적으로 황폐해져 성적은 최악이었다.
- 丁亥 (吉) : 군 제대 말년에 많이 반성하여 제대 후 전기과로 전과, 勇猛精進(용맹정진) 하여 최우수 성적, 장학금을 받고 수석으로 졸업하였다.
- 30세 己丑, 31세 庚寅, 32세 辛卯 (凶) : 취업 시험만 보면 낙방
- 하향해서 폐인 생활, 어머님이 삼계탕집을 차려주었으나 겨우 유지만 가능했다. 단골손님 중 명리학자의 "내년에 합격할 수 있다."는 말 한마디에 한 줄기 희망을 안고 열심히 공부하여 합격의 꿈을 이루었다.
- 壬辰 (大吉) : 2012년 총 3곳에서 합격 통지를 받았다.

■ 壬辰 : 통관길신. 申辰 水局 반합, 辰戌沖보다 合이 먼저이다.
- 좋은 세운을 만나기가 어려운 것처럼 기회는 여러 번 오지 않는다. 제때 貴人(귀인)을 만나 그 말을 믿고 따른 것이 전환점의 가장 큰 기회가 되었다.

■ 明心寶鑑(명심보감)

物順來而勿拒(물순래이물거)하고,

物既去而勿追(물기거이물추)하라.

일이 순리로 오거든 거역하지 말고,

일이 이미 지나갔거든 쫓지 마라.

- 주식 투자의 대성공 : 바이오 주, 水 인성운 大吉

  - 己亥, 庚子, 辛丑 : 특히 庚子年(2020년)에 대박이 났다.

- 아름다운 삶의 설계

  - 어렸을 때부터 凡人(범인)과는 다른 드라마틱한 삶을 통해 꾸준히 자기 계발을 주도해 왔다. 고통을 받은 만큼 성숙해진 모습이 다음 내용으로 이어진다.

  - 壬寅年(2022년), 승진운에 "승진하면 내가 추구하는 개인의 삶을 이루기가 쉽지 않다. 또한, 가족과 화목한 시간을 많이 가지기가 어렵다."라며 승진하지 않겠다고 말한다.

  - 현재 기사 자격증을 4개 보유하고 있고 추가로 기술사 자격증을 취득하기 위해 준비 중이다. 명리 공부도 틈틈이 하여 心柱(심주)를 바르게 세우겠다고 다짐하였다.

【아내】

- 4 〈 4 身弱(신약)

  - 일주 庚戌 魁罡(괴강)으로 약하지 않다.

  - 魁罡(으뜸 괴, 북두성 강) : 에너지가 강하다.

  - 丙火 조후용신   - 水 통관 길신   - 木 길신   - 金 병신   - 土 구신

- 연간 丙火가 寅卯木을 잘 키우고 있다. 조상의 음덕이 있다.

  - 어릴 때 귀여움을 받으며 자랐다.

  - 卯木이 丙火를 보아 아름답고 무성하게 꽃을 피우는 陽地桃花(양지도화)이다. 미인이다.

- 庚戌 魁罡(괴강) 일주가 庚金 옆에 丁火가 있고, 戌中 丁火가 뿌리가 되어 鎔金成器(용금성기) 구조가 되었다.

  - 鎔金成器(용금성기) : 金을 녹여 기물을 만든다.

  - 庚金 옆에 丁火가 있으면 부지런하다.

  - 丁火는 정관으로, 남편덕과 직장운이 좋으며, 배우자 궁도 좋다.

■ 地支(지지)의 生長收藏(생장수장)

- 봄 寅木이 싹을 틔워 卯月에 무성하게 자라 가을 戌月에 庚金 곡식을 수확한 후, 겨울 丑土 창고에 저장한다. 丁火로 난방하여 구들장 지고 편안하다.

- 春生(춘생) → 夏長(하장) → 秋收(추수) → 冬藏(동장)

■ 대운과 원국의 金木相爭(금목상쟁)

50, 60 대운	상극	원국	작명
甲 乙	← 金克木	庚辛	丙火로 庚辛金을 극하고, 甲乙木에게 생기를 준다.
申 酉	金克木 →	卯寅	壬水 통관 길신

申月의 甲木 실전 사주 – 관인상생

실전 1. 남 官印相生(관인상생), 강의력 있는 교사의 특징

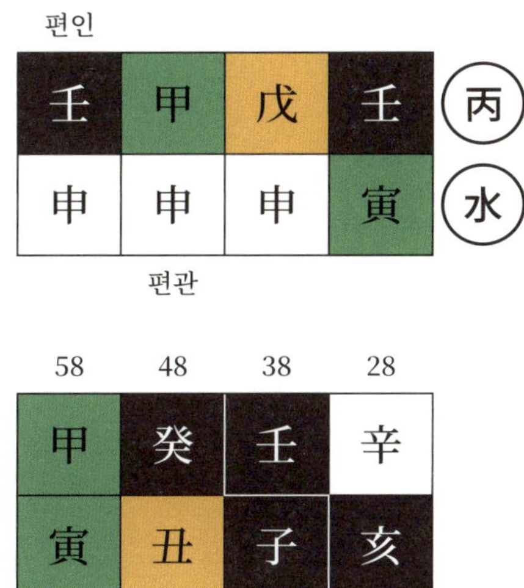

- ■ 4 〈 4 身弱(신약)

  - 寅中 丙火 조후용신　- 지지 水 통관길신　- 金 : 천간 길, 지지 흉
  - 木 길신　- 습토 병신

- ■ 官印相生(관인상생)

  - 관성의 강한 3개의 申金이 신약한 일간인 甲木을 극하지 않고 水인성으로 설기 (金生水)하여 일간 甲木을 도와준다.

  - 강한 관성은 인성을 生助(생조)하여 힘을 빼고, 인성은 다시 약한 일간을 生助(생조)하여 강해지는 선순환 과정을 官印相生(관인상생)이라 한다.

  - 관성과 인성의 장점을 발현할 수 있다.

- 官星(관성) : 나라와 사회, 그리고 상사가 내 편이 된다. 진급도 잘 되고 직장생활도 순탄하다.

- 印星(인성) : 학구파가 많다. 열심히 공부해서 상위 자격증을 취득하여 신분을 상승시킨다.

  • 어머니의 사랑과 윗사람들의 격려가 힘이 되어 자기 몫을 다한다.

  • 열심히 저축하여 집문서를 손에 넣는다.

■ 강의력 있는 교사의 특징

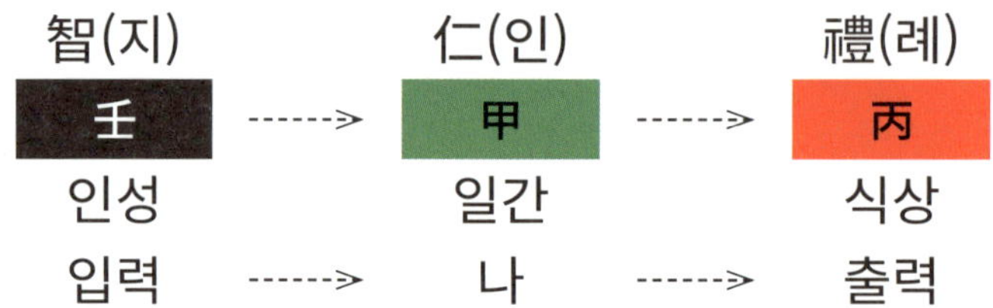

- 水 智慧(지혜)를 받아들여서{=입력}, 丙火처럼 밝고 禮儀(예의)에 맞게 강의한다.{=출력}

- 입력(인성)과 출력(식상)이 좋으면 강의력 있는 교사이다. 되 글을 가지고 말 글로 쓸 수 있는 능력자이다.

- 교육, 종교, 문화, 예술, 문학, 체육 등 관련 종사자

- 교사, 종교 지도자, 지도층 계급, 카운슬러, 상담치료사, 명리 상담사, 아나운서, 개그맨, 배우, 작가, 정치가, 판검사

■ 대운

- 辛(吉) : 官印相生(관인상생), 辛金이 壬水에 洗光(세광)되어 官(관)이 빛난다. 더 좋은 환경으로 이직한다.

- 亥(吉) : 지지 통관 水로 길하다.

- 壬子(吉) : 水 용신

- 丑(凶) : 火氣(화기)가 습토에 설기되고, 土生金으로 흉신의 힘만 키운다.

- 甲寅(吉) : 신약한 甲일간에 비견은 길하다.

실전 2. 여

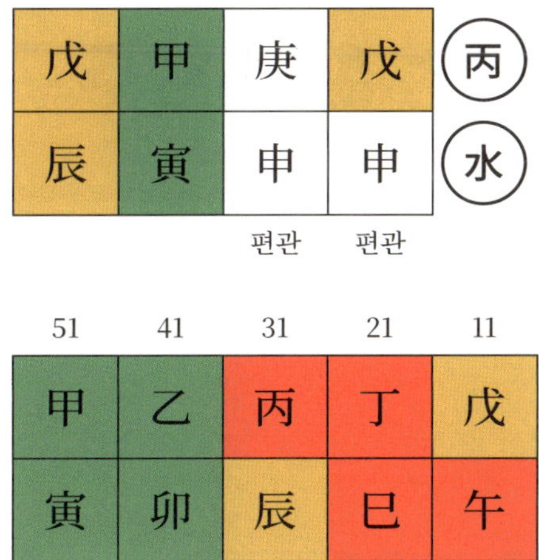

- 2 〈 6 太弱(태약)

  - 寅中 丙火 조후용신   - 申中 壬水 통관길신   - 木 길신   - 金 병신   - 土 구신

  - 지장간 용신과 길신으로는 힘이 약하다. 개명이나 아호로 보완이 필요하다.

- 가을 甲木이 조후가 부족하고 庚申金이 강하여 한랭하며, 일주 甲寅木을 干支(간지)로 극하여 대흉하다.

- 약한 甲木 일간이 旺金(왕금) 속에서 살아야 하니, 부부 불화로 많은 고통이 따른다.

- 원국에는 주위를 둘러보아도 지원군이 하나도 없는데, 대운이 火·木 길신운으로 힘을 받는다. 水운이 없어

  아쉽다.

- 일주 甲寅 : 큰 나무 + 큰 나무, 干與支同(간여지동)

  - 60갑자 중 최고의 자존심을 나타낸 일주이다.

  - 뿌리 깊은 거목으로, 강한 신념과 뚝심으로 자기 성취를 이룬다.

  - 일주 甲寅木이 健旺(건왕)하여 煞(살) 속에서도 버틸 힘이 되었다.

- 개명 : 昇洹(승원)

  - 천간 : 丙火는 甲木을 키우고 庚金을 제압한다.

  - 지지 : 壬水 통관길신

  ※ 洹(흐를 원) = 氵(→水 물 수 변) + 亘(펼 선, 뻗칠 긍, 굳셀 환)

  - 물(氵→水)이 넓게 펼쳐져(亘) 세차게 흐른다.

  - 물이 풍부한 한자이다.

酉月의 甲木 실전 사주

실전 1. 여

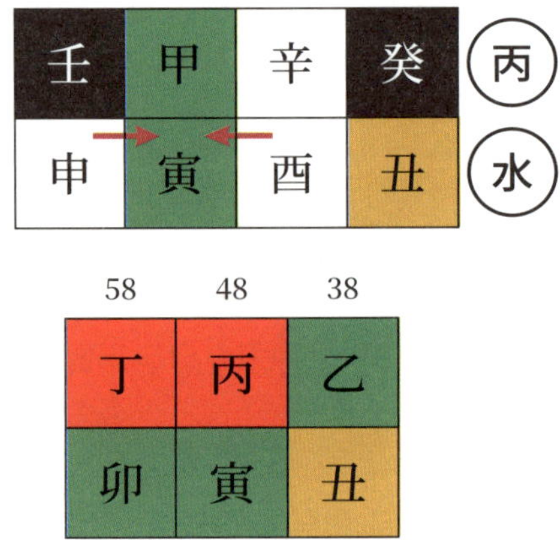

- 4〈4 身弱(신약)

  - 寅中 丙火 조후용신   - 木 길신   - 지지 水 통관길신   - 金 병신   - 濕土 구신

- 酉月 : 金 제왕월

  - 가을에 金水가 많을수록 흉하다. 寒濕하다.

- 辛酉

  - 酉月의 辛酉는 최강이다.

  - 완제품, 완성된 보석, 최고의 보석은 곡식이다.

  - 크기는 작으나, 에너지는 크기 때문에 土多金埋(토다금매)가 되지 않는다.

  - 土多金埋(토다금매, 埋 : 묻을 매) : 土가 많아 金이 땅속에 묻힌다.

- 寅木 좌우에 金이 있어 통관으로 水가 필요하다.

  - 寅木 肝이 상처를 받아 간담, 경락상의 통증이 따른다. 담 경락상의 편두통이 심하다.

- 가을 丑土가 한습하여 위가 약하며, 水旺하여 방광에 염증도 자주 생긴다.

- 작명 시

  - 이름자 첫 번째(천간)에 丙火 조후용신, 이름자 두 번째(지지)에 壬水 통관길신을 넣는다.

- 대운

  - 乙辛沖 : 매우 아팠다.

  - 丑 습토 (재) : 돈 때문에 고통받았다.

  - 運路(운로)가 木·火 길신과 용신운으로 길하다.

실전 2. 여

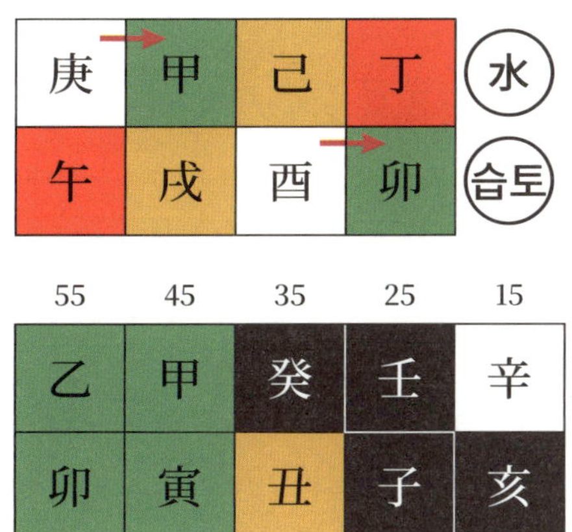

- 2 〈 6 太弱(태약)

  - 천간 水 통관길신   - 지지 濕土 약신   - 火·金·木 흉신

- 일간 甲木은 庚金에 쪼개어져 午戌火에 탄다. 연지 卯木은 水가 없어 건초가 되어 酉金에 잘려 丁火에 탄다.

  - 자식과 남편이 합세하여 나를 힘들게 한다.

- 중학교 때부터 조울증 치료를 받아왔다.

- 대운

  - 水 대운에 미술대를 졸업하고 능력이 있어 직장생활을 하였으나, 대인관계에 어려움이 있어 입사와 퇴사를 반복하였다.

  - 결혼하여 아들을 낳고 병세가 악화하여 아들 양육에 어려움이 생기자, 사돈 간 합의 이혼이 성

립되었다. 2020년 庚子年, 庚金이 흉이다.

- 木운 : 火氣(화기)만 더하니 안타깝다. 지지 습토가 가장 길하다.

실전 3. 남

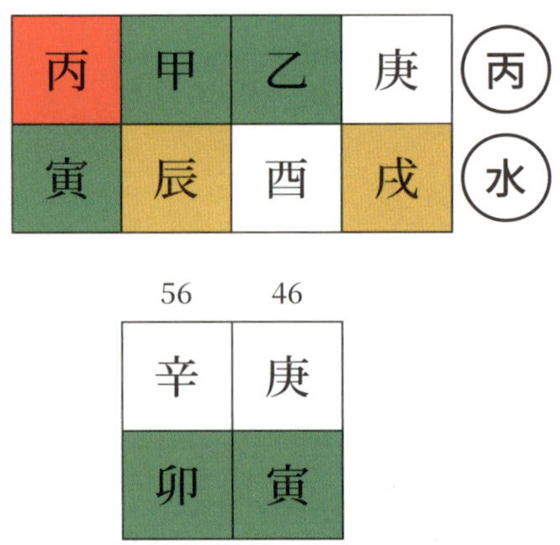

■ 3 〈 5 身弱(신약)

- 丙火 조후용신 겸 약신(약용신)　- 木 길신　- 金 병신　- 水 통관길신　- 土 흉신

※ 용신과 약신을 겸하고 있을 때, 이를 '약용신'이라 칭한다.

■ 金 제왕월인 酉月에는 木의 생사를 가장 먼저 살펴보아야 한다.

■ 木이 丙火를 보고 잘 자라고 있으며, 土生金으로 전체가 金과 木으로만 배열되어 金木相爭(금목상쟁)의 구조가 되었다. 水 통관이 시급하다.

■ 寅辰 木局 반합보다 辰酉金 지지 6합이 먼저 일어난다. 제왕 卯가 빠진 반합은 힘이 없기 때문이다.

■ 乙庚合金의 길흉 조건

■ 배우자궁(아내)의 변심

- 일주 甲辰 : 큰 나무 + 沃土(옥토, 沃 : 기름질 옥), 백호

- 甲木은 辰土를 가장 사랑하며 자기가 살 집으로 여긴다.

- 辰土가 辰酉金 흉신으로 변하면서 庚戌 괴강과 합세하여 아내가 나를 극한다.

- 일지에 四庫(4고) 중 하나를 둔 甲辰일주는 식복은 있으나, 나와 부모형제·자·배우자 입장에서
는 남모르는 고통이 따르는 특징이 있다.

■ 대운

→ 木운이 金木相爭(금목상쟁)으로 박복하다.

재물복 있는 사주란?

돈(財)의 通辯

돈이 있는 사주는?

1. 用神(용신)이 有力(유력)한가?

- 用神이 힘이 있으면 돈이 있다. 用神이 중요하다.

- 用神

  - 조후용신

    - 한난조습의 불균형을 최적화시켜주는 용신

    - 用神중에서 조후용신이 가장 중요하다.

    - 조후용신은 신왕, 신약을 따지지 않는 것이 가장 큰 특징이다.

  - 통관용신

    - 상극 관계에 놓인 대치 상황에서 중재자 역할을 할 수 있는 오행을 가운데에 넣어 상생으로 소통시키는 용신

    【예】 金木相爭에서 水는 중재자 역할이다. 金生水, 水生木으로 木을 보호한다.

  - 억부용신

    - 강한 오행은 눌러주고(抑 : 누를 억), 약한 오행은 도와주는(扶 : 도울 부)용신

2. 官(관)이 좋은가?

- 官 : 남편, 자식, 직장, 직위, 최고의 희망

- 사주에 재성이 하나도 없지만 관성이 좋다면, 재생관으로 돈이 따라온다.

- 用神이 有力하면 좋은 사주이며, 좋은 사주는 재관이 다 좋다.

3. 가을에 곡식이 되는 구조인가?

- 金火交易(금화교역)

- 가을 申酉戌 金 제왕월에 곡식이 익는다.

- 丙火로 木이 잘 크는 환경이어야 한다.

- 木이 다치지 않아야 수확이 풍성하다.

- 열매나 곡식은 곧 돈이 된다.

4. 육친으로 財星은 곧 돈이다.

- 食神生財(식신생재)

- 식신으로 일간의 기운을 빼내어 재성을 생하는 것이다. 食神生財가 좋으면 돈이 있다.

- 단, 조후가 적절해야 실제 재물로 이어질 수 있다.

5. 金이 많은 사주인가? 金 : 돈 金

- 鎔金成器(용금성기)가 되면 부귀겸전한다.

> ※ 원국이 돈이 있는 사주이더라도, 내가 노력해야 가질 수 있다. 심지도 않은 것을 거둘 수는 없다.

辛의 유형별 한자, 通辯

辛의 개념 정리

- 辛 : 매울 신, 고생할 신, 혹독할 신

甲骨文(갑골문)　　　金文(금문)　　　小篆(소전)

- 亠(→上) + 一(한결같은 죄) + 干(범할 간)

  - 윗사람에게 죄를 범한 죄인이 刺字(자자)를 당할 때의 괴로움이 맵다. 혹독함을 뜻한다.

> ※ 刺字(자자) : 죄인의 얼굴이나 팔뚝에 날카로운 쇠붙이로 흠을 내서 먹물로 죄명을 찍어 넣던 벌이다.

재미로 알아보는 辛라면 短想(단상)

- 매운맛은 한국인의 입맛이다. 辛라면이 이에 부합한다.

- 刺字(자자)를 하면 평생 가듯, 辛라면도 장수 식품이 된다.

- 辛金이 완성된 보석이듯, 최고의 보석은 곡식이다. 업계의 보석은 辛라면이다.

■ 宰(재상 재, 다스릴 재) = 宀(집 면 : 관청 집) + 辛(죄인)

　– 관청 집(宀)에서 죄인(辛)을 다스리는 재상

　– 身旺官旺 사주에서 쓰면 좋다.

　　【예】宰相(재상), 主宰者(주재자), 宰官(재관)

■ 滓(찌꺼기 재) = 氵(→水 물 수) + 宰(다스릴 재)

　– 음식물을 조리할 때(宰) 물(氵→水) 밑에 가라앉는 찌꺼기

　– 작명에 부적합하다.

　　【예】殘滓(잔재), 沈滓(침재), 滓炭(재탄)

■ 梓(가래나무 재) = 木(나무 목) + 宰(재상 재)

　– 재상(宰) 역할을 할 수 있는 나무(木), 으뜸이 되는 나무, 쓸모가 많다.

　– 甲木이 필요한 작명에 쓰면 좋다.

　　【예】梓材(재재) = 梓材(재재)

■ 梓(가래나무 재) = 木(나무 목) + 辛(辛金) * 同字 : 榟

　– 작명에 부적합하다. 글자 자체에서 金克木하기 때문이다.

■ 辡(죄인 송사할 변) = 辛(죄인) + 辛(죄인)

　– 두 죄인(辛+辛)끼리 서로 다투어 송사한다.

■ 辨(분별할 변, 판단할 변) = 辡(죄인 송사할 변) + 刂(→刀 칼 도)

　– 두 죄인이 서로 말다툼(辡)하는 것을 칼(刂→刀)로 자르듯 분명하게 시비를 가려 분별한다.

　　【예】辨明(변명), 辨別力(변별력), 菽麥不辨(숙맥불변)

■ 辯(말 잘할 변) = 辡(죄인 송사할 변) + 言(말씀 언)

　– 송사하는 두 죄인(辡)의 시시비비를 분명하게 가려 말한다(言).

　　【예】辯論(변론), 辯護士(변호사), 雄辯(웅변)

- 사주의 핵심 내용을 상대방이 가장 이해하기 쉽게 설명하여 뜻이 서로 통하도록 한다는 것이 명리학적인 견해라고 본다.

- 소통의 첫 번째 관문으로 뜻이 서로 통해야 마음의 문이 열린다. 상대방을 감화시키는 것은 그 사람의 능력이다. 먼저 명리 사주를 잘 알고 긍정적으로 상담해야 하며, 과장해서도 안 되고 모르는 것을 아는 척하는 것도 금물이다. 邪念(사념)을 버리고 진실한 마음으로 성의를 다할 때 同化(동화)된다.

- 눈높이를 맞추는 것도 중요하다. 위에 군림하는 자세로는 소통이 안 되며, 以心傳心(이심전심)이 되어야 한다. 결국, 마음과 마음이 서로 통해서 하나가 될 때 비로소 진정한 통변이 이루어지는 것이다.

※ 28강 영상은 부득이한 사정으로 교재에서 제외되었습니다.

戌月의 甲木 실전 사주. 天生緣分

실전 1. 남

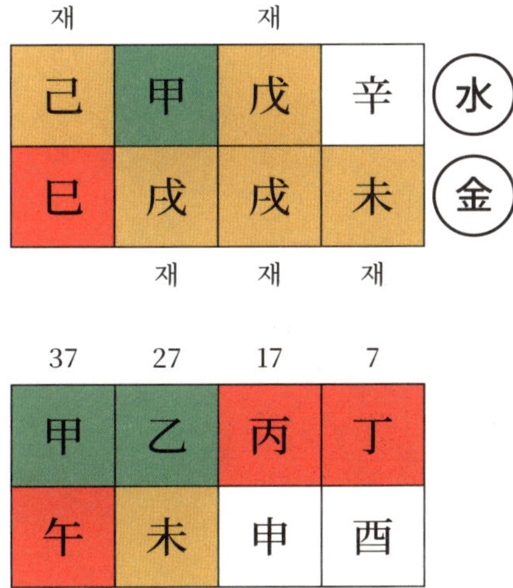

- 1 〈 7 太弱(태약). 從財格(종재격). 土從(토종)

- 戌月 甲木이 水 인성이 없고, 지지에 寅卯木 뿌리도 없어 孑孑單身(혈혈단신)이 되었다. 자기 혼자 살기가 어렵고 또한 甲己合土가 되어 旺勢(왕세)인 土(財)로 따라간 土從(토종) 사주이다.

- 甲木 일간이 土財(토재)로 따라간 從財格(종재격)이다.

- 土從(토종) = 土體(토체) = 土用神(토용신)

- 格(격)을 깨뜨리는 木이 병신이 된다. 곧 土用神(토용신)을 극하는 木이 병신이 되는 것이다. 단, 원국의 干支(간지)에 丁午火가 있으면 木生火, 火生土로 통관이 되어 길 작용을 한다. 火土金水도 길하다.

- 天生緣分(천생연분)

  - 서울 소재의 유명한 대형종합학원 인기 강사로, 큰 키에 미남이다.

  - "상관생재하는 뜨거운 자기 사주가 女難(여난)으로 바람 잘 날 없다는 것을 알았으니, 결혼하지

않겠다.”라고 하였는데, 불의 정수 丁火는 물의 정수 壬水(호르몬)를 강하게 원하는 이치를 체득한 것이다. 명리 공부를 용맹정진함에 박수를 보내며 다음과 같이 권하였다.

- “계획 결혼을 하자. 인물이나 돈, 학벌 등을 따지지 말고 최우선을 궁합에 맞춰 배우자를 선택하자. 속궁합이 맞으면 결혼 후 새록새록 정이 생겨 軟着陸(연착륙)이 가능하다.”

- 天生緣分(천생연분)을 스스로 찾는 것이 명리 공부를 한 사람의 바른길이다.

실전 2. 남

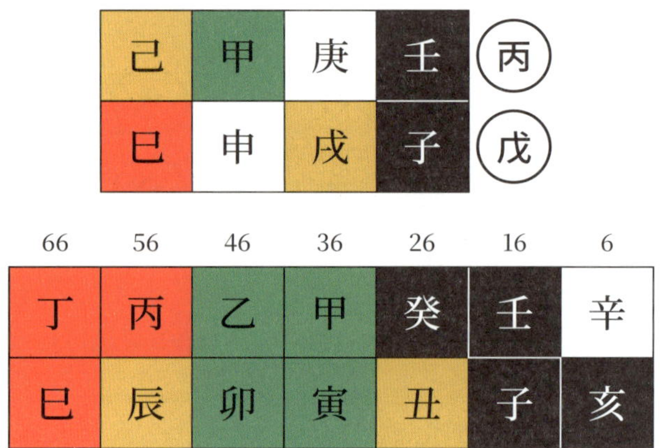

■ 3 〈 5 身弱(신약)

- 丙火 조후용신　　- 木 길신　　- 水 병신　　- 金 구신　　- 戊戌 건토 약신

■ 戌月 庚申金이 강하여

- 金生水로 水를 生하여 사주가 한랭하다.

- 신약한 甲木을 金克木하여 金이 큰 병이 되었다.

■ 일주 甲申 : 큰 나무 + 큰 바위 = 큰 바위 위의 소나무

- 絶處逢生(절처봉생 : 끊을 절, 곳 처, 만날 봉, 살 생)

　• 絶地(절지)에서 태어난 甲木이 지장간 申中 壬水의 生을 받아 산다.

- 뛰어난 환경 적응력과 인내로 삶을 개척한다.

- 남보다 특별한 재능이 있어, 주로 전문직에 종사한다.

- 甲申은 懸針煞(현침살)로 바늘처럼 날카로운 기운으로 인하여

① 상대방에게 마음의 상처를 주는 경우가 많다.

② 예민하고 섬세하며 불안한 일면이 있어 마음의 변화가 심하다.

③ 一刀兩斷(일도양단)의 성격이 있어서 끊고 맺는 것이 분명하며 일 처리가 깔끔하다.

④ 好不好(호불호)가 강하여 대인관계의 폭이 좁지만 깊은 신뢰를 쌓는다. 동호회, 친목회 등 소그룹 활동에 참여도가 높다.

⑤ 의사, 간호사, 한의사, 침술사, 요리사, 미용사, 목수, 석공, 조각가, 인테리어 시공자, 문필가, 논설가, 비평가 등이 이에 속한다.

■ 대운

- 壬子(凶) : 父 사망, 고등학교 졸업 후 자동차 정비 기술 습득

- 癸丑(凶) : 자동차 정비 업소 근무, 카센터 자영

- 甲(吉) : 蓄財(축재), 형제들에게 경제적 지원

- 寅(凶) : 신약한 甲木에게 寅木이 뿌리가 되며, 寅中 丙火가 조후용신 吉작용을 한다고 확신하여 크게 레스토랑을 차렸으나, 결과는 허망했다.

- 水生木 → 木克土로 비견 寅木이 戊土 약신을 극하여 길신이 흉신으로 변했다.

- 寅巳申 三刑(삼형)으로 寅木 길신이 흉신으로 변하였다.

■ 寅木 대운 중 壬辰年 (大凶) : 惡運(악운)이 겹쳐진다.

- 천간 壬水 병신과 지지 辰戌沖으로 약신 戊土인 댐의 제방이 무너져, 일간 甲木은 浮木이 되어 어렵게 되었다.

- 寅木 대운이 겉으로는 화려하나, 실제로는 함정에 빠지는 惡運(악운)이다.

■ 작명에 좋은 春(봄 춘), 椿(참죽나무 춘)

- 春(봄 춘) = 艸(풀 초) + 屯(모일 둔) + 日(丙火)

• 햇빛(日)을 받아 풀(艸)이 무성하게 모이는(屯) 봄

• 봄에 木火通明(목화통명)이 되는 한자로, 에너지가 강하고 활력이 넘치는 한자이다.

• 기생 이름 춘향이와 연관 지어 不用文字(불용문자)로 규정짓는 것은 語不成說(어불성설)이다.

- 椿(참죽나무 춘) = 木(나무 목) + 春(봄 춘)

• 大椿이라는 나무가 만년을 살았다는 莊子(장자)의 寓言(우언)에 의하여 長壽(장수)의 비유로 쓰인다.

甲木

겨울

작명은 實事求是(실사구시) 원칙에
따르면 된다. 목화토금수 오행의 변화 원리인
상생, 상극의 조화와 한자 字解(자해) 능력인 실질적인
일(實事)을 바탕으로 조후, 통관, 억부 이 세 가지를
바르게 구하여(求是) 작명하면 된다.

한자가 말해주는 亥子丑의 숨은 뜻

亥의 개념 정리

- 亥 : 돼지 해, 풀뿌리 해, 열두번째 지지 해, 亥水

  - 돼지 해

    • 돼지는 살이 쪄서 水가 많으니 돼지와 水를 연관시켰다고 유추한다.

    • 돼지는 온갖 음식물 찌꺼기를 먹고서도 잘 크는 것은, 水의 自淨(자정) 능력이 있는 것과 같은 해독 능력

      이 있기 때문이라고 유추한다.

  - 荄(풀뿌리 해) : ++(초목) + 亥水 → 水生木

    • 지장간 亥中 甲木이 싹이 터 뿌리를 내린 것과 같다.

- 羊水(모래집물)

  - 모태에서 아기를 기르는 羊水는 인류가 존재할 수 있는 원초적인 생명수이다.

  - 羊水는 온수이며 양은 적지만 亥水와 같이 큰 물로 본다.

甲骨文(갑골문)	金文(금문)	小篆(소전)

- 갑골문 : 머리, 몸통, 다리의 뼈대 모양

- 금문 : 남녀의 짝짓기 모습

- 소전체 : 임신부의 불룩한 배 모양. 𢆶는 천(–)과 지(―)와 인(𠃊)이 다 들어있는 자형이다.

- 亥(해서체) : 亠(머리 부분 두, 높을 두) + 㐅 (몸통, 다리)

- 該(갖출 해) = 言(말씀 언) + 亥(水 : 지혜)

  - 말(言)을 지혜롭게(亥) 갖추어서 한다.

    【예】該當者(해당자), 該當事項(해당사항), 該博(해박)

- 骸(뼈 해) = 骨(뼈 골) + 亥(골수)

  - 뼈(骨)속의 골수(亥)가 중요하다.

    【예】骸骨(해골), 遺骸(유해), 殘骸發掘(잔해발굴)

- 孩(어린아이 해) = 子水 + 亥水

  - 수분이 많은 어린아이

    【예】嬰孩(영해), 孩提之童(해제지동 : 손잡고 다니는 어린아이), 孩兒(해아)

- 核(씨 핵) = 木(나무 목) + 亥水(온수)

  - 水生木이 잘 되어 씨가 맺힌다.

    【예】核心(핵심), 核分裂(핵분열), 核雨傘(핵우산)

- 劾(꾸짖을 핵) = 亥(지혜) + 力(힘력)

  - 지혜롭게(亥) 꾸짖는 것은 매우 힘(力)든 일이다.

    【예】彈劾訴追權(탄핵소추권), 論劾(논핵), 自劾(자핵)

- 刻(새길 각) = 亥(지혜) + 刂(←刀 : 칼 도)

  - 지혜(亥)로운 내용을 자각할 때 칼(刂)로 자르듯이 마음속에 새겨진다.

    【예】刻骨難忘(각골난망), 彫刻刀(조각도), 刻舟求劍(각주구검)

- 子 : 아들 자, 자식 자, 성인 자, 씨 자, 열매 자, 첫째지지 자, 쥐 자, 子水, 냉수

  - 아들 자 : 강보에 싸인 머리가 큰 아이의 모습

  - 성인 자 : 子時는 공기가 차다. 子水는 냉수이다. 晝耕夜讀(주경야독)으로 子月 농한기에 공부를 많이 하여 성인의 자취를 좇는다.

    【예】孔子(공자), 孟子(맹자), 老子(노자), 莊子(장자), 荀子(순자)

  - 쥐 자 : 쥐는 밤에 활동을 많이 한다.

  - 씨 자, 열매 자 : 種(씨 종)이 이어진다. 복분자, 구기자, 토사자, 사상자

甲骨文(갑골문)　　金文(금문)　　小篆(소전)

- 갑골문 : 巛(머리털) + 囟(정수리 신) + 儿(걷는 사람 인)

  - 정수리(囟)에 머리털(巛)이 난 어린아이(儿←人)

- 금문, 소전 : 강보에 싸여 두 팔만 밖으로 나와 있는 머리가 큰 아이의 모습

  - 囟 정수리 신, 小兒頂門(소아정문), 숫구멍

    • 百會穴(백회혈) : 天氣(천기)를 받아들이고 체내에 쌓인 氣를 내뿜어 안테나 역할을 하는 수많은 혈맥의 집합 처인 머리 꼭대기의 정중앙

  - 𡿺(머릿골 뇌) = 巛(정수리의 털) + 囟(정수리 신)

    • 사람의 신체(月)에서 머리털 아래 정수리(囟) 속의 뇌수집합 처인 머리 꼭대기의 정중앙

  - 腦(뇌 뇌) = 月(← 肉 : 육달월) + 𡿺(머릿골 뇌)

    【예】頭腦明晳(두뇌명석), 腦裏(뇌리), 腦卒中(뇌졸중)

  - 惱(번뇌할 뇌) = 忄(←心 : 마음 심) + 𡿺(머릿골 뇌)

    • 마음(忄)의 고통으로 머리(𡿺)가 아프다.

    【예】百八煩惱(백팔번뇌), 煩惱妄想(번뇌망상), 苦惱(고뇌)

- ■字(시집갈 자, 사랑할 자, 아이 밸 자, 낳을 자, 기를 자, 불어날 자, 글자 자)

  - 시집을 가서 가정(宀 : 집 면)을 이루어 부부의 사랑으로 자식(子)을 밴다(낳아서 기른다).

  - 집안에 자식이 하나, 둘 불어나듯이 아는 글자도 한 자, 두 자 불어난다 하여 글자 자의 뜻이 된 자

    【예】漢字字源五行(한자자원오행), 識字憂患(식자우환), 一字千金(일자천금)

- ■孜(부지런 할 자) = 子(아들 자) + 攵(칠 복, 두드릴 복)

  - 자식(子)이 스스로 채찍질하며(攵) 노력한다.

    【예】勤勤孜孜(근근자자)

- ■仔(자세할 자) = 人(사람 인) + 子(아들 자)

  - 부모(人)가 어린 자녀(子)를 자상하게 돌본다.

    【예】仔細(자세), 仔詳(자상)

- ■孟(맏 맹, 우두머리 맹) = 子(아들 자) + 皿(그릇 명)

  - 첫 자식(子)을 낳으면 큰 목욕통 그릇(皿)을 사서 목욕시킨다.

    【예】孟月(맹월), 孟母三遷之敎(맹모삼천지교), 孟母斷機(맹모단기)

- ■猛(사나울 맹) = 犭(개사슴록)+ 孟(맏 맹)

  - 첫째(孟)가는 사나운 짐승(犭)

    【예】勇猛精進(용맹정진), 猛虎(맹호), 猛獸(맹수)

- ■孚(기를 부, 알 깔 부, 미쁠 부) = 爫(손톱조 머리) + 子(아들 자)

  - 기를 부 : 엄마의 사랑하는 손(爫←手)으로 아이(子)를 기름

  - 알 깔 부 : 어미 새가 발(爫← 手)로 알(子)을 품으며 깐다.

  - 미쁠 부 : 믿음직하다. 誠心(성심)

    【예】風澤中孚(풍택중부) ䷼

    • 못 위에 바람이 있음을 상징하는 주역 괘

    • 어미 새가 알을 품고 있는 상. 진실하고 헌신적인 사랑

- 乳(젖 유) = 孚(기를 부) + ㄴ (← 乙 : 굽을 을. 젖가슴)

- 엄마가 아이를 품에 안고 젖을 먹이는 모습
- 엄마와 자식 간의 평화로운 세상이 열려 있다.
- 피카소도 탄복할 이상세계의 표현

　【예】 乳母車(유모차), 哺乳類(포유류), 口尙乳臭(구상유취)

- 浮(뜰 부) = 氵(←水: 물 수) + 孚(기를 부)

  - 태내의 0.9% 소금물인 양수(氵) 속에 떠서 길러지는(孚) 아이
  - 양수는 적으면서도 방대한 우주 속이다.
  - 물속에서 분만할 때도 있다.
  - 아기들은 물에 잘 뜬다. 원래 자기가 놀던 바로 그 세계이기 때문이다.

  　【예】 浮木(부목), 浮萍草(부평초), 浮言流設(부언유설)

丑의 개념 정리

- 丑 : 소 축, 두 번째 지지 축, 12월 濕土(습토), 凍土(동토), 찌꺼기 土, 봄을 준비하기 위한 土

甲骨文(갑골문)　　　金文(금문)　　　小篆(소전)

- 丑 = 크 (손 우) + ノ(소코뚜레)
  - 손(크)에 소코뚜레(ノ)를 잡고 있는 모양
  - 밭갈이나 짐을 운반하는 소는 농경시대에 재물 1호의 가치가 있었다.

丑의 유형별 한자

- 紐(맺을 뉴, 끈 뉴) = 糸(실 사) + 丑(소코뚜레)

  - 소코뚜레(丑)를 잡듯이 실(糸)로 만든 끈으로 서로 잡아 맺는다.

    【예】紐帶感(유대감), 結紐(결뉴), 革紐(혁뉴)

- 羞(부끄러울 수, 음식 수) = 羊(양 양) + 丑(소 축)

  - 종묘 제사에 양(羊)이나 소(丑)를 제물로 바치지 못하면 부끄럽다.

    【예】羞恥心(수치심), 羞惡之心(수오지심), 珍羞盛饌(진수성찬)

겨울 亥子丑월의 甲木

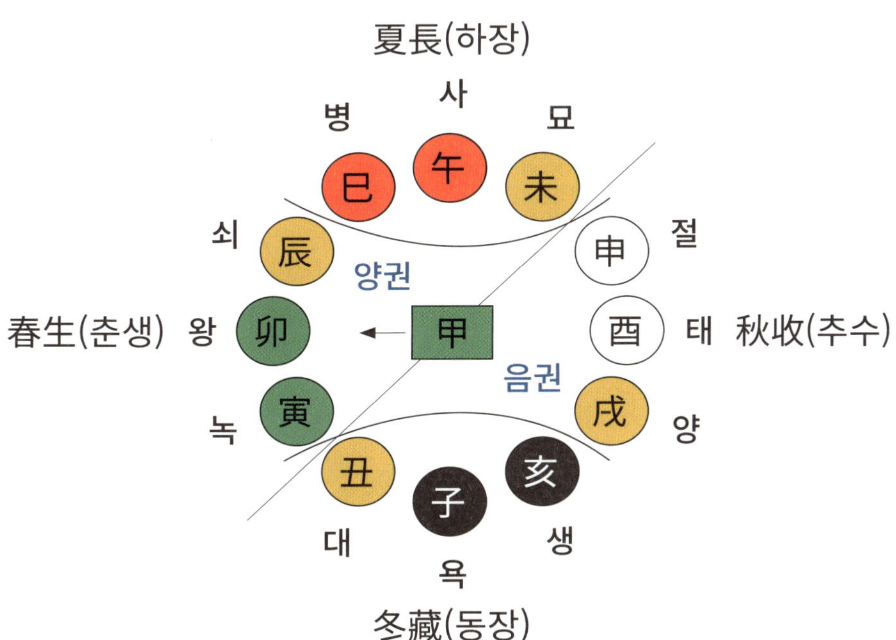

▦ 핵심

- 겨울 사주

  - 戊戌未 건토 약신 우선, 丙丁火 조후용신

  - 木 병신, 己辰丑 습토 최악, 金水 흉신

- 戊丙의 뿌리 : 戌未午巳寅

- 겨울에는 木을 심지 않는다.

- 木多丙火滯(목다병화체), 木多丁火熄(목다정화식)

- 調候(조후)

  - 생명체가 살 수 있는 환경이 되도록 寒暖燥濕(한난조습)의 불균형을 조화롭게 조절해 주는 오행의 상생과 상극 관계이다. 이것이 조후용신이다.

  - 丙火는 壬水와 서로 조후되는 것이 최상이다. 이것이 水火旣濟(수화기제)이다.

  - 조후가 안 되면 살기 어렵다. 그러므로 사주를 볼 때 첫 번째로 조후를 보고, 그다음에 통관과 억부를 살핀다.

- 陽圈(양권)과 陰圈(음권)

  - 陽圈(양권) : 寅卯辰巳午未월(봄, 여름)

  - 陰圈(음권) : 申酉戌亥子丑월(가을, 겨울)

- 계절별 필요한 오행

  - 봄생

    • 새싹을 틔우기 위해 丙火가 필요하다.

    • 반대 계절 金은 좋아하지 않는다. 새싹을 극하기 때문이다.

  - 여름생

    • 火旺節(화왕절)로 水가 급선무이며, 木을 기르면 길하다.

  - 가을생

    • 가을생은 결실의 계절이므로 특히 丙火가 필요하다.

    • 木이 다치지 않고 金火交易(금화교역)이 되면 수확이 풍성하다.

  - 겨울생

    • 水旺節(수왕절)로 戊戌 건토 약신 우선이며 丙丁火 조후는 그다음이다.

    • 金은 金生水로 찬 기운만 더한다.

    • 한랭 사주 : 亥子丑월에 金水가 많을 때는 한랭하다.

    • 한습 사주 = 한랭 + 己辰丑 습토

      한습 사주는 최악의 환경이다. 설상가상, 고난중중

습토가 병이 되면 가난하다.

■ 겨울의 木

- 겨울에는 木을 심지 않는다. 戌월이면 나무순이 막히므로 심어도 살지 못한다. 살지도 못할 나무 심느라고 헛고생만 한다.

- 겨울에 木多하면 생기는 폐해

• 戊戌 건토(財) 약신을 극한다.

• 木多丙火滯 : 丙火는 막히고,

• 木多丁火熄 : 丁火는 꺼진다.

• 겨울생이 亥卯未木局이면 망상 속에서 사는 경우가 많다.

겨울 甲木의 특징

■ 亥子丑월의 특징

- 亥月(亥水)

• 지장간 戊甲壬 : 甲木 씨앗이 내년 봄을 준비한다.

• 10월 亥月은 小春(소춘 : 작은 봄)이며 亥水는 온수이다.

• 亥月은 丙火 조후 용신을 많이 쓴다.

- 子月(子水)

• 지장간 壬癸 : 水제왕월로 水氣가 강하다.

• 戊戌 건토 약신이 있으면 돈이 있다.

• 11월 子水는 냉수이다.

• 지혜가 있고 심성이 맑은 사람들이 많다.

• 공부하는 사람들이 많다.

【예】 孔子, 孟子, 老子, 莊子, 荀子

- 丑月(丑土)

  - 지장간 癸辛己 : 辛金이 있어 자갈밭이다.

  - 凍土(동토 : 언 땅)에는 생명이 살기가 어렵다.

  - 찌꺼기 土 : 3D 직종에 종사하면 길하다.

  - 위장병, 두통, 유방암, 피부 트러블에 취약하다.

  - 위장병의 경우 火가 있으면 경증이고, 火가 없고 한습하면 중증이다.

■ 겨울 甲木이 富貴格(부귀격)이 되는 조건

  - 겨울생이 戊戌 건토(財) 약신이 有力(유력)하면 富格(부격)

    - 뿌리 : 戌未午巳寅

    - 건토는 방수, 방풍, 제습, 보온의 역할을 하는 약신이다.

    - 水와 습토가 病(병) 일 때 戊戌 건토는 약신이다.

    - 돈복이 있다.

  - 겨울생이 丙丁火 조후용신이 有力(유력)하면 貴格(귀격)

    - 뿌리 : 午巳戌未寅. 火多多益善(화다다익선)

    - 삶이 따뜻하다. 다음 해 꽃이 핀다. 시야가 넓다. 명성이 빛난다.

■ 겨울철 丙火와 丁火의 차이

  - 겨울의 丙火

    - 안목은 넓으나 따뜻함을 찾아 밖으로 나가야 하니 고달프다.

    - 실속 없이 바쁘다. 사회생활은 폭넓게 잘하나 가정에는 소홀한 경우가 많다.

  - 겨울의 丁火

    - 지열, 인공열, 난로, 아랫목, 구들장

    - 겨울에는 따뜻한 온돌방이 편안하다.

    - 현실감각이 뛰어나고 소소한 행복을 찾는다.

    - 子月, 丑月에는 丁火용신을 많이 쓴다. 그러나 원국에 乙木이 있으면 丁火를 용신으로 쓰지 않는다.

      乙木이 丁火에 타서 피차간 상처를 입으면 안되기 때문에 丙火를 조후용신으로 쓰는 것이 타당하다.

■ 겨울생에게 불필요한 오행

- 壬癸水

  • 壬水 : 큰 물

  • 癸水 : 겨울비, 저승사자

- 庚辛金 : 눈, 눈보라, 고드름

- 己辰丑土 : 습토

  • 최악이다. 丙丁火의 火氣를 흡수해서 조후를 망친다.

  • 辰丑土는 불 먹는 하마로 겨울생은 흉하고 여름생은 길하다.

■ 겨울 甲木에게 필요한 오행

- 火

  • 조후용신. 火가 많으면 더욱 좋다. 조후는 신약이나 신왕을 가리지 않는다.

    火多多益善(화다다익선) → 貴格(귀격)

  • 겨울생은 지지에 火가 많으면 길하다. 火가 많으면 덕이 있다. 가정이 평안하다. 미래가 밝다. 희망적이
    다. 언 땅(丑)이 빨리 해동된다. 남보다 앞서가는 사람이다. 근면, 성실, 부지런하다.

  • 겨울생이 지지에 火가 없으면 몸이 차다. 마음도 차다. 냉정하다.

- 戊戌土(건토)

  • 재성이 길하면 돈이 있는 사주이다. 富格(부격)

※ **겨울 甲木이 火(식상)가 약하면 火生土(식신생재, 상관생재)가 안 되어 재성이 약하다.**

辰	戌	丑	未
3월 봄土	9월 가을土	12월 겨울土	6월 여름土
습토	건토	습토	건토

- 辰戌沖 & 丑未沖이 되면

  - 지진이 일어난다. 木이 흔들린다.

- 하나씩 떨어져 있는 것은 충이 아니다.

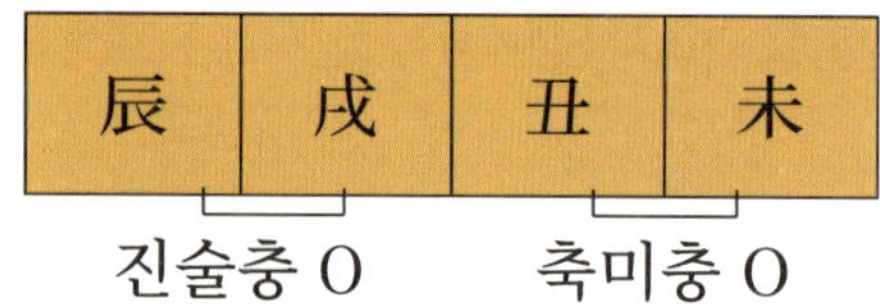

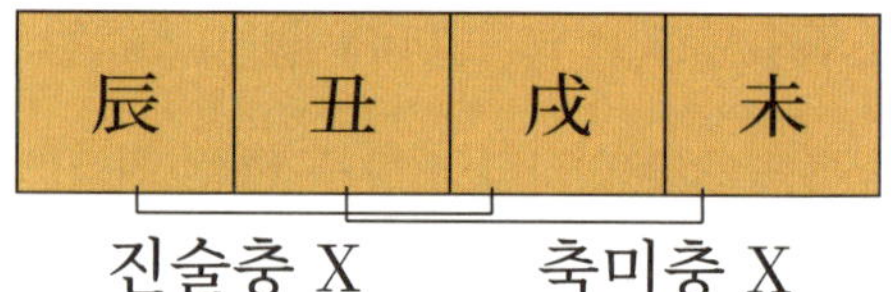

- 토생금이 잘되는 土 / 잘 안되는 土

  - 辰丑土는 토생금을 잘한다.

  - 戌未土는 토생금이 되기 어렵다. 戌中 丁火, 未中 丁火가 화극금으로 극하니 토생금이 잘 되지 않는다.

亥月의 甲木 실전 사주

실전 1. 남

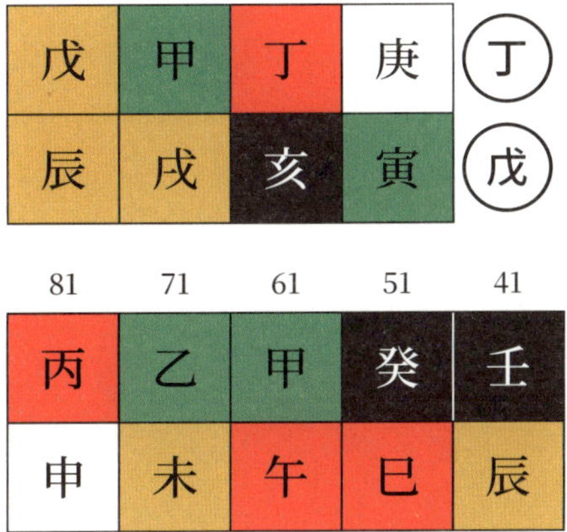

- 3 < 5 身弱(신약)

- 특징 : 三朋(삼붕), 鎔金成器(용금성기), 劈甲引丁(벽갑인정)

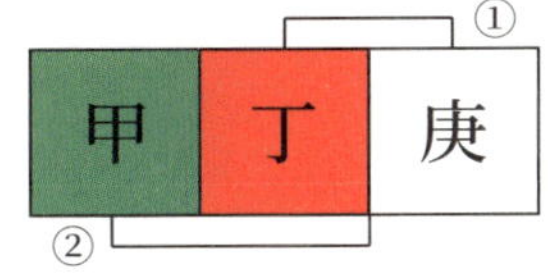

- 鎔金成器(용금성기)

  - 丁火로 庚金을 제련(용금성기)한다.

  - 午巳戌未寅이 丁火의 뿌리가 된다.

  - 戌中 丁火, 寅中 丙火가 있어서 丁火가 힘이 있다.

  - 庚 + 丁 = 부지런하다. 대장간 사주

  - 丁火가 아니고 丙火라면 격이 떨어진다. 丙火로는 용금성기가 안되기 때문이다.

- 배우자궁의 戌中 丁火는 월간 丁火의 뿌리가 되어 배우자 덕이 있다.

- 제련된 庚金(도끼)으로 甲木을 동량목으로 다듬는다.

- 三朋(삼붕)은 귀격이다. 고위직, 女命(여명)이면 남편 복이 있다.

- 용금성기가 되어서 신왕해졌고, 土財(토재)도 왕하여 신왕재왕 사주가 되었다.

■ 劈甲引丁(벽갑인정)

- 庚金으로 甲木을 쪼개어 丁火의 불꽃을 당긴다.

- 甲木 + 丁火 = 木生火, 甲木生丁火

  • 丁火는 양기 덩어리인 甲木이 좋다.

  • 甲木이 땔감(심지)역할을 한다.

- 乙木 + 丁火 : 木生火 안된다.

  • 乙木 습목이 丁火에 잘 타지 않고 연기만 난다.

  • 피차간 눈물과 고통이 따른다.

- 丙火 + 甲乙木 = 火生木

  • 자연에서 丙火를 보고 木이 자란다.

■ 계절별 甲木과 金의 관계

- 봄 甲木 : 어린 木(嫩木 : 눈목). 金이 있으면 새싹을 자르니 흉이다.

- 여름 甲木 : 성장 木. 金이 대부분 흉이다.

- 가을, 겨울 甲木 : 용금성기나 벽갑인정을 할 때 金이 길 작용을 한다.

■ 명강사는 인성과 식상이 길 작용을 한다.

- 亥(인성, 입력) - 甲(나) - 丁(상관, 출력, 자식, 제자)

- 甲木 일간의 인성 亥水는 水生木으로 입력이 잘 되고, 상관 丁火는 木生火로 출력이 좋아 강의력이 뻬어나다.

- 전형적인 교사상이다.

■ 大運(대운)

- 火(吉) : 巳午未 대운이 너무 늦게 들어 왔다. 한 대운만 앞당겨졌다면 좋았을 걸 하는 아쉬움이 있다.

- 壬(凶) : 丁壬合木으로 三朋이 무너진다.

- 辰(凶) : 辰戌沖으로 신분변동이 예상된다.

■ 辟자의 변천과정

辟
- 임금 벽
- 피할 피(避)
- 비유할 비(譬)

= 人 + 口 + 辛

(갑골문)　(人:임금)　(문초)　(辛:죄인)

- 임금 벽 : 죄인(辛)이 임금(人) 앞에서 문초(口)를 받음

- 피할 피 : 죄인(辛)은 임금(人)의 친국(口)만은 피하고 싶다.

- 비유할 비 : 임금(人)이 죄인(辛)을 벌할 때는 비유하여 말함이(口) 좋다.

　→ 古書(고서)에는 辟자 하나로 위 3가지 훈음으로 혼용했다.

■ '열다'의 뜻인 開(열 개), 闢(열 벽)의 차이점

- 開(열 개) = 門(문빗장 산) + 廾(양손 공)

• 대문(門)에 가로지른 빗장(一)을 양손(廾)으로 벗기고 활짝 연다.

• 여닫이문을 양손으로 왈칵 열 때 소리가 난다.

- 闢(열 벽) = 門(문 문) + 辟(임금 벽)

• 임금(辟)이 거처하는 미닫이 門(문)을 나인이 좌우에서 조용하게 소리 없이 사르르 연다.

【예】 天開於子(천개어자), 地闢於丑(지벽어축), 人生於寅(인생어인) : 하늘은 자시에 열리고, 땅은 축시에 열리고, 사람은 인시에 태어난다.

天開地闢(천개지벽) 곧 天地開闢하여 천지 음양이 만나서 하나 될 때 사람이 태어나 새로운 세상이 열린다. 天地人(천지인) 三才(삼재)가 완성된다.

- 劈(쪼갤 벽) = 辟(임금 벽) + 刀(칼 도)

• 임금(辟)의 명을 받아 칼(刀)로 벌하다.

【예】 劈甲引丁(벽갑인정), 新年劈頭(신년벽두), 劈破(벽파)

> ※ '벽' 음의 한자
> 壁(벽 벽, 별 이름 벽), 霹(벼락 벽), 璧(둥근 옥 벽), 擘(엄지 손가락 벽), 癖(버릇 벽, 적취 벽), 蘗·檗(황벽나무 벽), 甓(벽돌 벽), 繴(새그물 벽), 襞(옷주름 벽)

실전 2. 여

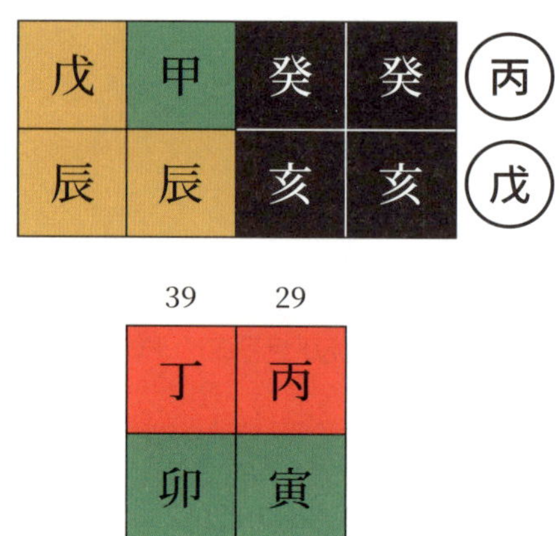

- ■ 5〉3 身旺(신왕)

  – 金 구신   – 水 병신   – 戊戌 건토 약신   – 木 흉신   – 丙火 조후용신

- ■ 身旺財旺(신왕재왕): 土財(토재)

  – 지장간 辰中 戊土, 亥中 戊土가 時干 戊土의 뿌리가 되어 土財가 有力(유력)하다.

  – 돈은 있어도 지지가 한습하여 가정이 안된다.

  – 戊癸합이 되면 약신 戊土가 合去(합거)되어 제방이 무너지는 형국이 되니 흉하다.

- ■ 甲辰 日柱(일주)

  – 甲(큰 나무) + 辰(沃土 : 옥토)

  – 甲木이 沃土에 뿌리를 내리고 강하게 뻗어나가는 힘이 있다.

  – 진취적인 기상, 적극성, 추진력, 명예욕, 책임감이 있다. → 선박 수리회사 대표

- ■ 4기둥이 건왕하다.

  – 에너지가 넘치고 고집과 자존심이 강하다.

  – 헬스와 킥복싱으로 심신을 단련하고 있다.

  – 친화력 개선에 최선을 다하고 있는데 쉽지가 않다.

- ■ 健康(건강)

  – 겨울철 辰丑土는 비위의 문제가 따른다.

  – 水旺하여 설기하는 甲木의 과부하로 肝(간)기능과 신장, 방광의 주의를 요한다.

子丑月의 甲木 실전 사주

실전 1. 남

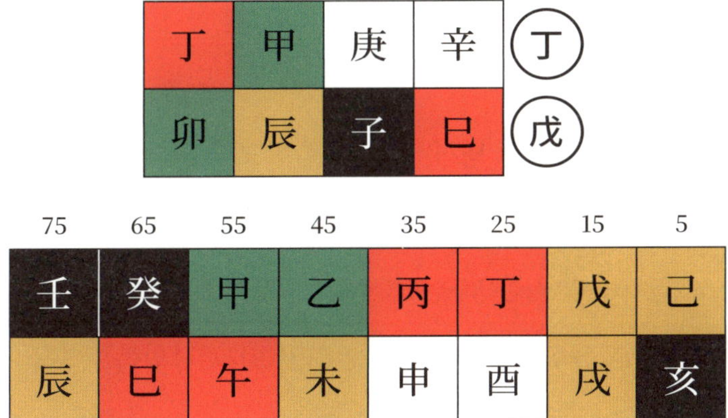

- 3 〈 5 身弱(신약)

  - 水 병신　　　- 金 구신　　　- 丁火 조후용신　　　- 戊戌 건토 약신, 습토 흉신

  - 천간 甲木 길신(벽갑인정)

- 官殺(관살)

  - 연월 庚辛金은 정편관으로 官이 흉 작용을 하며 官이 殺(살)이 되었다.

  - 관이 살이 되면 국가, 직장, 직위, 자식이 흉이 되고, 女命(여명)은 남편 복이 없다.

- 劈甲引丁(벽갑인정)

  - 庚金이 甲木을 장작으로 잘게 쪼개어 丁火의 불꽃을 이루며, 巳火가 丁火의 뿌리가 되니 용신이 힘이 있다.

  - 겨울철에 丁火가 화극금으로 金 구신을 극하여 길 작용을 할 때는 丁火가 丙火보다 더 실리적이다.

■ 큰 수술 후에 병의 豫後(예후)를 판단하는 방법

- 다음에 오는 세운이나 대운을 살펴본다.

- 용신운, 약신운, 길신운이 오면 희망적인 예측을 할 수 있다.

■ 甲辰 日柱(일주) + 月支(월지) 子月

- 甲辰 + 子月 : 한습하다.

- 辰中戊土. 吉. 善緣(선연) : 배우자가 사랑으로 품어주면 천생연분이다.

- 子辰水局. 凶. 惡緣(악연) : 배우자의 질환이나 원망이 있다.

    • 부부가 전생의 業緣(업연)이 있다. 팔자소관

    • 악연을 선연으로 만들려는 끝없는 노력이 필요하다. 덕을 실천하자.

■ 大運(대운)

- 己亥(凶) : 己土 습토로 火설기. 水 병신. 빈농. 초등학교 때 지게 지고 나무

- 戊戌(吉) : 간지로 戊戌 건토 약신이 강함. 시골에서 야간고등학교 통학. 대학교. 교사 발령.

- 丁酉(吉) : 결혼. 부인이 문방구 운영(辰中戊土 약신의 역할). 위장병으로 고생(子辰水局)

- 癸(凶) : 丁癸沖으로 조후용신 꺼짐. 위암 수술 / 巳(吉): 건강회복

실전 2. 남

- ■ 4 〈 4 身弱(신약). 財多身弱(재다신약)

  - 水 병신   - 金 구신   - 火 조후용신
  - 戊戌 건토 약신   - 辰丑 습토 흉신   - 木 흉신

- ■ 丑月에 辰丑 습토가 壬癸水의 뿌리가 되어 한습 사주가 되었다.

  - 북풍한설을 막아주는 戊土는 배우자궁으로 수호신장의 역할을 한다. 처덕이 있다.

  - 가을, 겨울 戊土 하나면 의식 걱정이 없다.

- ■ 大運(대운)

  - 甲寅(凶) : 木多丁火熄(목다정화식)으로 丁火가 꺼진다.

  - 乙卯(凶) : 습목인 乙卯는 木多丁火息(목다정화식)이 甲寅보다 더 강력하다. 배구선수로서 乙卯
    는 몸은 유연해서 제격이지만 조후용신 丁火를 끄니 선수로서 빛을 내지는 못했다.

  - 辰(凶) : 辰戌沖으로 약신이 꺾이니 흉하다.

  - • 巳午未 火運이 辰丑 습토로 火氣가 설기되어 빛을 보지 못했다. 겨울 습토는 불먹는 하마로 水보다
    더 흉하다.

  - • 辰丑 습토 : 역류성 위장병으로 장기간 약 복용

  - 庚申(凶) : 관절염으로 고통

실전 3. 여

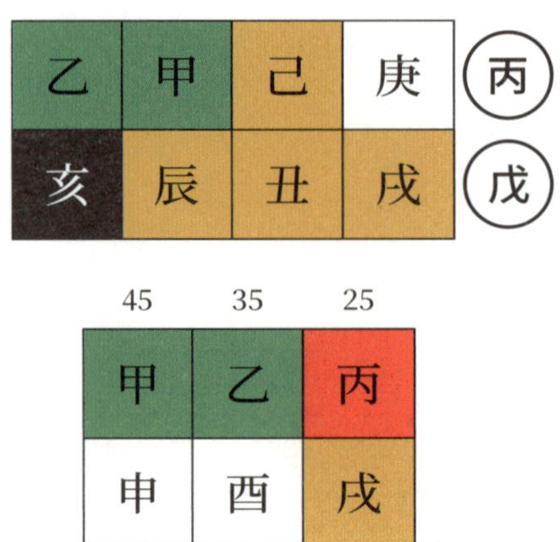

- 3 < 5 身弱(신약). 財多身弱(재다신약)

- 한 겨울 丑월에 한습하여 甲木이 추위에 떨고 있다.

- 戌中 丁火 하나로 명맥을 유지하려 하니 파란만장한 삶을 예고한다.

- 12월 丑월에서 3월 봄을 맞이하는가 싶더니, 亥월 겨울로 다시 돌아가 추운 겨울이 길게 계속된다.

- 大運(대운)

  - 丙戌(吉) : 결혼. 부부 화합. 가구점

  - 金대운(凶) : 남편 사별. 재혼. 이혼

한자특강. 손의 美學(미학) - 1

손에 관련된 부수와 유형별 한자

手 : 손 수

- 손바닥을 편 손의 모양. 5개의 손가락이 있다.

- 手에서 1획 ﾉ은 엄지이다. 엄마 손가락, 대장 손가락이다. 가장 짧고 가장 아래에 위치하여 겸양의 덕이 있고, 반면에 가장 굵어 강력한 힘을 발휘할 수 있다.

- 엄지의 길이가 나머지 네 손가락과 비슷하다면 엄지와 서로 맞바라볼 수 없고, 물건을 맞잡기도 매우 불편할 것이다. 일의 효율성도 현저히 떨어질 것이다. 이처럼 엄지의 역할이 중요할 뿐만 아니라 손가락 장단의 조화가 절묘하다.

- 我(나 아) = 手(손 수) + 戈(창 과)
  - 손(手)에 창(戈)을 들고 나를 지킨다.
  - 【예】我田引水(아전인수), 唯我獨尊(유아독존), 三人行必有我師焉(삼인행필유아사언)

- 拜(절 배) = 手手(두손 공) + 下(아래 하)

  - 두 손(手手)을 마주 잡고 아래로(下) 몸을 굽혀 절한다.

    【예】敬拜(경배), 再拜(재배), 百拜謝罪(백배사죄)

- 承(이을 승, 이어받을 승, 도울 승) = 卪(병부 절) + 手 + 廾(두손 공)

  - 왕이 내린(手) 병부(卪)를 두손(廾)으로 받는 모양. 왕명을 이어받아 정사를 돕는다.

    【예】繼承(계승), 起承轉結(기승전결), 都承旨(도승지)

- 失(잃을 실)= 手(손 수) + 乀 (←乙 : 굽을 을)

  - 손(手)에서 물건이 떨어져(乀 ←乙) 잃어버렸다.

    【예】失手(실수), 小貪大失(소탐대실), 千慮一失(천려일실)

又 : 손 우, 또 우 ㅋ(소전체)

- 손 우 : 한자 속에 들어 있으면 손과 관계되는 뜻이 된다.

- 또 우 : 오른손이 있으면 왼손이 또 있다 하여 '또'의 뜻이 된 자이다. 문장에서 個體(개체)로 쓰여 '또'로 해석한다.

    【예】日新又日新(일신우일신): 하루를 새롭게 또 하루를 새롭게 하다.

      兼之又兼(겸지우겸): 몇 가지를 겸한 위에 또 겸하다.

- 隻(외 새 척, 외짝 척) = 隹(새 추) + 又(손 우)

  - 손(又)으로 새(隹) 한 마리를 고른다.

    【예】隻眼(척안), 隻手(척수), 隻身(척신) = 單身(단신)

- 雙(쌍 쌍) = 雔(새 한 쌍 수) + 又(손 우)

  - 새 한 쌍(雔)을 손(又)으로 고른다.

    【예】雙雙(쌍쌍), 變化無雙(변화무쌍), 大膽無雙(대담무쌍)

■ 讎(⑩ 讐 원수 수) = 雔(새 한 쌍 수, 암컷과 수컷) + 言(말씀 언)

- 암컷(隹)과 수컷(隹)이 말다툼(言)하다가 원수가 된다.

【예】 怨讎(원수) = 怨讐(원수). 復讎(복수) = 復讐(복수)

支 : 지탱할 지, 가지 지. (소전체)

■ 댓가지 한 쪽(朴)을 손(又)에 잡고 있는 모양

【예】 十二支(십이지), 地支(지지), 干支(간지), 依支(의지)

■ 枝(가지 지) = 木(나무 목) + 支(지탱할 지)

- 나무(木)의 가지로 말미암아 생명이 지탱한다(支)

【예】 枝葉(지엽), 三枝槍(삼지창), 連理枝(연리지)

幹(줄기 간) 생략 → 干(天干)

枝(가지 지) 생략 → 支(地支)

■ 肢(팔다리 지) = 月(육달월 : 肉) + 支(가지 지)

- 몸통(月)에서 나뭇가지(支)처럼 갈려 나온 팔다리가 내 몸을 지탱한다.

【예】 下肢筋(하지근), 肢體不自由(지체부자유), 四肢動物(사지동물)

■ 技(재주 기) = 扌(←手 : 손 수) + 支(지탱할지)

- 엄지와 가지처럼 뻗은 4개의 손가락(扌)으로 말미암아 일을 할 수 있고, 삶을 지탱할 수 있다(支)

【예】 技術提携(기술제휴), 技巧(기교), 演技者(연기자)

■ 取(취할 취) = 耳(귀 이) + 又(손 우)

- 옛날 전쟁에서 적의 귀(耳)를 손(又)으로 잘라서 전공의 결과로 삼았다.

【예】 取得稅(취득세), 取捨選擇(취사선택), 無錢取食(무전취식)

- 娶(장가들 취) = 取(취할 취) + 女(여자 녀)

  - 여자(女)를 취해서(取) 장가들다.

    【예】後娶(후취), 再娶(재취), 婚娶(혼취) = 婚姻(혼인)

- 反(돌이킬 반) = 厂(언덕 한) + 又(손 우)

  - 가파른 언덕(厂)을 돌이켜 손(又)으로 잡고 올라간다.

    【예】二律背反(이율배반), 如反掌(여반장), 賊反荷杖(적반하장)

- 返(돌아올 반) = 辶(←辵: 쉬엄쉬엄 갈 착) + 反(돌이킬 반)

  - 갔다가(辶) 다시 돌아온다(反)

    【예】返還(반환), 返納(반납), 回光返照(회광반조)

- 販(팔 판) = 貝(조개 패, 재물 패) + 反(돌이킬 반)

  - 돈(貝) 주고 산 물건을 되돌려(反) 판다.

    【예】販賣價(판매가), 販路開拓(판로개척), 街販臺(가판대)

한자특강. 손의 美學(미학) – 2

攴 : 칠 복, 두드릴 복, 때릴 복. 𣥐(소전체)

- 攴 = 攵(둥글월 문)

- 攴 = 卜(나뭇가지, 회초리) + 又(손 우)

  - 손(又)에 나뭇가지(卜)를 들고 '친다' 또는 '두드린다'의 뜻으로 된 자

  - 글자의 오른쪽 旁(방)이 될 때는 '攵'이 흔히 쓰인다.

  - 충고, 결심, 계몽, 개발 등의 뜻으로도 쓰인다.

- 敲(두드릴 고) = 高(높을 고) + 攴(두드릴 복)

  - 손을 높이(高) 들고 두드린다(攴).

    【예】推敲(퇴고), 鳥宿池邊樹 僧敲月下門(조숙지변수 승고월하문)

- 斅(가르칠 효) = 學(배울 학) + 攴(두드릴 복)

  - 학습자의 마음을 두드려서(攴) 스스로 배우도록(學)하는 것이 참된 가르침이다.

    【예】斅學半(효학반): 남을 가르치는 일은 자기 학업의 반을 차지한다.

- 敎(가르칠 교) = 爻(본받을 효) + 子(아들 자) + 攵(두드릴 복)

  - 자식(子)이 잘 본받도록(爻) 손에 회초리(攵)를 들고 가르치고 인도한다.

    【예】敎學相長(교학상장), 反面敎師(반면교사), 擔任敎授(담임교수)

- 改(고칠 개) = 己(나 기) + 攵(칠 복)

  - 스스로 나(己)의 잘못을 쳐서(攵) 고친다.

【예】改過遷善(개과천선), 朝變夕改(조변석개), 知過必改(지과필개)

- 攻(칠 공) = 工(장인 공 : 손에 든 도구) + 攴(칠 복)

  - 손에 어떤 무기(工)를 들고 상대방을 친다(攴).

    【예】人身攻擊(인신공격), 難攻不落(난공불락), 專攻醫(전공의)

- 放(내칠 방) = 方(방향 방) + 攴(칠 복)

  - 나와 다른 방향(方)으로 상대방을 내친다(攴).

    【예】放出米(방출미), 凍足放尿(동족방뇨), 放牧(방목)

⼹ : 왼손 ⼹ → ⼹ → ⼹

- 虐(사나울 학) = 虍(범의 문채 호) + ⼹ (범의 앞발톱)

  - 범(虍)의 앞발톱(⼹)이 사납다.

    【예】虐待(학대), 虐殺(학살), 暴虐無道(포학무도)

- 謔(희롱거릴 학) = 言(말씀 언) + 虐(사나울 학)

  - 희롱하는 말(言)을 사납게(虐) 해서 상대방을 놀린다.

    【예】諧謔全集(해학전집), 謔笑(학소), 嘲謔(조학)

- 瘧(학질 학) = 疒(병들 녁) + 虐(사나울 학)

  - 말라리아는 고열, 두통, 전신 통증, 갈증, 기침을 수반하는 몹시 사나운(虐) 질병(疒)

    【예】瘧疾(학질), 瘧病(학병), 瘧熱(학열)

- 尹(벼슬 윤, 다스릴 윤, 성 윤) = ⇃ (오른손) + 丿(지팡이)

  - 제사장이 손(← ⇃)에 들고 있는 神杖(신장)(丿)

  - 손에 신장을 들고 백성을 다스리는 벼슬 있는 사람

    【예】漢城府判尹(한성부판윤) = 京尹(경윤). 府尹(부윤)

- 君(임금 군) = 尹(다스릴 윤) + 口(입 구)

  - 백성(口)을 다스리는(尹) 임금

    【예】君子三樂(군자삼락), 梁上君子(양상군자), 花中君子(화중군자) = 蓮花(연화)

- 群(무리 군) = 君(임금 군) + 羊(양 양)

  - 임금(君)이 백성(羊)을 이끌 듯이 목동(君)의 이끎에 따르는 양(羊)의 무리

    【예】群鷄一鶴(군계일학), 群集(군집), 群盲撫象(군맹무상)

- 郡(고을 군) = 君(임금 군) + 阝(←우부 방 : 邑 고을 읍)

  - 임금(君)이 관리를 파견하여 다스리던 고을(阝)

    【예】郡邑面(군읍면), 郡所在地(군소재지), 靑陽郡守(청양군수)

- 丑(소 축) = ⇃ (손 우) + ㅣ(소코뚜레)

  - 손(⇃)으로 소코뚜레(ㅣ)를 잡은 모양

    【예】丑時(축시), 辰丑濕土(진축습토), 己丑獄事(기축옥사)

臼 : 양손 국, 손 맞잡을 국

- 學(배울 학) = 臼(양손 국) + 爻(본받을 효) + 冖(덮을 멱) + 子(아들 자)

  - 덮여져(冖) 못 깨우친 아들(子)이 양손(臼)에 책을 잡고 선생님의 가르침을 본받아(爻) 배운다.

    【예】命理學(명리학), 敎學相長(교학상장)

- 覺(깨달을 각) = 學(배울 학) + 見(볼 견)

  - 보고(見) 배워(學) 깨닫는다.

    【예】覺悟(각오), 大悟覺醒(대오각성), 感覺器官(감각기관)

- 與(더불 여, 줄 여) = 臼(양손 국) + 𠔿 (두손 공) = 舁(더불 여) + 与(줄 여)

  - 손(臼)과 손(𠔿)이 더불어(舁) 주고받는다.(与)

    【예】干與支同(간여지동), 與民同樂(여민동락), 動機付與(동기부여)

- 譽(기릴 예) = 與(더불 여) + 言(말씀 언)

  - 여럿이 더불어(與) 기려서 하는 말(言)

    【예】名譽回復(명예회복), 榮譽(영예), 稱譽(칭예) = 稱讚(칭찬)

- 擧(들 거) = 與(더불 여) + 手(손 수)

  - 여럿이 더불어(與) 손(手)을 모아 든다.

    【예】擧國的(거국적), 擧手敬禮(거수경례), 一擧兩得(일거양득)

廾 : 두 손 공, 양손 공, 손 맞잡을 공　𦥑→𦥑→廾→𠔿

- 共(함께 공). 𦦕 (금문, 소전) = 廿(스물 입) + (𠔿 ← 두손 공)

  - 많은 사람이(廿) 두 손(𠔿) 모아 함께 받든다.

    【예】共同體(공동체), 共同購買(공동구매), 共存共榮(공존공영)

- 供(이바지할 공, 받들 공) = 亻(← 人 : 사람 인) + 共(함께 공)

  - 두 손을 함께(共) 모아 윗분(人)을 받들어 모신다.

    【예】供養米(공양미), 朝夕供養(조석공양), 供給(공급)

- 恭(공손할 공) = 共(함께 공) + 忄(밑 마음 심)

  - 두 손을 함께(共) 모아 마음(忄)으로 공경한다.

    【예】恭遜(공손), 恭敬(공경), 過恭非禮(과공비례)

■ 洪(넓을 홍) = 氵(← 水 : 물 수) + 共(함께 공)

- 물(氵)이 합쳐서 함께(共) 흐르는 넓고 큰 물이다.

  【예】洪水(홍수), 天地玄黃 宇宙洪荒(천지현황 우주홍황)

■ 烘(횃불 홍) = 丁火 + 共(함께 공)

- 횃불(火)을 여럿이 함께(共) 들어 매우 밝다.

  【예】烘爐(홍로), 冬烘先生(동홍선생), 東烘路(동홍로)

𠂇 : 왼손 좌. 廾(두손 공)을 분리한 왼쪽 부분 𠂇

■ 友(벗 우)= 𠂇(왼손 좌) + 又(오른손 우)

- 손(𠂇)에 손(又) 잡고 동행하는 벗

  【예】竹馬故友(죽마고우), 文房四友(문방사우), 追友江南(추우강남)

■ 右(오른 우, 도울 우) = 𠂇(友) + 口(말)

- 말(口)과 함께 움직여 돕는 손(𠂇)은 오른쪽 손이다.

  【예】前後左右(전후좌우), 男左女右(남좌여우), 右往左往(우왕좌왕)

■ 佑(도울 우) = 亻(← 人 : 사람 인) + 右(도울 우)

- 右가 본래 돕는다는 뜻이었으나 오른쪽 손으로 굳어지자, 돕는 주체인 사람(亻)을 추가하였다.

  【예】天佑神助(천우신조), 保佑(보우), 佑命(우명)

■ 祐(신이 도울 우, 복 우) = 示(제사 시. 神) + 右(도울 우)

- 신(示)이 도와(右) 복 받는다.

  【예】神祐(신우), 幸祐(행우), 郭再祐(곽재우)

■ 左(왼 좌) = 𠂇(왼손 좌) + 工(장인 공)

- 목수가 왼손(𠂇)에 자막대기(工)를 들고 일한다.

  【예】左衝右突(좌충우돌), 左之右之(좌지우지), 左顧右眄(좌고우면)

■ 有(있을 유, 가지고 있을 유) = ナ(손) + 月(육달월, 肉 : 고기 육)

  - 손(ナ)에 고기(月 ← 肉)를 가지고 있다.

    【예】有始有終(유시유종), 有備無患(유비무환), 鷄卵有骨(계란유골)

■ 洧(강 이름 유) = 氵(← 水 : 물 수) + 有(가지고 있을 유)

  - 풍부한 강물(氵)이 초목을 기르는 역할이 있다(有).

  - 人名字(인명자)

■ 宥(넉넉할 유, 너그러울 유) = 宀(집 면) + 有(가지고 있을 유)

  - 집(宀) 안에 재물을 넉넉하게 가지고 있어(有) 마음이 너그럽다.

    【예】宥恕(유서) = 容恕(용서), 宥和(유화), 寬宥(관유), 恩宥(은유)

■ 郁(문채 날 욱, 성할 욱) = 有(가지고 있을 유) + 阝(우부방, 邑 : 고을 읍)

  - 재물을 넉넉히 가지고 있는(有) 고을, 이러한 고을(阝)은 문채가 만방에 빛난다.

    【예】郁郁靑靑(욱욱청청), 郁陽書院(욱양서원), 阿郁(아욱) → 菜蔬(채소)

한자특강. 손의 美學(미학) – 3

寸 : 마디 촌, 치 촌, 손 촌, 법도 촌. 廾 → 十

- 廾 두 손 공을 분리한 오른쪽 부분에 丶을 추가한 것이다.
- 丶 은 寸口로 양손의 요골 부분 안쪽에 맥이 뛰는 맥진처이다. 이곳을 통해 추골동맥 혈류량의 상태를 파악
  하는 것이다.

① 마디 촌

 - 中指(중지 : 가운뎃손가락)의 가운데 마디로 우리 몸에서 길이의 척도가 된다.

② 치 촌. 1치 = 약 3cm

 - 中指(중지) 가운데 마디의 길이로 옛날과 현재의 길이에 대한 개념의 차이가 있다.

 - 3cm가 못 된다.

 - 寸이 들어간 한자어는 '작다', '적다'의 뜻이 있다.

   • 해시계의 눈금 하나 = 1寸 = 15分 = 寸刻(촌각) : 매우 짧은 시간

   • 寸土(촌토) = 寸地(촌지) : 작은 땅

   • 寸月(촌월) : 조각 달

   • 寸志(촌지) : 작은 뜻. 마음이 담긴 작은 선물

   • 寸鐵殺人(촌철살인) : 한 치의 쇠붙이로도 사람을 죽일 수 있다.

③ 손 촌

- 付(줄 부, 부탁할 부) = 亻(←人 : 인 변) + 寸(손 촌)

  남(亻)의 손(寸)에 물건을 주며 부탁한다.

  【예】付託(부탁), 申申當付(신신당부), 結付(결부)

④ 법도 촌

- 침구학에서 寸數同法(촌수동법)은 中指(중지) 가운데 마디인 1寸이 기준이 된다.

  • 天樞(천추) : 배꼽 옆 좌우 2寸인 곳에 위치한 족양명위경의 혈 자리이다.

  • 大橫(대횡) : 배꼽 옆 좌우 4寸인 곳에 위치한 족태음비경의 혈 자리이다.

- 이처럼 寸이 합성된 한자는 엄격한 규칙이나 법도에 관한 내용이 많다.

■ 村(마을 촌) = 木(나무 목) + 寸(법도 촌)

- 나무(木)를 비롯해 모든 사물이 법도(寸) 있게 들어선 마을

- 背山臨水(배산임수) 지형은 취락 형성 입지에 큰 영향을 주었다.

  【예】山間僻村(산간벽촌), 村婦(촌부), 漁村風景(어촌풍경)

■ 忖(헤아릴 촌) = 忄(←心 : 심방 변) + 寸(법도 촌)

- 내 마음(忄)을 법도(寸) 곧 본성에 따라 헤아린다.

  【예】忖度(헤아릴 촌, 헤아릴 탁) : 남의 마음을 미루어 헤아림

■ 耐(참을 내) = 而(수염 이) + 寸(법도 촌)

- 법도(寸)에 따라 수염(而)이 깎이는 것을 참는다.

※ **身體髮膚(신체발부)는 受之父母(수지부모)라. 不敢毀傷(불감훼상)이 孝之始也(효지시야)라.**
신체와 터럭과 피부는 부모에게서 받은 것이다. 이것을 손상하지 않는 것이 효의 시작이다

- 타인의 물리적인 힘을 받아도 내가 참는다.

※ **忍(참을 인) = 刃(칼날 인) + 心(마음 심) : 칼날(刃)이 내 심장(心)을 찌르는 아픔을 참는다. 자의적으로 참는다.**

  【예】忍耐(인내), 耐性(내성), 耐熱材料(내열재료)

■ 守(지킬 수) = 宀(집 면) + 寸(법도 촌)

- 법도(寸)대로 지켜야 할 가장 중요한 내 집(宀)

  【예】創業易守成難(창업이수성난), 法遵守(법준수), 守護天使(수호천사)

■ 寺(절 사, 관청 시) = 土(← 之 : 갈 지) + 寸(법도 촌)

- 법도(寸)에 맞게 따라 가야(之) 하는 관청

- 불교가 관청으로 처음 들어왔다. 그 역할이 커서 관청이 절의 뜻으로 쓰이게 되었다. 굴러온 돌
  이 박힌 돌을 뺀 격이 된 것이다.

- 寺가 합성된 한자는 모두 '관청'이라는 원래의 뜻으로 字解(자해)한다.

  【예】寺刹巡禮(사찰순례), 寺院(사원), 山寺音樂會(산사음악회)

■ 侍(모실 시) = 亻(← 人 : 인 변) + 寺(관청 시)

- 관청(侍)에서 윗사람(亻)을 모신다.

  【예】層層侍下(층층시하), 內侍(내시), 嚴妻侍下(엄처시하)

■ 時(때 시) = 日(날 일) + 寺(관청 시)

- 절이나 관청(寺)에서 시각(日)을 알려주었다.

  【예】年月日時(연월일시), 時柱(시주), 時干(시간), 時支(시지)

■ 詩(시 시) = 言(말씀 언) + 寺(관청 시)

- 관청(寺)이 법도에 따라 돌아가는 것처럼 운율에 따라 말(言)이나 글을 쓴 시

  【예】詩人(시인), 漢詩(한시), 詩經(시경), 抒情詩(서정시)

■ 持(가질 지) = 扌(←手 : 손수 변) + 寺(관청 시)

- 관청(寺) 일을 손(扌)에 잡고 처리한다.

  【예】所持品(소지품), 持參(지참), 持久力(지구력), 持續性(지속성)

■ 等(등급 등, 가지런할 등, 무리 등) = 竹(죽간 : 공문서) + 寺(관청 시)

- 관청(寺)에서 공문서인 竹簡(죽간)을 보안 등급에 따라 분류하여 가지런하게 무리 지어 보관한다.

  【예】等級(등급), 高等考試(고등고시), 等高線(등고선), 第1等(제1등)

- 特(특별할 특, 수소 특) = 牜(←牛 : 소우 변) + 寺(관청 시)

  - 관청(寺)에서 특별히 관리되는 종자 소인 수소(牜)

    【예】特別市(특별시), 特等室(특등실), 特殊性(특수성), 奇特(기특)

- 尋(찾을 심) = 左(왼손 좌) + 右(오른손 우) + 寸(법도 촌)

  - 좌우(左右) 양팔을 편 길이가 법도(寸)가 된다.

  - 양팔의 길이(한 아름)가 신장(한 길)과 똑같다. 한 아름 160cm = 신장 160cm

> ※ **중요! 사람 몸이 길이의 기준이 된다.**
> ① 寸(치 촌) : 중지 가운데 마디의 길이. 3cm 못 된다.
> ② 尺(자 척) : 팔목에서 팔꿈치까지 길이 약 30cm
> ③ 尋(찾을 심) : 양 팔의 길이가 신장과 똑같다.
> ④ 步幅(보폭) : 신장 − 100㎝. (예) 신장 160㎝ − 100㎝ = 60㎝(보폭)

爪 : 손톱 조. 爪 (소전체)

- 물건을 긁는 손톱 모양을 본뜬 글자

- 爫(손톱 조 머리) : 爪(손톱 조)가 글자의 머리로 올 때 쓰는 자

- 受(받을 수) = 爫(주는 손) + 冖(덮을 멱) + 又(받는 손)

  - 위에서 손(爫)으로 주고 아래에서 손(又)으로 받는다.

    【예】受賞所感(수상소감), 引受引繼(인수인계), 接受現況(접수현황)

- 授(줄 수) = 扌(←手 : 손수 변) + 受(받을 수)

  - 받았던 것을(受) 상대방 손(扌)에 되돌려 준다.

    【예】教授(교수), 授受料(수수료), 見危授命(견위수명)

■ 爭(다툴 쟁, 분별할 쟁) = 爫(손톱 조 머리) + ⺕ (손) + 亅(갈고리 궐)

  - 손(爫)에 손(⺕)을 잡고 서로 자기 쪽으로 끌어당겨 다투다가 시비가 분별된다.

    【예】 金木相爭(금목상쟁), 水火相爭(수화상쟁), 骨肉相爭(골육상쟁), 鬪爭(투쟁)

■ 淨(맑을 정) = 氵(←水 : 물수 변) + 爭(분별할 쟁)

  - 물(氵)의 속까지 분별 할(爭) 수 있을 만큼 맑고 깨끗하다.

    【예】 淨水器(정수기), 淸淨心(청정심), 西方淨土(서방정토)

■ 靜(고요할 정) = 靑(푸를 청) + 爭(다툴 쟁)

  - 마음에 다툼이(爭) 없이 맑고 푸르러(靑) 심신이 고요하다.

    【예】 靜肅(정숙), 靜寂(정적), 靜脈血(정맥혈), 鎭靜劑(진정제)

■ 爰(끌어당길 원) = 爫(손) + 二(두 경계선 아래) + 又(손 우)

  - 손(爫) 에 손(又)을 잡고 두 경계선 아래에서 위로(二)로 끌어당긴다.

    【예】 爰地國(원지국), 古爰國(고원국), 爰襄國(원양국)

■ 援(구원할 원) = 扌(←手 : 손수 변) + 爰(끌어당길 원)

  - 어려움에 처한 사람을 손(扌)으로 끌어당겨(爰) 구원해준다.

    【예】 應援歌(응원가), 救援投手(구원투수), 孤立無援(고립무원), 援助(원조)

■ 媛(아름다운 여자 원, 미녀 원) = 女(여자 녀) + 爰(끌어당길 원)

  - 심신이 아름다운 여자(女)가 사람들의 마음을 끌어당긴다(爰).

    【예】 才媛(재원), 令媛(영원), 淑媛(숙원)

※ **窈窕淑女 君子好逑(요조숙녀 군자호구) : 그윽하고 정숙한 숙녀는 군자의 좋은 짝이로다. 文王의 좋은 짝.**
  부덕을 쌓아 백성들의 마음을 끌어당긴다.

■ 湲(물 흐를 원) = 氵(←水 : 물수 변) + 爰(끌어당길 원)

  - 물(氵) 을 필요할 때마다 끌어당겨(爰) 쓴다.

    【예】 湲景(원경), 湲地(원지), 江湲(강원)

■ 暖(따뜻할 난) = 日(丙火) + 爰(끌어당길 원)

  - 해(丙火)의 따뜻함을 끌어당긴다(爰).

    【예】 日暖風和(일난풍화), 暖衣飽食(난의포식), 暖春(난춘)

■ 煖(따뜻할 난) = 火(丁火) + 爰(끌어당길 원)

 – 火(丁火)의 따뜻함을 끌어당긴다(爰).

　【예】煖爐(난로), 煖房熱(난방열), 冷煖房(냉난방)

■ 爲(할 위, 될 위) = 爪(코끼리 코) + 爲(몸통) + 灬(발)

 – 몸통과 네 다리(爲)가 큰 코끼리가 코를 손(爪)처럼 쓸 수 있다.

　【예】君爲臣綱(군위신강), 父爲子綱(부위자강), 夫爲婦綱(부위부강)

■ 僞(거짓 위) = 亻(←人 : 인 변) + 爲(할 위)

 – 사람(亻)이 일을 거짓되게 행하면(爲) 안 된다.

　【예】虛僞(허위), 僞善者(위선자), 僞造紙幣(위조지폐)

■ 愛(사랑 애) = 爪(손) + 冖(덮을 멱) + 心(마음 심) + 夊(천천히 걸을 쇠, 행위)

 – 아기가 엄마 품속에 파고들어 두 손으로 젖을 잡고 먹는 모습(본능적 사랑)

 – 엄마가 심장 쪽으로 아기를 덮어 안아 젖을 먹이는 모습(모성애)

 – 부부가 허물을 덮어 서로의 손과 발이 되어 사랑하는 모습(부부애)

 – 늙고 거친 손을 서로 보듬어 안고 단풍 길을 걷는 노부부의 사랑

　【예】愛別離苦(애별리고), 尊師愛弟(존사애제), 敬天愛人(경천애인)

분만택일 잡는 법

辛丑年(2021년) 6월 8일에서 17일 사이 분만택일

■ 분만택일은 년월은 정해져 있으니 먼저 日을 선택한 후 時를 선택한다.

■ 년월의 구조 살피기

- 午月이다. 午月에 필요한 오행은 水이다

- 甲木이 辛金에 상처받고 있다.

- 甲木 뿌리에 午火가 있어 뿌리가 화상을 입을 형국이다. 丑土가 있어 화기를 흡수하고 있어 길하다.

■ 日柱(일주) 정하기

① 丁亥 → 木生火 되어 甲木이 잘 탄다. 丁火와 午火가 통근이 되어 화세가 크다. 좋은 선택이 아니다.

② 戊子 → 甲木이 戊土에 뿌리를 박을 수 있고, 子水는 여름에 좋으나 여름철의 戊土는 필요한 水를 막아서 좋지 않다. 좋은 선택이 아니다.

③ 己丑 → 화세가 습토에 흡수되긴 하지만, 甲己合化土 되면 土가 너무 많다. 좋은 선택이 아니다.

④ 庚寅 → 금극목으로 木이 상처받는다. 좋은 선택이 아니다.

⑤ 辛卯 → 금극목으로 木이 상처받는다. 좋은 선택이 아니다.

⑥ 壬辰 → 여름철에 壬水 일간은 자기 역할을 다하는 사람이다. 辰土속으로 화세가 흡수되어 좋고, 수용신의 힘이 세다. 時 선택에는 금생수 하는 庚寅時가 좋다. 壬辰이 제일 좋으나 하필 일요일이라서 분만일로 잡기가 어렵다.

⑦ 癸巳 → 한 여름철에는 癸水를 조후로 쓸 수 있으나, 癸水는 丙火를 가려서 癸水로 일간을 잡기가 망설여진다. 좋은 선택이 아니다.

⑧ 甲午 → 午火에 甲木의 뿌리가 탄다. 좋은 선택이 아니다.

⑨ 乙未 → 未中 丁火로 乙木이 상처 입을 수 있다. 時를 壬辰時로 하면 차선책으로 분만일로 가능하다.

⑩ 丙申 → 申中 壬水로 조후를 하고, 丙火는 목생화로 甲木을 잘 자라게 한다. 時를 선택할 때는 여름철 조후로 水나 습토를 넣으면 좋으니 壬辰時로 하면 분만일로 좋다.

■ 時柱(시주) 정하기

- 時를 선택할 때는 여름철 조후로 水나 습토를 넣으면 좋으니 壬辰時로 한다.

■ 정해진 분만택일 살펴보자

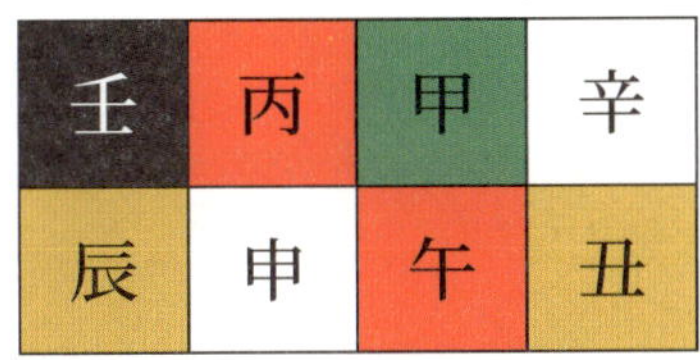

- 3 ＜ 5 신약. 午月에는 신왕보다 신약이 더 좋다.

- 午火가 습토에 화세가 흡수된다.

- 壬水 용신으로 용신의 뿌리가 있어 용신이 힘이 있다.

- 운에서 木이 왔을 때 명식의 申金이 木을 극하므로 작명에는 이름자 아래에 水를 넣어 작명한다.

※ 분만택일에는 대운을 꼭 같이 살펴야 한다.

제 2 부

乙木論

乙木

노력하는 사람은 노력하는 다른 사람을
존중할 줄 안다. 얼마나 힘든 일인지 잘 알기 때문이다.
그래서 많은 도반들의 응결된 힘이 내 힘의 원천이 되어
용맹정진할 수 있는 계기가 된다. 명리 공부는 독학하면
我執(아집)에 빠지기 쉽다.

乙木 槪論(을목 개론)

乙

- 乙 : 굽을 을, 새 을, 둘째 천간 을

甲骨文(갑골문)　　　　金文(금문)　　　　小篆(소전)

  - 乙木이 자갈, 바위 등을 피해 땅에서 곧바로 나오지 못하고 구불구불 올라오는 모양

  - 새의 굽은 앞가슴 모양

- 木은 五常(오상) 중 仁(어질 인, 사랑할 인)이다.

- 乙木과 丙火는 불가분의 관계이다.

  - 乙木은 丙火를 보아 꽃 피우고, 열매와 곡식이 되는 것이 본분이다.

  - 丙火는 생명인 乙木을 키우는 것이 본분이다.

> ※ 만물이 丙火를 반기지만 특히 乙木이 丙火를 보아야 결실을 본다.

- 曲直(곡직 : 굽을 곡, 곧을 직)

  - 甲木(直) : 木 부수. 쭉쭉 뻗어 자라는 큰 키 나무, 喬木(교목)

  【예】 소나무, 전나무, 잣나무, 과일나무

- 乙木(曲) : ⺾ (풀초머리, 초두) , 禾(벼 화) 부수

  【예】꽃, 곡식, 과일, 약초, 수초, 잡초, 구근류, 근채류, 선인장, 넝쿨 초, 등나무, 칡, 담쟁이 넝쿨

> ※ ⺾ : 草(풀 초), 苗(싹 묘), 茶(차 다), 葉(잎 엽), 蓬(쑥 봉), 藝(재주 예), 藏(감출 장), 藤(등나무 등)
> ※ 禾 : 秀(빼어날 수), 秋(가을 추), 秉(잡을 병), 季(철 계), 秦(진벼 진), 種(씨 종), 稼(심을 가), 穆(화목할 목)

- 乙木 : 곡식의 꽃, 과일의 꽃, 견과류의 꽃, 약초의 꽃

  - 모든 꽃 중에 곡식의 꽃이 가장 핵심이다.

  - 乙木 곡식은 우주의 주인공이다. 생명체의 근원이다.

  - 생명체 木이 있어 우주가 존재하는 것이다.

- 꽃을 나타내는 한자 중에서

  - 꽃 피고 열매가 맺는 꽃 : 華(빛날 화), 花(꽃 화)

  - 꽃만 피고 열매가 없는 꽃 : 英(꽃부리 영)

乙木의 특징

- 색감이 발달하고, 멋과 사치가 있으며 화려하다.

- 예술의 신으로 예체능에 소질이 있으며 창의력과 손재주가 뛰어나다.

- 겉으로 유연한 듯하지만 내면은 강한 外柔內剛型(외유내강형)이 많으며 환경 적응력이 강하다.

- 노후관리를 세심히 살펴야 한다. 특히 건강관리가 중요하다.

  - 花無十日紅(화무십일홍) : 열흘 동안 붉은 꽃은 없다.

    • 한번 성한 것이 얼마 못 가서 반드시 쇠퇴하여짐을 이르는 말

    • 꽃이 피어 있을 동안에는 아름답고 영광이지만 꽃이 지면 쓸쓸하다.

- 직업군 : 섬유, 의류, 공예, 보석, 장신구, 디자이너 등 창의력이 요구되는 모든 직업군

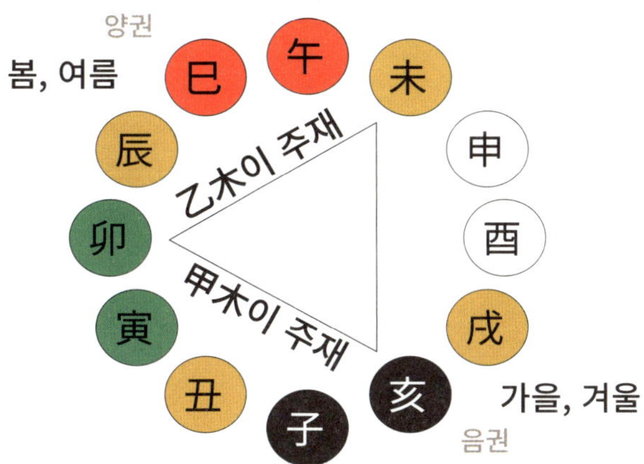

- 亥卯未 木局에서 亥부터 卯까지는 甲木이, 卯에서 未까지는 乙木이 주재한다.

- 乙木이 陽圈(양권 : 춘하)에 태어나면 성장하기 좋고 꽃을 피워 열매를 맺는다.

- 乙木이 陰圈(음권 : 추동)에 태어나면 성장하기 어렵다.

   - 球根類(구근류 : 감자, 고구마, 토란 등)나 약초가 되면 자기 역할을 다 한다.

   - 약초 중에 영지와 산삼은 귀한 역할을 한다.

   - 동백이나 매화의 향기를 품으면 귀국이 된다.

- 乙木은 관인상생을 반겨하지 않는다. 습목이며 작은 乙木이 많은 물을 받기도 어렵고, 빼기도 어렵기 때문이다.

乙木氣象論(을목기상론) – 1
藤蘿繫甲(등라계갑)

1.

- 藤蘿繫甲(등라계갑 : 등나무 등, 담쟁이 덩굴 라, 얽어맬 계, 갑옷 갑) : 등나무 넝쿨이 甲木에 의존하여 존재한다.

  - 乙木(담쟁이 덩굴)은 甲木을 감고 올라가서 태양을 보고 잘 자란다.

  - 등라계갑이 되려면 丙火가 있어야 잘 감고 올라간다. 조후가 안되면 감고 올라가지 못한다.

  - 乙木은 甲木을 감고 올라가니 좋지만 甲木 입장에서는 나에게 寄生(기생)하니 힘들다.

  - 등라계갑되는 구조는 겁재(형제자매, 친구, 부모, 자식, 상사)가 나의 후견인이 되어 인덕이 있고, 의지처가 되며, 남의 덕이 있다.

  - 내 명식에 火가 없어서 등라계갑을 못하고 있을 때 운에서 火가 들어오면 등라계갑이 가능하다. 고난극복이 가능하다.

  - 등라계갑 구조는 동업하면 좋다. 상대방이 丙火일 때도 좋다.

- 長木之敗(장목지패 : 긴 장, 나무 목, 갈 지, 패할 패) : 乙木이 甲木의 그늘에 가린다.

  - 운에서 甲木이 많이 들어오면 乙木은 그늘에 가려 태양을 보지 못해 어려움에 처한다.

  - 木多丙火滯(목다병화체)와 같은 개념이다.

2. | | 乙 | 乙 | |

- **乙木의 환경 별 해석**

  - 봄, 여름 = 무성한 꽃밭

  - 가을, 겨울 = 곡식, 근채류, 약초

  - 乙木 + 己土 = 야생화, 작은 길에 핀 꽃

  - 乙木 + 戊土 = 큰 산에 핀 꽃

- **乙木 + 乙木**

  - 손재주가 있다. 화려하다. 예체능에 강하다. 예술 감각이 발달해 있다.

  - 몸이 유연해서 운동이나 기계체조, 댄스를 잘한다.

- **직업군 : 서비스업, 의류업, 액세서리, 귀금속, 제품 개발, 文科(문과) 쪽으로 강하다.**

- **乙木에 丙火가 없으면 음지에서 피는 꽃으로 음지 도화가 된다.**

  - 丙火가 없으면 해를 찾아 헤맨다.

- | | 乙 | 乙 | 丙 |

  - 乙木은 丙火가 이상향이다. 그런데 乙木이 또 하나 더 있으니 경쟁자가 출현한 상황이다. 내 입장에서는 또 하나의 乙木이 달갑지 않다.

  - 성격상 시기 질투가 강하다.

- | | 乙 | 乙 | 甲 |

  - 乙木이 태양을 못 보아서 답답하다.

  - 甲乙木이 많아서 丙火를 가린다.

  - 長木之敗(긴 장, 나무 목, 갈 지, 패할 패) : 乙木이 甲木의 그늘에 가린다.

  - 木多丙火滯(목다병화체)와 같은 개념이다.

3.

<table>
<tr><td></td><td>乙</td><td>丙
상관</td><td></td></tr>
</table>

- **乙木은 상관인 丙火가 최고의 희망이다.**

    - 乙木은 식신인 丁火보다 상관인 丙火를 더 반긴다. 귀격이 많이 나온다.

- **乙木이 丙火를 보면**

    - 꽃이 피고 열매를 맺는다.

    - 예쁜 꽃이고, 향기나며, 인기가 있고 운치가 있다.

    - 재주가 많다. 미남 미녀이다. 어디를 가나 인기가 있다.

    - 丙火도 생명을 키우는 임무를 다할 수 있어서 乙木을 좋아한다.

- **乙木은 꽃이다**

    - 봄, 여름의 꽃 → 벌, 나비 → 결실(열매, 곡식)을 본다.

    - 늦가을, 겨울의 꽃 → 벌, 나비 없다. → 결실이 없다.

    - 늦가을이나 겨울의 꽃이 되면 길조이다.

        【예】 구절초, 국화, 동백, 약초(영지, 산삼), 구근류(감자, 고구마, 연근, 토란)

- **乙木이 겨울생이면**

    - 태양을 보러 밖으로 나간다. 쓸데없이 바쁘다.

    - 고생하고 내실이 적다.

- **귀격 사주**

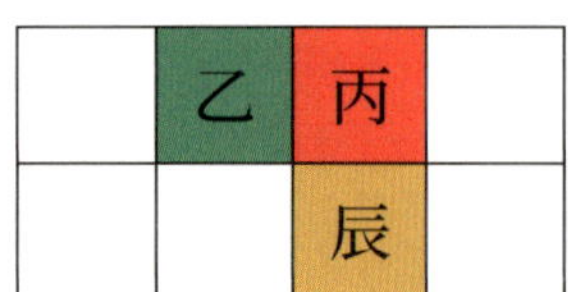

    - 乙木이 辰土에 뿌리를 잘 내리고, 丙火로 잘 크니 귀격이다. 속살이 곱다.

■ 丙火의 위치에 따라 해석 방법

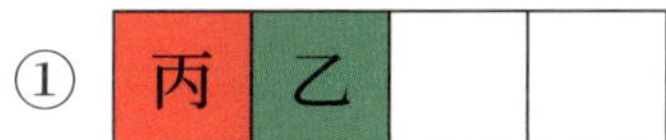

① 丙 乙 □ □

丙火가 자식궁에 있으니 자식덕이 있다. 말년이 丙火 용신으로 건강하며 곱게 늙어간다.

미래지향적이다.

② □ 乙 丙 □

丙火가 부모궁에 있으니 부모덕이 있다. 중년이 좋다.

③ □ 乙 □ 丙

丙火가 조상궁에 있으니 조상덕이 있다. 초년에 부모님 사랑받고 큰다.

④ 丙 乙 丙 □

중년도 좋고 말년도 좋다. 열심히 노력해서 자수성가한다.

■ 丙火 조후 용신 일 때 丙火의 세기를 보는 법? 時를 확인한다.

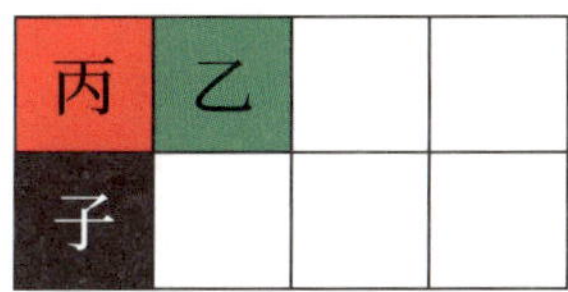

－ 子時(23:30~01:30)의 丙火는 별빛이다. 丙火가 힘이 없다.

■ 丙火 용신일 때 가장 좋은 時는? 丙子, 丙寅, 丙辰, 丙午, 丙申, 丙戌 중에서 찾아보자.

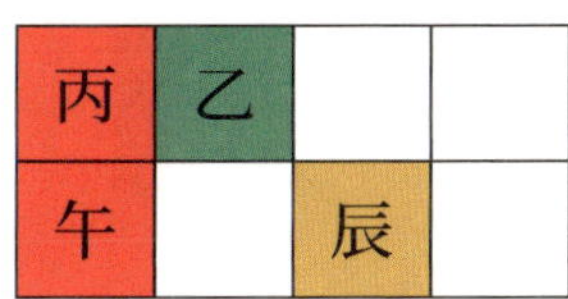

－ 辰月에는 丙午時가 가장 좋다. 午火는 丙火 용신의 힘이 된다.

－ 그다음 丙寅時이다. 寅중 丙火가 있고 乙木의 뿌리가 되어 좋다.

－ 丙辰時도 괜찮다. 乙木이 힘을 받는다.

－ 丙戌時는 戌중 丁火가 있지만 時로 보면 戌時(19:30~21:30)는 해가 져서 丙火가 힘이 없다. 대

신 운치가 있다.

－ 丙火 용신일 때는 봄에는 戌時보다 해가 뜬 시간인 辰時가 더 좋다.

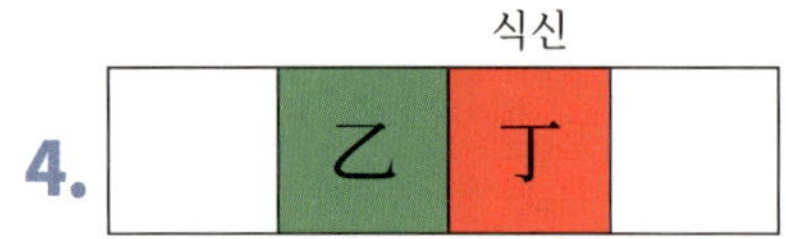

4.

- 乙木(습목)이 丁火를 만나면

  - 火傷(화상)을 입고 연기 나고 눈물이 난다.

  - 식신의 문제 : 자식 문제, 언행 문제

  - 습한 乙木이 丁火를 상하게도 한다.

  - 丁火가 地熱(지열)로 조후가 되면 길하다.

> ※ 乙木과 丁火는 만나면 서로 상처를 주기도 하고 받기도 한다.

- 丁火 : 인공열, 난방열, 온실열, 지열, 촛불, 용광로

- 丁火를 가진 사람의 특징

  - 情談(정담) 나누기를 좋아하고 아기자기하다.

  - 접촉 감성이 높다. 예민하고 직감력이 발달해 있다.

  - 촛불 켜고 기도하는 수도인이나 무당 등 정신세계를 추구한다.

  - 자식 문제, 언행에 문제 있다.

- 乙木 + 丁火(식신. 자식) + 庚辛金(관. 남편)

  - 乙木 입장에서 庚辛金은 흉인데, 丁火가 庚辛金을 제압하면 乙木은 편안하다.

  - 吉 : 식신인 丁火가 庚辛金을 제압하니 좋다(식신제살). 丁火 용신이면 활인업

  - 凶 : 자식(식신)이 남편(관)을 못 들어오게 한다. → 자식 낳고 별거, 이혼

- 木多丁火熄(목다정화식) : 木이 많아서 丁火가 꺼진다.

  - 대운에서 甲寅木, 乙卯木이 강하게 들어오면 丁火가 꺼진다.

  - 건강상으로 木의 문제는 간, 丁火의 문제는 심혈관이다.

-

  - 乙木은 丙火(상관)를 좋아하고 丁火(식신)를 꺼린다.

  - 식신과 상관의 기질이 번갈아 나온다. 심성의 변화가 심하다.

  - 丁火의 에로스적인 사랑과 丙火의 아가페적 사랑을 다 가지고 있어서 호기심이 많다.

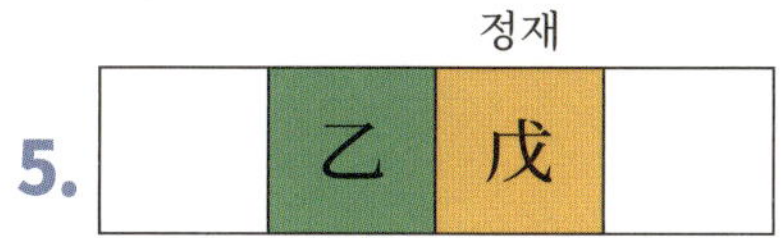

5.

- 戊土 : 큰 산, 큰 땅, 大路(대로), 고속도로

- 정재는 돈이 있는 구조이다.

- 乙(꽃) + 戊(높은 산) : 높은 산에 핀 꽃(高山之花) → 청초하고 담백하다.

- 높은 산에 꽃 구경 가지 않는다. → 외로움, 고독

- 여자이면 남자 만날 일이 드물다. 남자이면 여자 만날 일이 없다.

- 空房(빌 공, 방 방) : 사람이 들지 않거나 거처하지 않는 방

  - 공방이 많다. 남편 인연이 약하다.

- 

  - 첩첩산중의 꽃

  - 첩첩산중에는 해가 빨리 진다. 일조량이 적어서 풍성한 수확을 이루기가 쉽지 않다.

  - 乙木은 작은 꽃이라서 많은 土를 감당하기 어렵고, 많은 땅을 차지할 수 없다.

  - 돈(재)의 욕심은 있지만 수확하기가 어렵다. 乙木이 土가 많으면 볼품이 없다.

6. 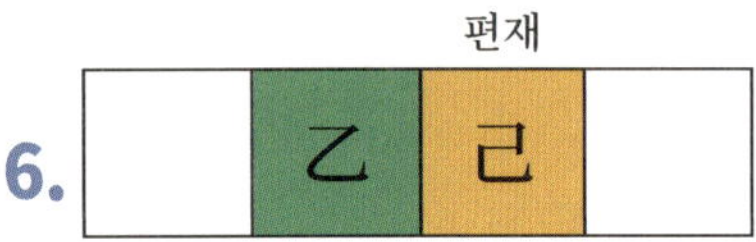

- 己土 : 논밭, 들, 소로, 오솔길

- 乙木 + 己土 = 야생화, 작은 길에 핀 꽃

- 乙木은 甲己合土를 싫어한다.

  - 대운에서 甲木이 오면 갑기합토가 되어서 乙木이 등라계갑을 못하게 된다.

  - 乙木입장에서 己土가 나쁜 역할을 한다.

  - 乙木(나), 甲木(비견 : 형), 己土(갑목 입장에서 정재 : 형수)로 해석하면 형(甲)이 나(乙)를 도와 주는 것을 형수(己)가 막는다.

- 己土(소로), 戊土(대로) : 위치 따라 길흉 이해하기.

  - 소로에서 대로로 나오면 앞길이 밝다. 길하다.
  - 대로에서 소로로 운이 흐르니 흉하다.
  - 가도 가도 끝없이 소로만 나온다. 어려움이 지속된다.

- 己土(편재), 戊土(정재) 재성 파악하기

  - 큰 산의 맑은 물로 정직한 돈이다.
  - 己土濁壬(기토탁임)되어 탁한 돈이다.

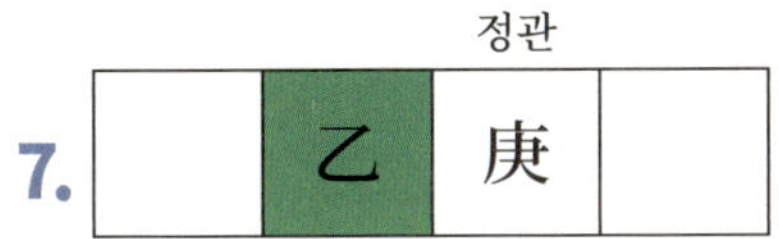

7.

■ 合 : 사랑하는 것. 정 주는 것.

■ 乙庚合金 : 나의 본체를 버리고 金을 따라간다. 정신적인 고통이 따른다.

- 일주가 구속되면 본분을 잊어버리고 답답한 삶이 된다.

- 남 : 직장(관)에서의 역할이 저조하다.

- 여 : 남편(관)이 나를 흡수. 남편이 자기주장이 강하거나 폭력적이다.

- 최고의 희망인 관이 변질되면 망상, 사기꾼

■ 乙木이 庚金을 보면

- 봄, 여름 : 乙木이 우박(庚金) 맞은 격

- 가을 : 乙木이 열매, 곡식이 되려면 목이 상처받지 않아야 한다.

- 겨울 : 겨울철에 庚金이 있으면 乙木이 냉해지며 극을 받는다.

■ 乙庚合金된 사주는 대장 질환이나 이가 약할 수 있다.

■ 乙木 + 庚金 + 寅,卯 + 酉月 + 巳火 → 酉月에 乙木의 뿌리(寅,卯)가 지지에 있고, 庚金(열매)이 巳火에서 장생하게 되면 가을에 곡식이 잘 익었다. 부자다.

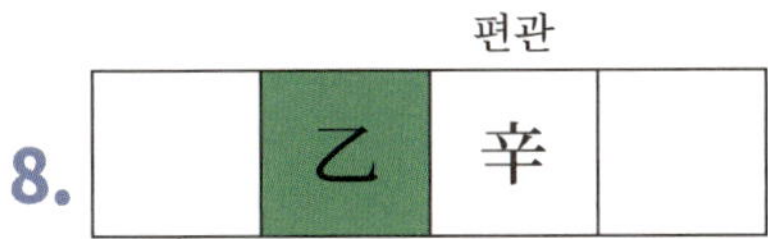

8.

■ 乙木은 辛金이 가장 무섭다. 辛金(낫, 도구)

■ 예민하고, 두뇌가 명석하다. 건강에서는 간, 신경 계통으로 조심해야 한다.

■ 사주에 辛金이 있으면 → 두뇌 명석하며 자긍심이 강하고 교만해지기 쉽다.

■ 辛金으로 부터 乙木을 지키기 위해 작명에서는

- 丙火를 넣어야 한다.

• 丙火는 乙木을 키우고 丙辛合水되어 辛金을 반짝이게 하여 여유롭게 하니 辛金이 乙木을 건드리지 않는다.

- • 丙火는 가을, 겨울에 조후가 된다.

- 水를 넣어야 한다.

  - • 水는 金을 통관시켜 乙木을 보호한다

  - • 水는 여름철 사주에 조후가 되고 통관 역할도 한다.

- ■ 乙木은 관인상생을 좋아하지 않는다.

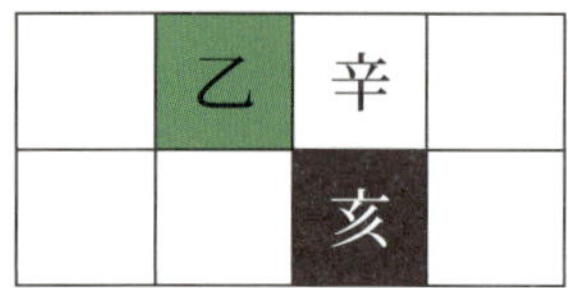

- 乙木은 습목이라서 水多木浮(수다목부)가 되면 부평초가 되니 관인상생을 좋아하지 않는다.

정인

9. 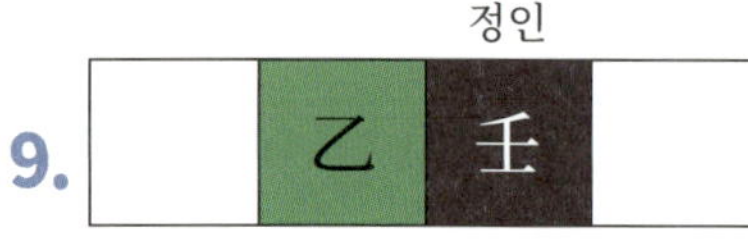

- ■ 乙木은 습목이라서 壬水(큰 물)를 좋아하지 않는다.

- ■ 水多木浮(수다목부) : 水가 많아서 木이 뜬다. 부평초, 유랑객

- ■ 水多土崩(수다토붕) : 水가 많아서 土가 무너진다.

- 기토탁임되어 土(돈, 재)가 무너지면, 돈이 안 모아진다. 가난하다.

- ■ 壬水는 한 여름철에 조후용신으로 쓴다.

- ■ 水가 흉인 경우 물장사를 많이 한다. 밤 장사, 비밀스러운 직업이 많다.

- ■ 壬(정인) : 母(모)와 갈등

  - 엄마 때문에 내가 고통받고, 나 때문에 엄마가 고통받는다.

- ■ 큰 바다, 부평초, 이민자가 많다.

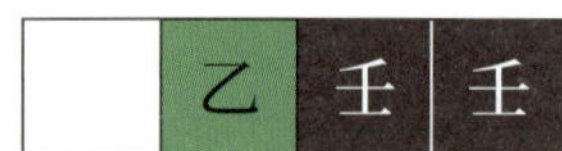

- 많은 물에 휩쓸려 다니는 乙木

- 癸水 : 비, 구름, 안개, 이슬, 서리, 눈

- 乙木은 丙火(해)가 최고의 희망이다. 내 최고의 희망을 癸水가 가리니 乙木은 丙火를 찾아서 다닌다. 역마이다. 乙木은 바람(風木)으로 또한 역마이다.

- 계절별 癸水 이해

  - 봄, 여름에 비가 많이 오면 : 벌, 나비 없으니 결실이 없다. 게으르다. 가난하다.

  - 가을에 비가 오면 : 쭉정이 농사. 가난하다. 춥다.

  - 겨울에 비가 오면 : 눈보라, 고드름, 북풍한설(火가 없고, 戊土가 없을 때)

- 癸水와 丙火의 위치에 따라 길흉으로 나타난다.

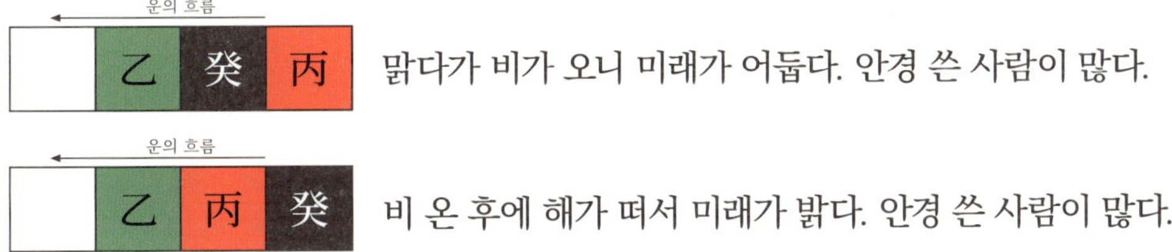

맑다가 비가 오니 미래가 어둡다. 안경 쓴 사람이 많다.

비 온 후에 해가 떠서 미래가 밝다. 안경 쓴 사람이 많다.

- 戊土가 조후가 되고, 戊癸合도 길하다. 희망적이다.

- 乙木은

  - 辰土만 있어도 잘 산다. 辰土(옥토)에 뿌리를 내려 위, 자궁이 튼튼하다.

  - 乙木의 뿌리가 지지에 있으면 약초, 열매, 곡식이 된다.

  - 노후 관리가 중요하다. 꽃피고 향기 있을 때 미리미리 준비해야 한다.

  - 花無十日紅(화무십일홍) : 열흘 붉은 꽃은 없다. 권력이나 부귀영화는 오래가지 못한다.

  - 관인상생은 흉이다. 乙木은 습목이라서 관인상생을 좋아하지 않는다. 水가 들어오면 부평초가 되기 쉽기 때문이다.

  - 土(재)가 많으면 흉이다. 乙木(꽃, 곡식)은 많은 땅을 가질 필요가 없다. 土가 많으면 土(재. 돈)에 대한 욕구만 강하다.

  - 金(관)이 많으면 흉이다. 금극목을 당하니 흉이다.

乙木日柱論(을목일주론)

1. 乙丑

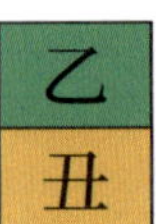 꽃, 곡식, 약초, 根菜類(근채류), 인동초 + 자갈밭을 가는 소

- 자갈밭을 일구어 꽃 피우고 열매를 수확한다.

    - 조후가 되면 한겨울에는 향기있는 꽃이나 약초의 역할을 한다.

    - 乙木이 열악한 환경에서 살아남는 끈질긴 생명력이 있다.

    - 과묵하며 忍冬草(인동초)와 같은 강인한 정신력으로 끝까지 밀고 나간다.

    - 근면과 성실함으로 苦盡甘來(고진감래)의 영광이 있다.

- 丑(편재)은 巳酉丑 金局으로 곡식 창고가 되어 재물복이 있다.

- 乙木이 태약하여 從殺格(종살격, 金從)이 되면 좋은 경우가 대부분이다.

- 습목(乙) 습토(丑)로 가을, 겨울생이면 丙火가 조후가 되고 戊土가 약신이 된다.

- 겨울 丑未沖은 농한기에 자갈밭을 개간하는 것과 같으며, 근면 성실하고 돈복이 있다.

■ 乙 丑

- 癸 편인 :　관인상생, 고위직으로 신분상승

　　　　　　노년에 존경받는 지도자가 된다.

- 辛 편관 :　부부궁 → 풀어야 할 업연이 있다.

　　　　　　남편 : 꽃(乙) 같은 아내. 가시(辛)가 있다.

　　　　　　아내 : 남편이 入庫(입고). 남편으로 인한 아픔

　　　　　　자식과의 아픔 : 기숙사. 객지 생활

- 己 편재 :　자갈밭. 노력의 대가. 차곡차곡 쌓는다. 부자

- 재관인이 상생 (己→ 辛→ 癸)

- 원칙을 중시하는 공직자 또는 전문 분야 종사자로 고집은 강하나 심성이 곱다.

- 편편편으로 기운이 한쪽으로 치우쳐 길흉이 극단적이다.

- 종교, 철학, 역학, 교육, 금융, 군·검·경, 세무 부문에 종사자가 많다.

■ 乙丑 : 푸른 소 (靑牛: 청우)

- 이른 봄에 일터로 나가는 푸른 소(靑牛)

- 근면 성실하다. 온순하고 소고집이 있으며 주관이 강하다.

- 丑은 소를 의미하므로 불교나 종교에 인연이 있다.

2. 乙亥

 꽃(연꽃, 수련, 수초) + 큰 물

- 물 위에 떠 있는 연꽃과 같다.

  - 세상을 관조하는 사고방식이 남과 다르고, 특정 분야에서 빼어난 재능이 있다.

  - 乙木처럼 유연한 견해로 이웃과 친화하고 운동신경이 발달한 사람이 많다.

  - 지혜롭고 두뇌 명석하며 예술 감각도 겸비한 멋쟁이가 많다.

  - 고상하고 아름답지만(乙) 내면은 고독하고 어두운 사연도 있다(亥).

- 겉으로 잔잔히 흐르는 것처럼 보이는 강물이 속에서는 세차게 흐르듯이, 겉은 온유하지만 내면은 강한 外柔內剛型(외유내강형)이 특징이다.

- 乙木은 丙火를 보아야 빛나고, 戊土로 제방을 쌓아야 부평초 신세를 면한다. 건강과 돈이 따른다.

- 부모의 자식 과보호로 고부간 갈등 유발과 배우자의 지나친 간섭에 따른 현명한 대처가 요구된다.

- 戊亥 天門으로 종교, 철학, 역학, 명리, 심리상담 분야의 공부와도 인연이 있다.

- 　　乙　亥
  - 戊 정재 : 부동산 투자에 적합
  - 甲 겁재 : 乙木의 뿌리 역할. 겁재(형제,친구,동료)가 등라계갑이 되어 戊財(무재)를 취하니 길하다.
  - 壬 정인 : 공부하여 성공. 자식 바라기 금물(자식 홀로서기 권장)

  - 乙木은 바람이고 亥水는 큰 강으로, 바람처럼 떠돌고 강물처럼 흘러가는 대단히 강한 역마이다.

- 乙亥 : 푸른 돼지(靑豚: 청돈)

  - 이른 봄에 태어난 푸른 돼지(靑豚) 형상이다.

  - 따뜻함을 반기고 추운 겨울을 싫어한다.

3. 乙酉

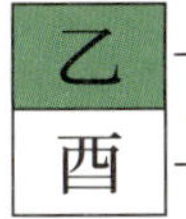 꽃, 약초 + 바위틈(칼, 도구)

- ■ 바위틈에 뿌리내린 꽃이나 약초

- ■ 편관의 살기가 60간지 중 최강이다.

  - 꺾이지 않고 꽃피우면 최강의 현실 적응 능력자이다.

  - 금목상쟁으로 日支(일지)가 絶(절)이 되는 경우

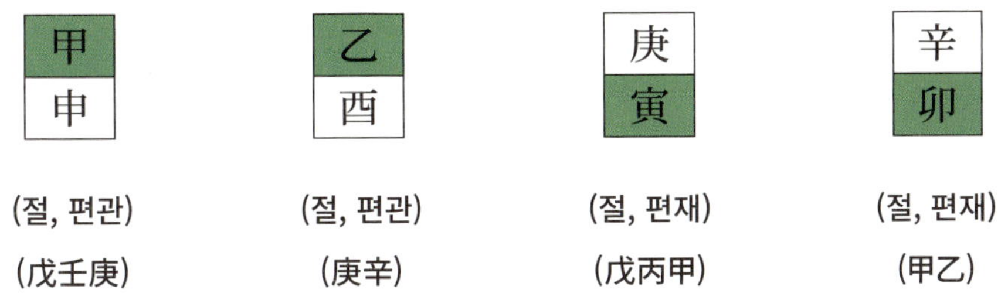

> ※ 酉月은 金 제왕월로, 지장간 庚辛으로 金만 있어 최강자이다.

- ■ 강한 편관의 살기(숙살)

  - 酉金의 칼날에 일간 乙木이 단번에 끊어질 수 있는 風前燈火(풍전등화) 격이다.

  - 乙木이 앉은 자리가 좌불안석이다.

  - 불안, 초조, 눈치가 발달, 행동이 민첩, 신경성 질환이 많다.

  - 대인관계에서의 단절과 형제간 및 부부 화합이 난제 중의 난제이다.

- ■ 고통 속에 피는 꽃

  - 파란곡절과 변화가 많다.

  - 바위틈에 피어난 꽃의 아름다움과 약초의 구실로 고결함이 빛난다.

  - 열악한 환경을 극복하고 큰 역할을 할 수 있는 저력이 있다.

  - 은근과 끈기, 근면과 성실함으로 大器晚成(대기만성)하는 일주이다.

- ■ 칼로 생명이 꺾이는 환경인지, 아니면 예리한 도구로 바위틈의 귀한 약초를 채취하는 형상인지를 가늠할 줄 아는 식견이 중요하다.

- 外柔(乙)內剛(酉)의 대표적 일주이다.

- 丙丁火로 식신제살하면 吉兆(길조)가 된다.

- 酉金은 완성된 보석으로 예술성이 풍부하고 솜씨가 정교하다.

  - 懸針煞(현침살)로 酉의 자형이 주사기 모양이다.

    - 의사, 간호사, 침술사, 한의사, 요리사, 목수, 석공, 미용사, 공예가, 전각, 서각, 금속가공업, 보석상, 군·검·경

    - 筆鋒(붓 필, 칼날 봉) : 논설가, 평론가, 비평가

  - 酉金은 祭器(제기)인 鼎(솥 정)과 같다.

    - 제기에 제물을 담아 제사상에 陳設(진설)하고 기도한다.

    - 종교, 철학, 역학, 명리, 무속 등 形而上學(형이상학)에 남다른 재능을 나타낸다.

  - 鐵鎖開金(철쇄개금) : 卯酉戌

    - 자물쇠를 연다.

    - 문제 해결 능력이 탁월하다.

- 乙酉 일주는 신약하면 從殺格(金從)이 길조가 된다.

- 乙酉 일주의 양면성 : 酉의 지장간 庚辛

  - 乙庚合 : 정관은 일간과 合

  - 乙辛沖 : 편관은 일간과 沖

  - 관은 자식, 남편, 직장인데 부부간 不和(불화)로 만나고 헤어지기를 반복한다거나 직장의 잦은 변동을 의미하기도 한다.

- 乙酉 : 푸른 닭(靑鷄 : 청계)

  - 새벽을 알리는 닭

    - 목소리가 우렁차고 맑은 고음이다.

    - 밝음을 안고 오며 미래지향적이다.

  - 근면 성실하고 자태가 美麗(미려)하다.

  - 새끼를 보호하기 위해서는 독수리하고도 싸우는 강인함이 있다.

  - 닭 벼슬 : 벼슬 官인 庚金 正官이 길 작용을 하면 귀국이 된다.

4. 乙未

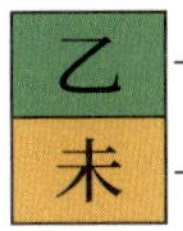 선인장(약초) + 사막(열토). 白虎(백호)

■ 사막의 선인장 : 水 조후 시급

- 사막에서 꽃을 피운다.

- 끈기 및 강한 집념과 환경 적응력이 뛰어나다.

■ 에너지가 密集(밀집)된 능력자로 큰 그릇 역할을 한다.

- 여성도 사회 참여도가 높고 역량을 발휘한다.

- 대인관계에서 돌출행동으로 지탄받는 경우가 많고 가족관계에 아픔이 있다.

- 예술, 문화, 체육, 교육, 철학, 종교, 명리학 등 분야에서 활동하는 사람이 많다.

■ 전형적인 外柔內剛(외유내강)이다.

■ 白虎(백호)일주의 특징

- 두뇌 명석하고 강한 추진력으로 자수성가하는 사람이 많다.

- 고집이 세며 목표에 대한 강한 집중력과 끈기를 나타낸다.

- 괴강이나 간여지동에 비견하는 힘이 있다.

- 白虎(백호)가 길 작용을 할 때만이 특별한 재능이나 능력을 발휘한다.

- 특수한 분야에서 능력을 발휘한다.

- 辰戌丑未 四庫를 둔 백호일주는 식복은 있으나 나와 부모형제·자·배우자 입장에서는 남이 모르는 고통이 강하게 나타난다.

- 백호 7간지 : 甲辰. 戊辰. 乙未. 丙戌. 丁丑. 壬戌. 癸丑

■ 乙 未

- 丁 식신 : 꺼지지 않는 지열. 식신생재 : 의식주 풍족
- 乙 비견 : 乙(일간) +乙(지장간) = 剛性(강성)

  여린듯하나 매우 강하다.

  형제, 동료, 친구와 좋은 인연을 맺자.
- 己 편재 : 땀 흘려 경작, 노동의 대가, 자수성가

  창고 속의 돈(亥卯未 木庫)

- 未 = 味. 미식가, 맛집, 요리사

■ 乙未 : 乙(바람, 새) + 未=亥卯未(초원의 양 떼), 靑羊(청양)

- 넓은 초원에서 풀을 뜯는 양떼

- 바람, 새, 양떼는 강한 역마의 기운이다.

- 자유로운 영혼으로 간섭이나 구속을 싫어한다.

5. 乙巳

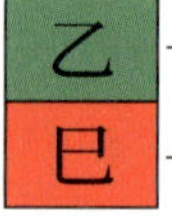 곡식, 약초, 근채류 + 태양

■ 태양보고 활짝 핀 꽃(곡식, 약초, 근채류)

■ 陽地桃花(양지도화)의 기운

- 매력적이고 순수하여 인기가 많다.

- 프로 기질로 성공한다.

- 丙火가 밝아 다양한 취미 생활로 대인관계의 폭이 넓다.

- 고난을 극복하고 목표를 이룬다.

■ 봄, 여름생이 木火通明(목화통명)에 정격을 이루면 일찍 성공을 거두지만 꽃이 시든 후에는 초라해지니 노년을 위해 항상 준비해야 한다.

- 두뇌 명석하고 미모이며 명랑, 쾌활하다.

  - 자기를 잘 드러내고 창의력과 사교성이 좋다.

  - 총명하고 근면 성실함으로 능력을 발휘하여 왕성한 사회 활동으로 바쁘다.

- 배우자를 忽待(홀대)하기 쉽다. 가족을 가까이하는 일에 우선을 두는 것이 필요하다.

- 역마의 기운이 강하다. → 乙(바람, 새) + 巳(해는 쉼 없이 활동)

  - 여행을 좋아한다.

  - 외향성, 외근이 적성에 맞는다.

- 신약한데 巳酉丑 金局이 되면 관이 흉이 된다.

- 乙 巳
  - 戊 정재 : 재생관으로 능력 있는 아내
  - 庚 정관 : 巳火는 庚金의 장생지로 吉. 乙庚合金
  - 丙 상관 : 자식 바보, 남편 뒷전. 傷官見官(상관견관)은 자영업이 길하다.

  - 상관생재, 재생관으로 흘러야 길조이다.

  - 財官雙美(재관쌍미)로 능력을 발휘하여 재물을 만들어서 명성을 떨치는 사람이 많다.

  - 교육, 방송, 언론, 예술, 작가, 예체능

- 乙巳 : 풀밭 + 뱀. 靑蛇(청사)

  - 미모, 예술적 감각, 화려, 사치

  - 명예욕이 강하다.

6. 乙卯

 꽃, 곡식, 약초, 근채류 + 꽃밭

- 꽃밭의 꽃 (곡식, 약초, 근채류의 꽃)

  - 벌, 나비가 찾아오고 일찍 꽃이 핀다.

  - 몸이 날씬하고 유연하며 미남, 미인이 많다.

  - 질긴 생명력으로 목표를 위해 기다리고 인내할 줄 안다.

  - 강인한 정신력으로 생각과 동시에 실천이 따른다.

- 형제, 친구, 동료 및 경쟁자들과 좋은 관계를 유지하는데 노력이 필요하며 이들과의 금전 거래는 금물이다.

- 남의 간섭 받기를 매우 싫어하며 자기주장이 너무 강하여 외로움을 불러오기도 한다.

- 땅을 뚫고 나오는 卯木의 향기처럼 예술적 감각이 뛰어나다.

  - 예체능 각 방면에 솜씨가 있어 인연을 만나면 大成(대성)할 수 있다.

  - 창의력을 요구하는 어느 직업군이든 광범위한 영역에서 능력을 인정받는다.

  - 예술가, 작가, 문학, 문화, 언론, 교육

- 乙卯木이 丙火를 보아 陽地桃花(양지도화)가 되어 자기의 강한 능력을 십분 발휘한다.

  - 고집과 자만심을 버리고 겸손한 태도가 필요하다.

  - 환경 적응력이 뛰어나며, 영리한 처세술도 돋보인다.

- 木旺(목왕)한데 土가 없으면 뿌리 내릴 땅(재)이 없으니 가난하고, 亥卯未 木局에 火가 없으면 쭉정이 농사를 짓는 격이다.

- 卯木의 무성한 뿌리가 양분을 흡수하여 乙木에게 공급하기에 끊임없이 솟아나는 재능이 있다.

- 손재주가 있고 인정받고 싶은 욕구와 승부욕이 강하다.

- 乙卯 일주는 자기를 알아주거나 칭찬받을 때 적극적인 행동이 나온다.

■ 干與支同(간여지동)

- 간여지동이란?

  ① 천간과 지지가 같은 오행이다.

  ② 하늘의 뜻과 땅의 환경이 같다.

  ③ 吉凶이 같이 있다.

  ④ 日柱(일주) 간여지동이 가장 강하다.

- 간여지동 일주 12가지

甲	乙	丙	丁	戊	戊	己	己	庚	辛	壬	癸
寅	卯	午	巳	辰	戌	丑	未	申	酉	子	亥

- 간여지동 일주의 특징

  ① 자기 주장이 강하다. 자긍심이 크다. 교만하다. 에너지가 강하다. 역동적이다. 독립적이다.

  ② 배우자 궁의 강한 성정으로 부부 화합의 어려움이 따를 수 있다.

  ③ 특히 子卯酉 帝旺(제왕)일주가 가장 강하다. 壬子. 乙卯. 辛酉

  ④ 배우자가 원하는 방향으로 내가 먼저 변해야 한다.

  ⑤ 행복 탐색 : 불간섭, 주말부부, 맞벌이, 여행, 취미생활 등

※ 파도 없는 잔잔한 항해도 좋겠지만 4주 8자의 어려운 환경을 이겨내고 우뚝 일어서는 경지, 즉 心柱(심주)를 지속적으로 탁월하게 실현할 때 진정한 주인공이 될 수 있다.

- 간여지동 일주의 길과 흉

  → 내가 신약할 때 인성이나 비겁으로 인해 힘을 받으니 길하다. 간여지동으로 같은 오행인 배우자도 길하다.

甲	乙	辛	庚
	卯		

吉

→ 내가 신왕할 때 인성, 비겁은 흉이다. 간여지동으로 같은 오행인 배우자도 흉이다. 乙卯 伏吟(복음)운 이 올 때도 또한 흉이다.

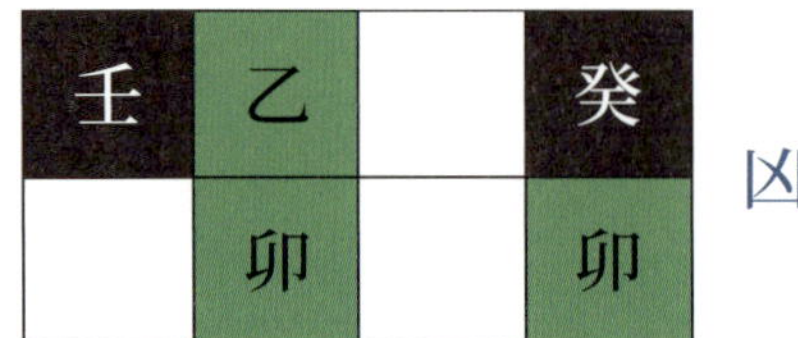

> ※ **伏吟(항복할 복, 신음할 음)**
> ㉮ 災厄(재액)을 당하여 대항하지 못하고 항복하고 신음한다는 흉살이다.
> ㉯ 乙卯 일주는 자신과 같은 干支(간지)인 乙卯년과 乙卯월 그리고 乙卯일은 伏吟이 성립된다.
> ㉰ 乙卯 일주 자신이 신약할 때는 伏吟이 되는 乙卯가 약한 나를 도와주므로 길신이 되지만 신왕할 때는 伏吟운이
>   반대로 흉신이 된다.

- 木 생명체의 간여지동

  • 乙木의 유연함에 卯木의 무성하고 강인함을 뿌리에 두어, 두뇌 명석하고 고집이 세며 독립심과 인내심
    이 강하다.

  • 생명체 木으로만 구성된 간여지동 일주에 陽인 甲寅보다 陰인 乙卯가 더 강하다. 乙卯는 오직 木氣만
    있는 子午卯酉 제왕의 간여지동 중의 하나이기 때문이다. 外柔內剛型(외유내강형)이다.

■ 乙卯 : 푸른 토끼(靑兔 : 청토)

- 봄 동산의 푸른 토끼가 사람들에게 사랑받는다.

- 평화로우며 여유가 있고 순박하다.

- 乙(바람, 새) + 卯(뛰노는 토끼) : 역마의 기운이 강하다.

乙木

봄

명리를 학창 시절에 시험공부하듯이
접근하려는 경향이 대다수이다. 모르는 내용은
습관적으로 구글이나 네이버에서 검색한다. 답은
얻지 못하고 혼란만 더해진다. 공부로 접근하면 쉽게
흥미를 잃는다. 열공 한다고 해서 금방 깨닫는 것도
아니다. 쇠뿔도 단김에 빼려고 달려들면 낭패를
보기 십중팔구다. 재미로 삼아 가랑비에
옷 젖듯이 느긋하게 가자.

봄 寅卯辰월의 乙木

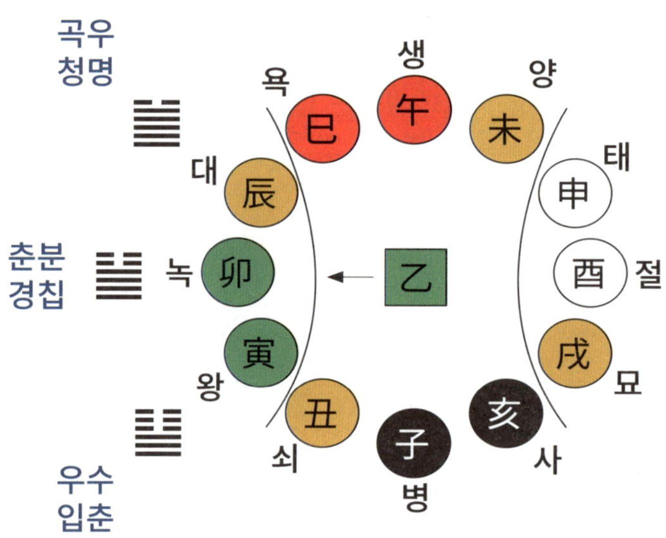

▨ 핵심

- 木旺節

- 辰土(財)가 木의 살 집

- 丙火 조후우선 → 뿌리 : 午巳戌未寅

- 金 凶

- 水 통관

- 乙木은 寅卯辰월 木旺節에 태어나면 길하다.

  - 寅木과 卯木은 乙木의 뿌리가 된다.

  - 乙木이 辰土(진토: 옥토)에 뿌리를 내리면 튼튼하다.

- 乙木(嫩木 : 눈목, 어린 싹)이 庚辛金을 만나면

  - 乙庚合으로 乙木이 金으로 가거나 乙木이 상처를 입으면 흉하다. 봄생 사주에 금목상쟁하면 흉하다. 운에서 金이 와도 흉하다.

  - 금목상쟁을 막기 위해 水를 통관용신으로 쓰면 아픔도 동반한다. 乙木은 습목으로 많은 물이 필요하지 않기 때문이다.

- 寅卯辰月에는 丙火가 조후용신이다.

  - 한기를 더해주는 金, 水가 흉이다.

  - 金이 병이 되면 丙火가 조후겸 약신이 되고, 水가 병이 되면 戊土가 약신이 된다.

- 봄 乙木 일주 運路(운로)의 길흉

  - 寅卯辰, 巳午未 木火 동남방 운으로 흐르면 길하다.

  - 꽃이 피고, 벌 나비가 있어 열매가 있다. (봄, 여름)

  - 申酉戌, 亥子丑 金水 서북방 운으로 흐르면 흉하다. (가을, 겨울)

寅月의 乙木

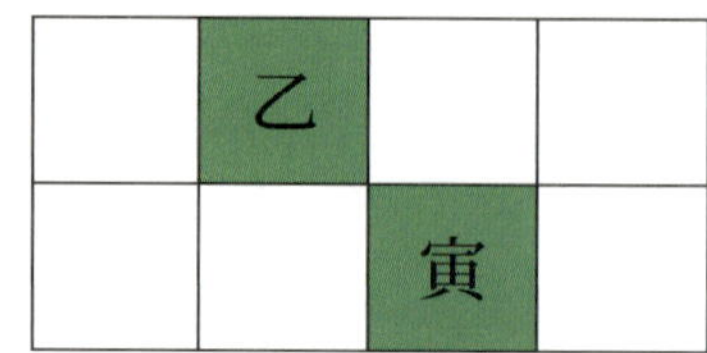

- 寅木은 乙木의 뿌리가 된다. 寅中 丙火는 조후가 된다.

  - 지지에 寅午, 寅戌, 午戌, 寅午戌火局이 되면 乙木이 화상 입는다.

卯月의 乙木

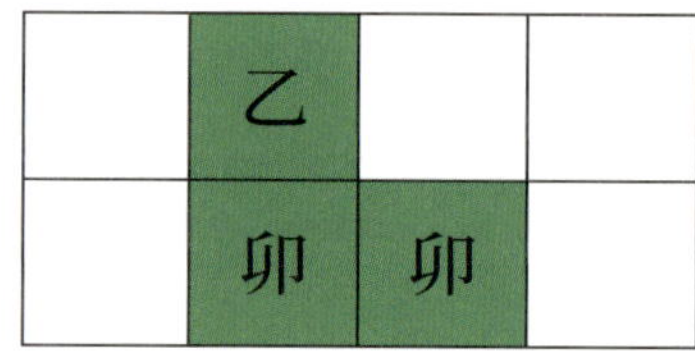

- 卯木는 양기 덩어리이다. 火를 보면 강한 에너지가 생긴다.

  - 金, 水는 흉이다. 꽃이 안 피고 한냉해진다.

  - 乙(습목) + 卯(습목) -> 습목끼리 만나서 물을 좋아하지 않는다.

- 乙卯 일주: 干支桃花(간지도화)

  - 간지도화이다. 일주가 간지도화가 되면 강하다.

  - 조후가 되면 좋은 도화이다. 에너지가 넘치고, 미남미녀이다.

  - 조후가 안되면(火가 없으면) 陰地草(음지초)가 된다. 桃花煞(도화살)

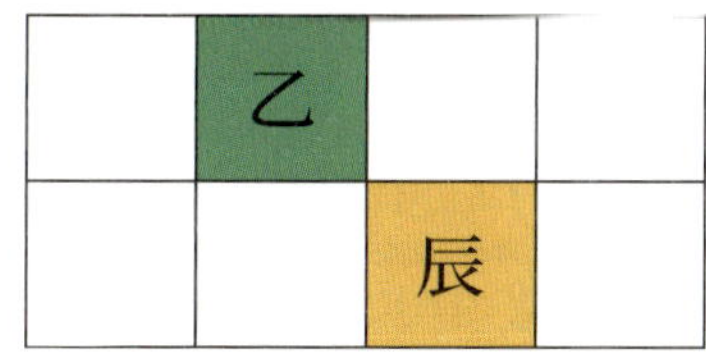

- 辰月은 土旺節(토왕절)이다. 乙木이 辰土에 뿌리를 내려 辰月에는 木 용신이 많다.

- 甲木, 丙火가 있으면 좋다. 등라계갑이 가능하다.

- 乙木은 辰土만 있어도 잘 산다. 沃土(옥토)에 뿌리를 내려서 좋다. 위, 자궁이 튼튼하다.

- 辰土는 木을 키우는 어머니 역할을 한다. 信用(신용)이 있다.

- 乙木이 싫어하는 지지합과 삼합

  - 辰酉金되면 辰이 金으로 가니 乙木의 살 집이 사라진다.

  - 申子辰水局이 되면 辰이 水로 가니 乙木의 살 집이 사라진다.

辰戌沖(진술충) 이해

- 넓은 땅이 붕괴된다. 지진이 난다. 지장간 乙木이 흔들린다. 미묘한 불안 심리가 조성된다.

- 辰土(옥토)에 戌土(자갈토)가 혼합되어 乙木이 뿌리내리기 어렵다.

- 土財(토재)가 지진이 나면 돈이 흔들린다. 생명체 木이 요동친다. 내 삶이 불안정하다.

- 건강 조심 : 교통사고, 損財(손재), 수술, 위, 자궁병, 암, 간, 신경계 질환 등

- 辰戌沖이 장점이 되는 경우

  - 사주 원국이 水旺하여 습토 辰土가 흉신일 때 또는 申子辰 水局일 때 辰戌沖이 길 작용을 한다.

  - 사주 원국이 조열하여 건토 戌土가 흉신일 때 또는 寅午戌 火局일 때 辰戌沖이 길 작용을 한다.

  - 새로운 변화를 긍정적으로 받아들이면 삶을 더 밝은 모습으로 성장시킬 힘이 된다.

■ 土는 생명을 키운다.

- 辰 지장간 – 乙癸戊 : 수생목으로 싹이 튼다. 沃土(옥토)이다.

- 未 지장간 – 丁乙己 : 乙木이 습토에서 싹이 튼다. 생명력이 강하다.

- 辰土, 未土에 암장된 것은 乙木이니 땅의 주인은 乙木이다. 우주의 주인공이다.

- 한자 부수 중에서도 목(木) 부수보다 풀초(艹) 부수가 더 많다.

- 꽃 피고 열매 맺는 것은 대부분 乙木이다.

■ 土는 만물의 무덤이다.

- 土는 생명의 시초가 되지만 마지막이기도 하다.

- 모든 생명체는 땅(土)으로 돌아간다.

- 土는 오행의 무덤이다.

  • 해묘미목국 – 亥(장생), 卯(제왕), 未(묘)

  • 인오술화국 – 寅(장생), 午(제왕), 戌(묘)

  • 사유축금국 – 巳(장생), 酉(제왕), 丑(묘)

  • 신자진수국 – 申(장생), 子(제왕), 辰(묘)

■ 辰戌丑未는 어떤 土일까?

- 3월 辰土 : 지장간 乙癸戊 → 꽃(乙)을 피우게 하는 土. 습토, 옥토

- 6월 未土 : 지장간 丁乙己 → 열매(乙)를 익게 하는 土. 건토, 열토, 사막토

- 9월 戌土 : 지장간 辛丁戊 → 열(丁)을 저장하여 겨울을 나게 하는 土. 쉬는 土, 자갈(辛)土, 건토

- 12월 丑土 : 지장간 癸辛己 → 봄을 준비하기 위한 土. 언 땅이라서 생명이 살기 어렵다. 찌끼 土, 쉬는 土, 자갈(辛)土

寅月의 乙木 실전 사주 – 1

실전 1. 남

戊	乙	丙	甲	丙
寅	巳	寅	申	水

78	68	58	48	38	28	18
甲	癸	壬	辛	庚	己	戊
戌	酉	申	未	午	巳	辰

■ 4 〉4 身旺(신왕)

- 月支(월지) 寅木은 나의 힘이 된다.

- 乙木이 丙火를 보고 잘 크고 있다.

■ 특징

- 丙火 조후용신. 乙木이 丙火를 보니 최고의 희망이다.

- 지지 水 통관 길신

- 丙火의 뿌리가 巳火, 寅中丙火가 있어 용신이 힘이 있다.

- 丙火 용신이 부모궁에 있어 부모덕이 있고, 배우자궁에 巳火가 있어 賢母良妻(현모양처)이며,
  자식궁도 길하다.

- 寅月에 금극목이 되고 있다. 寅巳申 삼형살이 있으나 신왕 사주라서 형살이 적용되지 않는다.
  하지만 대운에서 寅巳申이 오면 살이 되어 극을 당한다.

- 寅月이라도 火가 많으면 뿌리가 타지 않을까?

    → 寅中丙火로는 뿌리가 타지 않는다. 寅月은 추운 계절이고 寅時는 해가 뜨지 않은 시간이라서 조열하

      지 않다.

- 乙木이 丙火와 甲木을 보아 藤蘿繫甲(등라계갑) 구조가 되었다.

- 월지에 寅中 丙火가 있는 것은 젊을 때부터 향기나는 구조이다.

■ 乙巳 日柱(일주)

- 꽃, 곡식, 열매, 근채류, 약초 + 태양

- 태양보고 활짝 핀 꽃(곡식, 열매, 근채류, 약초)

- 陽地桃花(양지도화)의 기운

  • 매력적이고 순수하여 인기가 많다.

  • 프로 기질로 성공한다.

  • 두뇌 명석하고 미모이며 명랑 쾌활하다.

  • 역마의 기운이 강하다. (乙 : 바람, 새 / 巳 : 해는 쉼 없이 활동)

■ 改名(개명)

- 이름 첫 번째 자(천간)에 丙火 조후

- 이름 두 번째 자(지지)에 壬水 통관

■ 身旺財旺(신왕재왕)

- 지장간 寅中戊土, 巳中戊土, 申中戊土가 時干 戊土의 뿌리가 되어 신왕재왕이 되었다.

- 초년에 재운이 강하게 왔을 때는 부모 돈 쓰기 바쁘다.

- 재성이 발달한 사람은 돈을 보는 안목이 있다.

■ 대운

- 己(凶) : 갑기합토로 등라계갑이 무너졌다. 甲木(후원자, 형)과 己土(정재, 형수)가 합을 하여 나

  를 도와주지 않는다.

- 庚(凶) : 乙庚合. 沖보다 合이 우선이다.

- 辛(凶) : 丙辛合. 용신합거, 용신기반

■ 乙木은 대운이 寅卯辰(봄), 巳午未(여름) 동남방으로 흐르면 길하다.

실전 2. 여

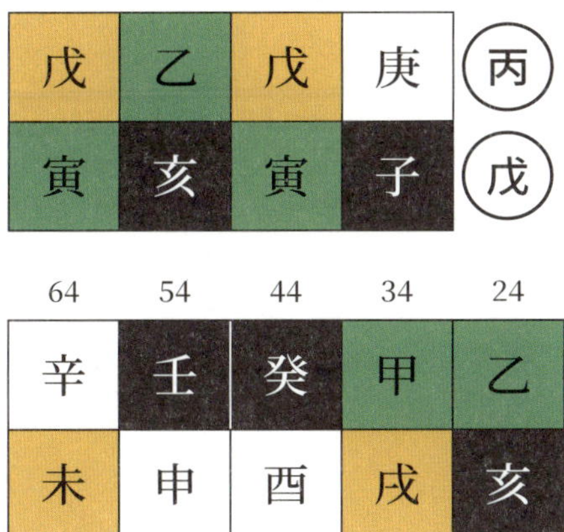

- ■ 5 〉 3 身旺(신왕)

  - 寅中丙火 조후용신   - 水 병신   - 金 구신   - 戊 건토 약신   - 木 흥신

- ■ 특징

  - 乙木이 丙火를 보아서 향기가 있다.

  - 丙火 용신이 時柱(시주)에 있으니 노후를 아름답게 보낸다.

  - 신왕재왕으로 유산상속이 많다.

  - 배우자궁 亥水가 길하다. 水生木으로 寅木을 키워 寅中丙火를 빛나게 한다.

  - 원국의 庚金은 乙木과 떨어져 있어 생명체가 다치지 않는다.

  - 지지의 寅木은 亥水가 있어 지지 申酉운에도 통관이 되어 길하다.

  - 봄날 첩첩산중(戊, 戊)의 꽃인 乙木이 향기가 있고 아름다우나 고독하다.

- ■ 乙亥 日柱(일주)

  - 꽃(연꽃, 수련, 수초) + 큰 물

  - 물 위에 떠 있는 연꽃과 같다. 세상을 보는 시각이 남과 다르고 특정 분야에서 빼어난 재능이 있다.

  - 乙木처럼 유연한 견해로 이웃과 親和(친화)하고 운동신경이 발달한 사람이 많다.

  - 지혜롭고 두뇌 명석하며 예술 감각도 兼備(겸비)한 멋쟁이가 많다.

  - 고상하고 아름답지만(乙), 내면은 고독하고 어두운 사연도 있다(亥).

  - 바람(風木)처럼 떠돌고 강물(亥水)처럼 흘러가는 대단한 역마이다.

■ 대운

- 乙亥(吉) : 乙庚合, 寅亥合

- 甲戌(吉) : 戌土는 戊土의 뿌리가 되고 水 병신을 막아준다.

- 癸酉(평범) : 金水운은 흉하나, 癸水는 戊癸合火되고 酉金은 水로 통관된다.

- 壬申(吉凶) : 壬水는 戊土로 막아주어 길하나, 申金은 金生水로 흉하다.

寅月의 乙木 실전 사주 -2
가족 사주

실전 1. 가족 사주.

사주도 유전이 된다.

아내

丁	乙	甲	癸
亥	亥	寅	丑

남편

庚	己	丁	丁
午	丑	未	未

큰 딸

乙	乙	壬	戊
酉	未	戌	寅

작은 딸

戊	甲	癸	庚
辰	午	未	辰

■ 큰 딸

- 일간은 엄마를 닮았다. 엄마도 乙木, 큰 딸도 乙木이다.

- 엄마가 寅中 丙火를 조후 용신으로 쓴다. 큰 딸도 寅中 丙火를 쓴다.

- 주변 환경은 아빠를 닮았다. 土가 많다.

- ■ 작은 딸

  - 일간은 엄마를 닮았다. 木 일간이다.

  - 엄마 천간에 丁火가 있다. 작은 딸 지지에 午火(丁火)가 있다.

  - 주변 환경은 아빠를 닮았다. 土가 많다.

【아내】

- ■ 6 〉 2 太王(태왕)

  - 寅中 丙火 조후용신   - 木 병신   - 水 구신   - 金 흉신   - 戊土 약신

- ■ 특징

  - 木이 많아서 병이다.

    • 木多丁火熄(목다정화식)

    • 木多丙火滯(목다병화체)

  - 水旺하면 戊土로 제방을 쌓고 물길을 내주어야 댐 사주가 되어 쓸모가 많아진다. 지장간 亥中 戊土와 寅中 戊土가 약신 역할을 하여 돈복이 있다.

  - 寅中 丙火를 조후용신으로 하니 부모궁이 길하다. 지장간 寅中 丙火는 천간의 丙火 역할과 같다.

  - 乙木이 丙火를 보고 甲木에 등라계갑이 되니 乙木 입장에서는 부모덕과 형제덕이 있다.

  - 교사인 乙木 일간이 丙火 상관을 용신으로 하여 강의력이 좋다. 언변이 밝고 유머가 풍부하다. 다재다능하다.

■ 乙亥 日柱(일주)

- 꽃(연꽃, 수련, 수초) + 큰 물

- 물 위에 떠 있는 연꽃과 같다. 세상을 보는 시각이 남과 다르고 특정 분야에서 빼어난 재능이 있다.

- 지혜롭고 두뇌 명석하며 예술 감각도 兼備(겸비)한 멋쟁이가 많다.

- 겉으로는 잔잔히 흐르는 것처럼 보이는 강물이 속에서는 세차게 흐르듯이, 겉은 온유하지만 내면은 강한 外柔內剛型(외유내강형)이 특징이다.

■ 大運(대운)

- 巳午未 남방화운으로 길하다.

- 丁巳(吉) : 화운이 강하다.

- 丙午년, 丁未년 : 승진운

【남편】

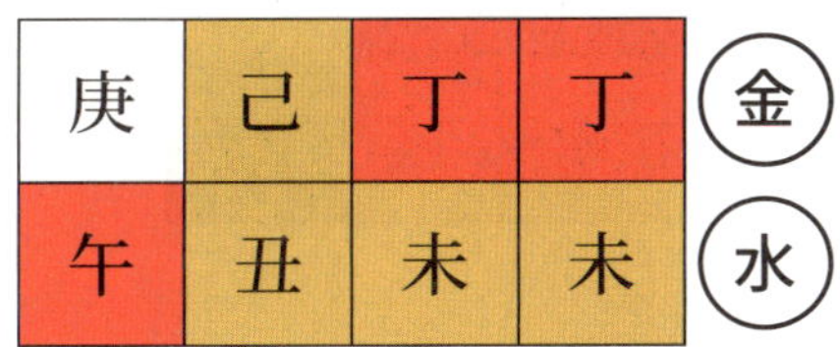

■ 土從旺格(토종왕격) = 土從(토종) = 土體(토체) = 土用神(토용신)

- 金 설기 길신　　- 水 조후길신　　- 火 길신　　- 木 병신

- 木이 병신이나 원국에 丁午火가 있어 木운에 木生火, 火生土로 상생되어 병신이 되지 않는다.

■ 己丑 日柱(일주)

- 습토가 겹친 넓은 농토

■ 특징

- 未月 午時의 강한 火氣가 습토 己丑으로 설기되어 火土重濁(화토중탁)이 되지 않고 생명을 키우고 있어 최고의 일주가 되었다.

- 未中 乙木(관)이 어려운 환경에서 자라 관운이 있고 가을에는 결실이 되니 재물복도 있다. 예체

능에 재주가 있다.

- 근면, 성실하고 강한 생명력과 대인관계가 좋다.

- 배우자궁이 좋다. 현모양처

■ 庚金 吉神(길신)

- 土體(토체)가 되어 土로 꽉 차 있을 때는 土生金으로 土를 泄氣(설기) 해 주는 것이 가장 좋다.

- 火生土, 土生金으로 입력(인성)과 출력(식상)이 잘 되어 총명하고 유능한 교사이다.

■ 天生緣分(천생연분) 궁합

- 未月의 뜨거운 사주인 남편이 필요한 습토와 조후용신 水를 아내가 넉넉히 가지고 있다.

- 寅月의 한습하고 木太旺한 사주인 아내가 필요한 火와 건토를 남편이 넉넉히 가지고 있다.

- 부부간에 서로 필요한 오행을 주고받는 구조로 부부 화합하는 天生緣分(천생연분) 궁합이다.

【큰딸】

■ 戌月의 가을꽃이 寅中 丙火를 봐서 예쁘다.

■ 高山(고산)에 흐드러지게 피어 있는 청초한 가을꽃이다. 외로움을 많이 탄다.

■ 乙木이 丙火를 봐서 창의력과 예술 감각이 있다. 손재주가 있다.

■ 酉金 위에 乙木이 있어 예민하다.

【작은 딸】

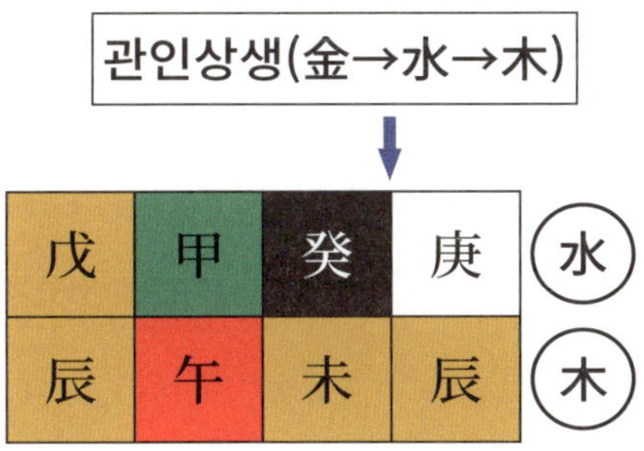

- 2〈6 太弱(태약). 태약사주이지만 태약하지 않은 이유

  - 관인상생한다. 金 → 水 → 木(甲)

  - 관인상생하여 甲木이 戊土 병신을 극함이 강하다.

  - 甲木이 辰土 옥토에 뿌리를 내리고 있다.

  - 未月 炎天(염천)에 日支 午火의 火氣가 辰습토에 설기되어 甲木의 뿌리가 화상을 입지 않는다.

- 여름의 조열한 사주에서 辰丑습토는 貴人(귀인)이다.

- 水 인성(입력)과 火 식상(출력)이 잘되면 두뇌가 총명하고 언행이 바르다. 강의력이 탁월한 명강사이다.

실전 2. 여

- 4〉4 身旺(신왕)

  - 寅月 乙木이 丙火를 보아 잘 자란다.

- 丙火 조후용신, 木 병신, 水 구신, 戊戌 건토약신, 金 흉신

- 亥水가 병이 되었다. 乙木은 습목이라서 많은 水가 필요하지 않다. 戊土 건토가 약신으로 자식궁이 좋고 미래가 밝다.

- 乙亥 日柱(일주)

  - 꽃(연꽃, 수련, 수초) + 큰 물

  - 물 위에 떠 있는 연꽃과 같다.

  - 지혜롭고 두뇌 명석하며 예술 감각도 겸비한 미인이다.

  - 戌亥 天門으로 종교, 철학, 역학, 명리, 심리상담 분야의 공부와도 인연이 있다.

- 乙木은 丙火를 보아 빛나고 戊土로 亥水를 막아 제방을 쌓아서 건강과 돈이 따른다.

실전 3. 여

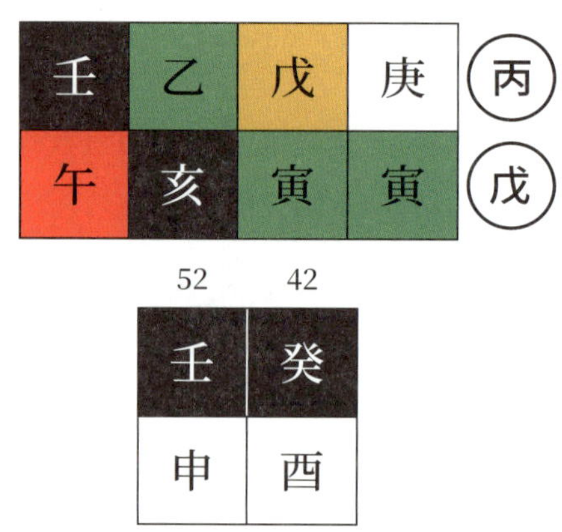

- 5 > 3 身旺(신왕)

  - 木 병신   - 水 구신   - 戊戌 건토 약신   - 金 흉신   - 丙火 조후용신

- 특징

  - 寅月에 水旺(수왕)하여 乙木 일간이 냉하다.

  - 戊土가 많은 물을 막아주고 木의 살 집이 되어 약신이 된다.

  - 지장간 寅中 戊土, 亥中 戊土가 月干(월간)약신 戊土의 뿌리가 되어 길하다.

  - 木旺(목왕)하여 金으로 間伐(간벌)하면 좋으나 金운에 金生水, 水生木으로 官印相生(관인상
    생)되어 木氣만 키워주니 흉하다.

  - 水가 병이 되면 신장, 방광 질환 및 관절염에도 주의를 요한다.

- 겁재 寅(형제)中 丙火와 부모궁 戊寅이 길하여 부모덕이 있고 형제간에도 화목하다.

■ 乙亥 日柱(일주)

　- 꽃(연꽃, 수련, 수초) + 큰 물

　- 물 위에 떠 있는 연꽃

　- 고상하고 아름답지만(乙) 水旺(수왕)하여 고독하고 어두운 사연도 있다(亥).

　- 겉은 온유하지만 내면은 강한 외유내강형이 특징이다.

■ 大運(대운)

　- 癸(길흉 반반) : 戊癸合火에서 火는 조후로 길하나 戊土 약신이 合去(합거) 되는 것은 흉하다.

　- 壬(보통) : 月干(월간) 戊土가 壬水를 막아주어 괜찮다.

좋은 배우자의 순위

효명작명 목성론

■ 상대방이 필요한 오행을 서로 가지고 있을 때 궁합이 잘 맞는다. 보통 찰떡궁합이라 말한다. 평생 부부 화합

할 수 있다.

- 첫 만남에서도 궁합이 잘 맞으면 호감이 간다.

- 乙木 일간인 사람은 辛金 일간을 꺼린다.

■ 用神(용신)이 有力(유력) 한 경우

- 용신이 유력하면 좋은 사주이다.

- 용신이 유력하면 사주를 이끌고 가는 운전수의 능력이 탁월하다는 뜻이다. 불굴의 정신력으로

고난을 이기고 성공 신화를 이룬다.

- 용신이 유력하면 財官(재관) 또한 유력하다.

■ 日支(일지 : 배우자궁)가 좋을 때

- 日支 배우자 궁이 육친보다 우선이다.

- 日支와 육친 둘 다 좋으면 錦上添花(금상첨화)이다.

■ 六親(육친)으로 보면

- 남자는 財星(재성)이 좋을 때 좋은 배우자이다.

- 여자는 官星(관성)이 좋을 때 좋은 배우자이다.

■ 기타

- 天干合으로 길흉을 판단하는 것은 너무 단순한 것이다. 壬水 일간과 丁火 일간이 丁壬合으로 순

간적으로 이끌릴 수 있지만 전체적으로 서로에게 필요한 오행인가를 살펴보는 것이 중요하다.

- 특이한 구조의 사주인 경우는 계획 결혼을 생각해 볼만하다. 여름생인 남자가 火旺한 사주라

면, 겨울에 태어나 한습한 기운을 지닌 여자를 계획적으로 찾는 것이다. 상대방이 필요한 오행을 서로 주고받기 때문에 궁합이 맞는 것이다.

卯月의 乙木 실전 사주

실전 1. 여

■ 3 〈 5 身弱(신약)

 - 木 제왕월인 卯月에 卯未合木이 되고, 丙火를 보아 乙木이 무성하게 자라고 있어 신약하지 않다.

 - 丙火 조후용신   - 木 약신   - 水 길신   - 土 병신   - 金 흉신(지지 길신: 子水 통관)

■ 특징

 - 생명체 木의 생사 여부를 가장 먼저 살펴야 한다. 조후는 되어 있는가? 金으로 상처를 받고 있지는 않은가?

 - 丙火로 조후가 되어 있고 乙木과 庚金이 서로 떨어져 있어 木이 다치지 않고 잘 자라고 있다.

 - 丙火 조후용신의 뿌리로 戌中 丁火와 未中 丁火가 있어 용신이 유력하다.

 - 丙火의 뿌리가 없으면 용신이 무력하고, 丙火의 위상을 지녔다는 허황된 생각으로 자기 갈 길을 못 간다.

 - 卯月의 乙木이 丙火를 보아서 陽地桃花(양지도화)가 되어 미모에 예술성이 탁월하며 또한 왕성

한 활동력에 언행이 곱다.

- 丙火와 甲木으로 作號(작호)하면 身旺財旺(신왕재왕), 身旺官旺(신왕관왕)으로 부귀격이 된다.

■ 卯木이 己土에 싹이 트면 乙庚合金으로 무난하다.

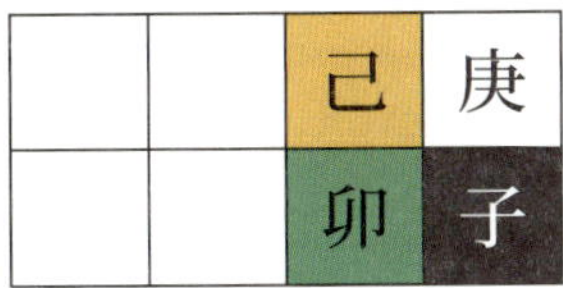

■ 卯木이 己土에 싹이 트면 辛金에 金克木 되어 흉하다.

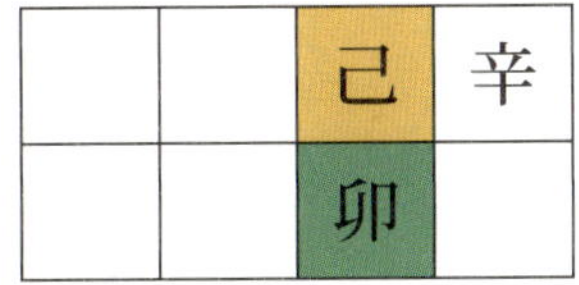

■ 乙未 日柱(일주)

  - 선인장(약초) + 사막(열토)

  - 사막의 선인장. 白虎(백호).

  - 봄, 여름, 가을 : 꽃, 꽃밭, 과일, 곡식, 근채류

  - 겨울 : 동백, 매화, 온실화, 약초, 구근류, 인동초

  - 열악한 환경에서도 결실을 거두는 강한 집념과 성취욕이 뛰어나다.

  - 백호가 길 작용을 할 때만이 특별한 재능이나 능력을 발휘한다

■ 부부 화합하고 자녀들도 제 몫 하며 多福(다복)하게 살고 있다.

■ 大運(대운)

  - 戊寅(吉) : 부모 사랑받고 자랐다.

  - 丙子(吉) : 조후용신 운과 水 길신운

  - 乙亥(吉) : 亥卯未. 의류판매로 성업

  - 甲戌(吉) : 신왕재왕으로 재물복

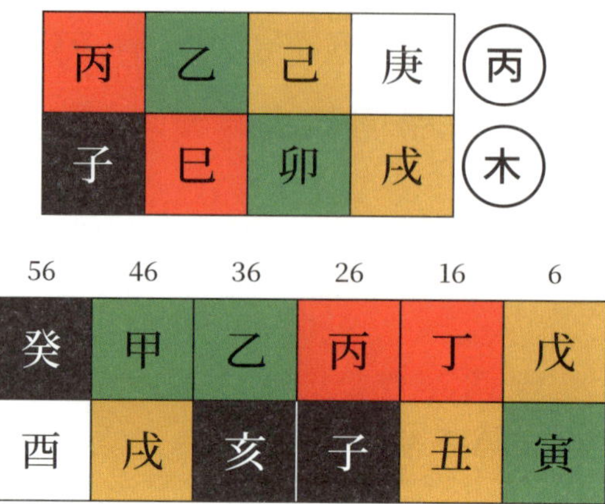

- 3 〈 5 身弱(신약)

  - 丙火 조후용신 - 木 약신 - 水 길신 - 土 병신 - 金 흉신(지지 길신 : 子水 통관)

  - 卯月 乙木이 丙巳火로 조후가 되고 다치지 않아 잘 자라고 있다.

- 특징

  - 丙火 조후용신이 巳火에 뿌리를 두어 용신이 有力(유력)하다.

  - 卯月 乙木이 丙火를 보아서 陽地桃花(양지도화)이다. 丙火가 없다면 乙木은 陰地草(음지초)로 도화살이 된다.

  - 子時의 丙火는 별빛이나 달빛과 같다.

  - 봄의 꽃이 달빛 아래 향기를 품고 있어 운치가 있고 감성이 풍부하다.

  - 꽃꽂이, 茶道(다도), 시조시인, 연극 극단 대표 등 다재다능하며 문화 예술 방면 전문가들과의 교류가 활발하다.

  - 子水 인성(입력)과 丙火 상관(출력)으로 입출력이 잘 되고 있어 두뇌 총명하고 전형적인 명강사로 재직 중이다.

  - 자식궁이 丙火, 남편궁도 丙火이다. 이런 경우 부모 자식 간에 隔意(격의)없이 친구처럼 지낼 수 있다.

- 乙巳 日柱(일주)

  - 꽃, 곡식, 열매, 근채류, 약초 + 태양

  - 태양보고 활짝 핀 꽃(곡식, 열매, 근채류, 약초)

- 陽地桃花(양지도화)의 기운

  • 매력적이고 순수하며 인기가 많다.

  • 프로 기질로 성공한다.

- 두뇌가 명석하고 미모이며 명랑, 쾌활하다.

- 자기를 잘 드러내고 창의력과 사교성이 좋다.

- 근면 성실함으로 능력을 발휘하며 왕성한 사회 활동으로 바쁘다.

■ 大運(대운)

  - 甲(吉) : 藤蘿繫甲(등라계갑)

  - 戌(吉) : 身旺財旺(신왕재왕)

실전 3. 여

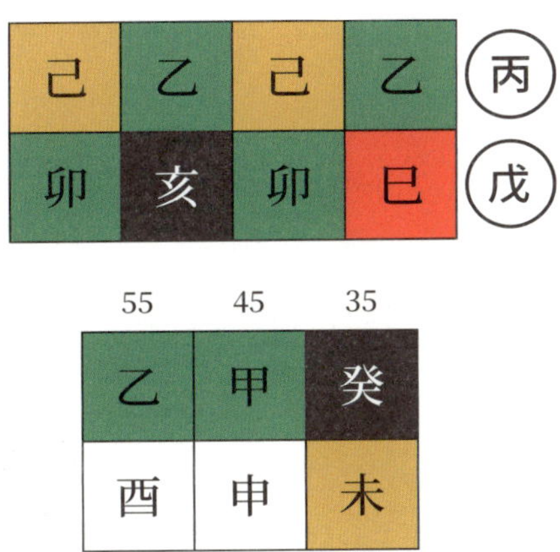

■ 5〉3 身旺(신왕)

  - 丙火 조후용신   - 木 병신   - 水 구신   - 土 길신

  - 金 약신(지지 申酉金은 흉신 : 金生水로 木만 키운다)

■ 특징

  - 己乙己乙 가도 가도 끝없는 小路(소로)에 핀 야생화. 꺾이고 밟힌다.

  - 卯月 제왕월에 木太旺하여 木多丙火滯(목다병화체)로 陰地草(음지초)가 되었다.

- 亥水 인성이 병이 되어 공부운과 부모덕도 박하여 일찍 객지 생활을 하였다.

■ 乙亥 日柱(일주)

- 물 위에 떠 있는 연꽃

- 日支 亥水 배우자궁이 병이 되어 空房(공방)이 많다.

- 손재주가 많고 아름답지만(乙), 내면은 고독하고 어두운 사연도 많다(亥).

- 새(乙)나 바람(風木)처럼 떠돌고, 강물(亥)처럼 흘러가는 대단한 역마의 기운이다.

- 身旺財弱(신왕재약)으로 火 식상과 많은 木이 살 집인 土財가 귀인 역할을 한다.

■ 大運(대운)

- 癸未(凶) : 水生木(凶). 亥卯未木局(凶)

- 甲申(凶) : 甲운에 長木之敗(장목지패) → 큰 나무가 오면 乙木은 그늘에 가려 태양 빛을 보지 못한다. 申金은 木氣만 키워준다. 申 대운에 이혼.

- 乙酉(凶) : 木氣만 키워준다.

실전 4. (부부 화합 궁합)

아내

남편

【아내】

■ 4 〉 4 身旺(신왕)

- 木 제왕월이기 때문에 신왕하다.

■ 丙火 조후용신 + 뿌리 午巳戌未寅으로 未中 丁火가 있어 길하다.

■ 子水가 병이고 戌土가 약신인데 아내가 필요로 하는 戌土를 남편이 넉넉히 가지고 있어 길조이다.

효명작명 목성론

【남편】

- ■ 3 〈 5 財多身弱(재다신약)

- ■ 남편이 필요로 하는 丙火와 旺木을 아내가 가지고 있어 길조이다.

- ■ 상대방이 내가 필요한 오행을 서로 가지고 있을 때 자석처럼 끌리고, 교감과 소통이 잘 되며 포용력이 극대화된다. "오직 당신분이야."

辰月의 乙木 실전 사주 – 1

실전 1. 남

戊	乙	甲	壬	丙
寅	未	辰	寅	

73	63	53	43	33	23	13	3
壬	辛	庚	己	戊	丁	丙	乙
子	亥	戌	酉	申	未	午	巳

- 5〉3 身旺(신왕)

  - 寅中 丙火 조후용신
  - 金 약신(천간 金은 木만 키워서 흉)
  - 水 구신
  - 木 병신
  - 土 길신

- 특징

  - 寅中 丙火, 未中 丁火와 戊土로 조후한다.

  - 戊戌 건토 : 방수, 방풍, 제습으로 보온 역할을 한다.

  - 乙木이 木旺한데 木이 뿌리 내릴 辰月 옥토와 넉넉한 땅이 있어 身旺財旺(신왕재왕)으로 길조가 되었다.

  - 봄 동산에 활짝 핀 꽃으로 예술 감각이 뛰어나고 木이 잘 자라는 환경으로 가을에는 풍성하게 수확할 수 있다. 처복과 재물복이 있다.

- 학교장을 역임하고 아내도 교사로 잉꼬부부이다.

■ 乙未 日柱(일주)

- 사막의 선인장으로 에너지가 密集(밀집)된 능력자로 큰 그릇 역할을 한다.

- 백호가 길 작용을 할 때만이 특별한 재능이나 능력을 발휘한다.

■ 大運(대운)

- 乙巳(吉) : 부모 사랑받고 귀엽게 성장

- 丙午(吉) : 乙木이 등라계갑 되고 각종 미술 대회에서 수상

- 丁未(吉) : 교사 발령. 결혼

실전 2. 여

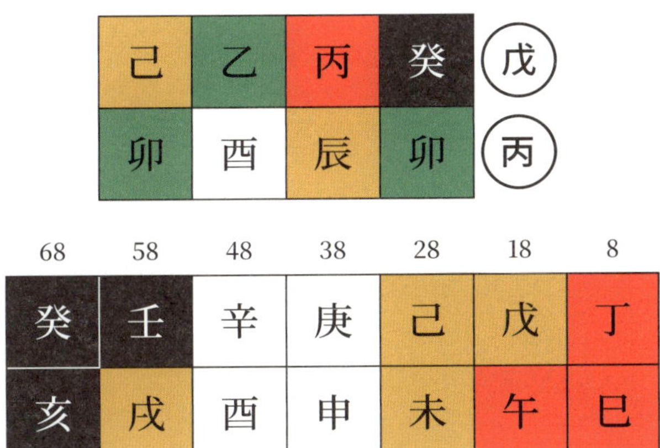

■ 4 〈 4 身弱(신약). 寒濕(한습)

- 丙火 조후용신   - 木 길신   - 戌戌 건토 길신   - 金, 水 흉신

- 습목이 많고 습토에 화기가 설기되며, 丙火가 癸水에 가려져 한습 사주가 되었다.

■ 특징

- 癸水의 뿌리가 辰中 癸水와 辰酉合金으로 水氣가 강하여 봄의 가랑비나 卯時의 짙은 안개가

  되어 시야를 가리니 제 갈 길을 가기가 어렵다.

- 乙木은 나의 희망인 丙火가 옆에 있어(月干) 미래가 밝다고 착각한다. 그러나 癸水가 丙火를 가리고

  또한 辰 습토에 火氣가 설기되어 丙火 조후용신이 무력하여 허황한 꿈을 꾸며 산다. 내실이 없다.

- 乙木이 辰土에 뿌리를 내리려 하나, 辰酉金으로 배우자 酉金이 辰土 옥토까지 끌어 들여와 자갈밭이 되게 하였다. 每事不成(매사불성)이다.
- 습토인 己土와 辰土가 흉이 되어 위장과 자궁병이 있으며 돈 욕심이 많다.

■ 乙酉 日柱(일주)

- 酉金으로 생명이 꺾이는 환경이 되어 파란곡절을 겪는다.

■ 大運(대운)

- 巳午未(吉) : 길운이나 辰酉金으로 乙木 꽃이 일찍 떨어지니 허망하다.
- 庚申(凶) : 이혼. 남편의 酒癖(주벽)과 폭력
- 辛酉(凶) : 用神 丙辛合去(용신 병신합거). 남의 신세지고 산다.
- 戌(吉) : 金水 대운에 오던 비가 戌 운에 그쳤다. 잠깐 안정된 생활이다.
- 癸亥(大凶) : 노후 10년간은 봄 장마

辰月의 乙木 실전 사주 - 2

실전 1. 여

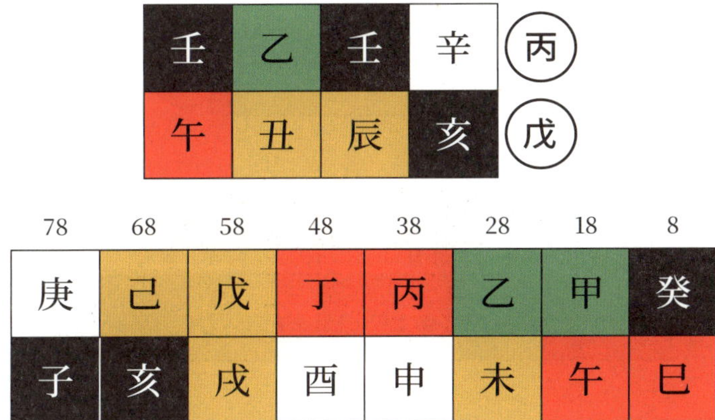

- 4 〉4 身旺. 寒濕(한습)

  - 丙火 조후 정용신   - 水 구신   - 木 병신   - 戊戌 건토 약신   - 金 병신

- 특징

  - 水旺하고 辰丑 습토로 사주가 한습하다.

  - 午火가 丑 습토에 화기가 설기되어 조후가 시급하다.

  - 辰丑 습토로 위와 자궁이 약하다.

- 乙丑 日柱(일주)

  - 꽃, 약초, 곡식 + 자갈밭을 가는 소

  - 자갈밭을 일구어 꽃 피우고 열매를 수확한다.

  - 근면과 성실함으로 苦盡甘來(고진감래)의 영광이 있다.

  - 丑은 辰戌丑未 四庫의 하나로, 친정 부모의 암으로 인한 조기 사망과 이혼의 아픔이 있었다.

■ 大運(대운)

- 巳(吉) : 15살 타향에서 여상 졸업

- 甲午(吉) : 사이버대 문예창작과. 문학, 그림, 인테리어 등에 관심. 22살 공무원 발령

- 戊戌(吉) : 약신운. 최고의 길운

실전 2. 여(종살격)

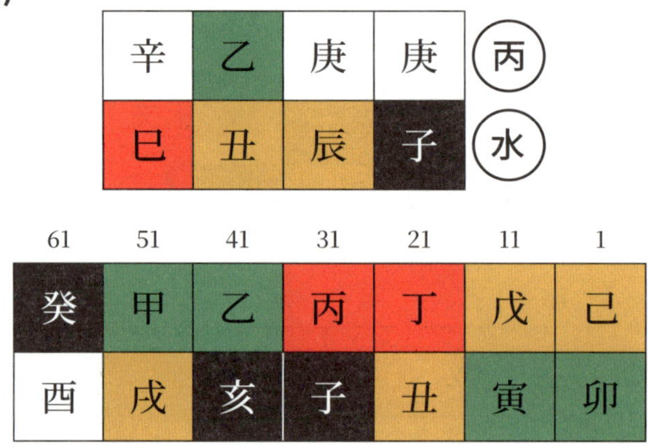

■ 從殺格(종살격 : 따를 종, 죽일 살) = 金從(금종) = 金體(금체) = 金用神(금용신)

- 辰丑 습토가 土生金이 잘 된다.

- 乙庚合金, 巳丑合金으로 전체가 金氣가 강하여 金(殺)으로 따라간 종살격이 되었다.

■ 金으로 따라간다는 뜻이 金從이고, 金이 主體(주체)가 되어 金體라 칭하기도 하며 金이 용신이 된다.

■ 金이 가는 길을 막는 破格(파격)을 하는 火는 병이 된다. 그러나 巳酉丑合金으로 金은 丙火속에서 長生(장생)하므로 丙巳火는 冷性(냉성)인 金을 활동하게 하는 원동력이 되어 길하다.

■ 丁火는 병이 되고, 지지 午火는 火生土, 土生金으로 관인상생되어 길하다.

■ 辰月의 乙木 태약 사주가 종살격이 된 것이 오히려 길하다.

■ 大運(대운)

- 卯(凶) : 초등학교 3학년, 폐 수술

- 寅(凶) : 水生木, 木克土

→ 金의 밭에 木이 들어설 자리는 없다.

　　　　　　　　　　　　　　　효명작명 목성론

 - 亥子(吉) : 旺金(왕금)이 金生水로 설기되어 맑게 흐르니 역할이 있어 길하다.

실전 3. 남

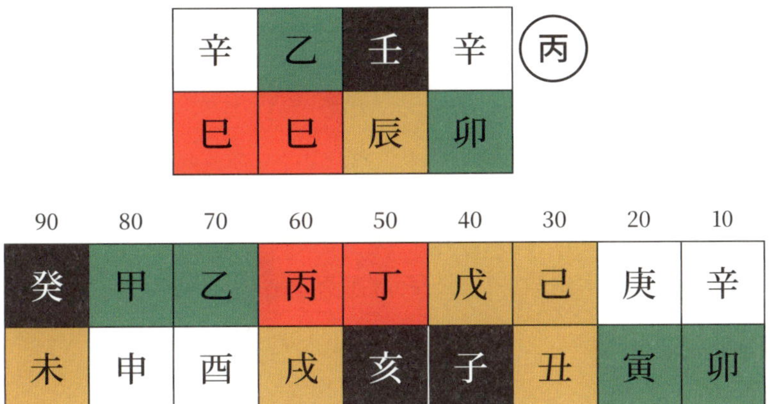

■ 3 〈 5 身弱(신약)

 - 水,木 길신　　　　　　　 - 土 병신　　　　　　 - 金(천간: 吉, 지지: 凶)

 - 원국에서

  • 年干(연간) 辛金은 금생수로 吉

  • 時干(시간) 辛金은 乙木을 극하여 凶

■ 丙火의 一石四鳥(일석사조)의 효과

 - 첫째 : 辰月에 丙火가 조후용신이 되어 乙木을 키우고 있어 풍광이 아름답다.

 - 둘째 : 時干(시간) 辛金은 丙火를 보아 보석 자신이 빛나므로 乙木을 극할 생각을 하지 않는다.
　　　　약신 역할을 하는 것이다. 巳中 丙火와 丙辛暗合(병신암합)도 길하다.

 - 셋째 : 乙木이 丙火를 보면 최고의 희망이다. 丙辛合으로 乙木이 辛金에서 자유로워지니 木火
　　　　通明(목화통명)이 되어 꽃을 활짝 피울 수 있다.

 - 넷째 : 年干(연간) 辛金은 壬水로 洗光(세광)하여 빛나고 丙火를 보아 명성이 사회에 드러난다.
　　　　두뇌가 총명하며 다재다능하다.

■ 특징

 - 산간벽촌 貧農(빈농) 4남매의 셋째로 출생하여, 새벽밥 먹고 학교에 등교하고 해가 짧은 계절에

는 별을 보고 귀가하였다.

- 아버지가 중학교 진학을 못하게 해서 어머니와 형 그리고 본인의 간청으로 허락을 받고 진학하였다.

- 대학교 국어 교육과를 졸업 후에 서울에서 부동산 중개인을 하는 친구와 합류하여 3년간 많은 돈을 벌었다.

- 그러나 날이 갈수록 타락의 길로 빠져드는 자신을 발견하고 大悟覺醒(대오각성)하여 교사의 길로 들어서 고등학교장을 역임하였다.

- 퇴직 후에도 대학교 평생교육원에서 과목별로 修學(수학)함을 계속하는 학구파이다.

- 詩와 술을 즐기고 길 따라 차박 여행으로 周遊天下(주유천하)하며 부부가 합창단원의 일원으로 부러움을 사기도 한다.

■ 乙巳 日柱(일주)

- 꽃. 곡식. 열매. 근채류. 약초 + 태양

- 陽地桃花(양지도화)

  • 매력적이고 순수하며 인기가 많다.

  • 프로 기질로 성공한다.

- 역마의 기운이 강하며 財官雙美(재관쌍미)로 능력을 발휘하여 부와 귀를 이루어서 명성을 떨치는 사람이 많다.

- 교육, 방송, 언론, 문화, 예술 방면 종사자가 많다.

노래로 외우는 24절기

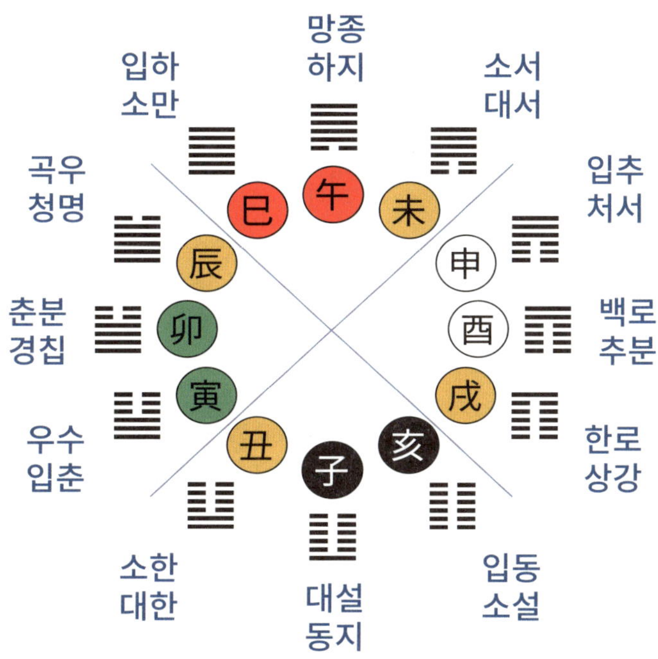

구슬비(동요)

따뜻한 봄 시작되는 立春(입춘)　　대동강물 녹는다는 雨水(우수)
개구리 알 먹는다는 驚蟄(경칩)　　낮과 밤의 길이 같은 春分(춘분)
맑은 바람 불어와서 淸明(청명)　　봄비 와서 곡식 잘되 穀雨(곡우)

더운 여름 시작되는 立夏(입하)　　모내기가 시작되는 小滿(소만)
발등에다 오줌 싸는 芒種(망종)　　낮 시간이 가장 길다 夏至(하지)
작은 더위 시작되는 小暑(소서)　　일년 중에 가장 더운 大暑(대서)

어정 7월 건들 8월 立秋(입추)　　모기 입이 돌아가는 處暑(처서)
이슬 내려 가을 왔네 白露(백로)　　가을걷이 한창이다 秋分(추분)
찬 이슬이 맺힌다고 寒露(한로)　　서리 내려 싸늘하다 霜降(상강)

추운 겨울 시작 된다 立冬(입동)　　적은 눈이 내린다고 小雪(소설)
큰 눈 내려 겨울 왔네 大雪(대설)　　동지 팥죽 작은 설날 冬至(동지)
대한 와서 얼어 죽는 小寒(소한)　　일년 중에 가장 추운 大寒(대한)

■ 월의 기준은 절기로써 정한다.

  - 입춘에서 곡우까지 봄　: 寅卯辰

  - 입하에서 대서까지 여름 : 巳午未

  - 입추에서 상강까지 가을 : 申酉戌

  - 입동에서 대한까지 겨울 : 亥子丑

■ 陽(양)의 시작

  - 양의 시작은 동지이다. 양력 12월 21일경

  - 동짓달 설한풍에 땅속에서 양이 하나 생긴다. → 陽復之月(양복지월) : 양이 돌아오는 달

■ 陰(음)의 시작

  - 음의 시작은 하지이다. 양력 6월 22일경

  - 午月 炎天에 땅속에서 음이 하나 생긴다.

※ 양의 전성기에 음이 하나 시작하고, 음의 전성기에 양이 하나 시작한다.
※ 음속에 양이 있고, 양속에 음이 있다.
※ 음양이 항상 공존한다.

목화통명 사주의 조건

木火通明(목화통명)

- 목화통명 : 木과 火가 통하여 서로 빛난다.

  - 木은 火를 보고 성장한다.

  - 火는 木을 키우는 자기 임무를 할 수 있어 좋다.

- 木生火(목생화) 이해

  - 목생화되는 구조

    ① 甲 + 丁 → 甲木이 심지 역할을 해서 잘 탄다. 가을, 겨울철 난방

    ② 甲 + 庚 + 丁 → 파목생화해서 잘 탄다.

  > ※ 破木生火(파목생화) : 木을 깨트려 火를 생한다.
  >   = 劈甲引丁(벽갑인정) : 甲木을 쪼개어 丁火의 불을 당긴다.
  >   = 鎔金成器(용금성기) : 금을 녹여 새로운 기물을 만든다.

  - 목생화가 되지 않는 구조

    ① 乙 + 丁 → 乙木이 습목이라서 목생화가 되기 어렵다.

② 乙木이 丁火를 만나면 타지 않고, 연기와 눈물만 난다.

③ 丁火는 타지 않는 乙木을 태우느라 힘만 든다. 乙木과 丁火는 서로 떨어져 있어야 어려움이 없다.

■ 火生木(화생목) 이해

- 甲, 乙 + 丙 → 자연에서는 逆生(역생)이다. 나무는 해를 보아야 자랄 수 있다.

- 甲木은 丙丁火를 다 쓸 수 있다. 그러나 乙木은 丙火를 더 좋아한다. 乙木이 丁火를 쓸 때는 조건이 맞아야 쓴다.

■ 목화통명의 조건

- 일간이 甲乙木이어야 한다.

- 甲乙木 일간이 신왕하고 火가 有力(유력)해야 한다.

- 寅卯辰月이 가장 좋다.

■ 목화통명 사주는

- 木이 크려면 火가 있어야 한다. 火 용신이고, 火운이 길이다.

- 목화통명의 구조에서 지지가 寅午戌 火局이 되어 조열 해지면 뿌리가 火傷(화상) 입는다. 지지는 가정이다. 가정이 어렵다.

- 운에서 甲寅木이나 乙卯木이 왕 하게 들어오면 흉이다. 木이 많아지면 丙火는 체하고, 丁火는 꺼진다. 이때 甲寅木보다 乙卯木이 더 흉이다.

- 나무에 꽃이 핀 형국이다. 향기 나고 벌 나비가 있어 열매나 곡식이 되는 구조가 된다.

- 내 머리(木)에서 나온 훌륭한 생각(火)으로 식상이 좋다.

- 식상이 좋으면 두뇌가 명석하고 아이디어 창출이 좋고, 창의력과 예술성이 풍부하다. 귀격이다.

- 교육계, 전문직, 문화 예술계통의 종사자가 많다.

■ 목화통명이 될 수 있는 그 외 조건

- 가을생 甲乙木 일간이 火 용신으로 곡식, 약초, 열매가 되면 金火交易(금화교역)으로 목화통명 될 수 있다.

- 丙丁火 일간이 甲乙木을 잘 키우면 정격은 아니지만 목화통명이 될 수 있다.

목화통명 사주 실전 1. 여

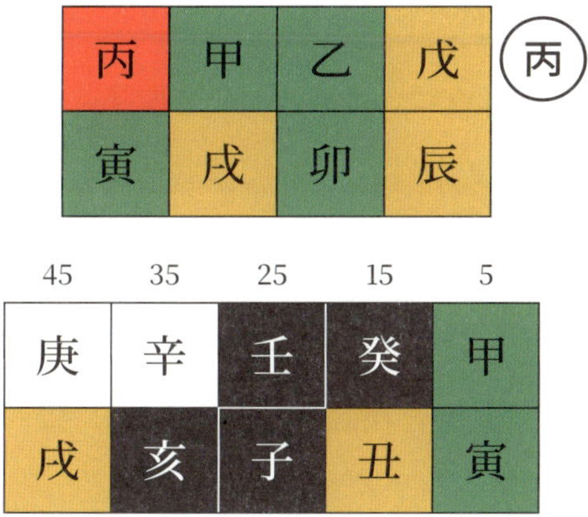

- ■ 4 〉 4 身旺財旺(신왕재왕). 木 제왕월에 지지가 寅卯辰 木局이 되어 신왕하다.

- ■ 목화통명의 조건에 맞는가?

  - 甲乙木 일간이 신왕하여 조건에 맞는다.

  - 寅卯辰月이 정격인데 卯月生으로 조건을 갖추었다.

  - 꼭 필요한 丙火 조후 용신이 있다.

  - 丙火의 뿌리인 寅中 丙火와 戌中 丁火가 있어 丙火 용신이 有力(유력)하여 목화통명이 되었다.

  - 화장품 회사 관리직으로 미모이며, 두뇌가 총명하고 부부가 화목하다.

  - 사진, 등산, 여행 등 취미가 다양하며 명리학에 용맹정진 중이다.

- ■ 특징

  - 身旺財旺(신왕재왕), 재물복

  - 卯月에는 辰中 癸水 하나로 水는 충분하다. 더 이상의 水는 필요하지 않다. 木만 키워준다.

  - 깊은 산에 많은 나무가 심어 있으니 계곡물이 있는 형국이다.

  - 藤蘿繫甲(등라계갑) : 甲木 입장에서는 乙木이 나를 감고 올라오니 반갑지 않다.

- ■ 甲戌 日柱(일주)

  - 高山之木(고산지목) : 계곡물이 있다.

  - 木을 키워 가을에 金火交易(금화교역)이 되어 풍성한 수확을 한다.

  - 辰戌丑未를 둔 四庫(사고) 일주는 식복은 있으나, 나와 부모형제·자·배우자 입장에서는 남이 모르는 고통이 있다.

- 大運(대운)

    - 甲寅(凶) : 木이 왕하여 木多丙火滯(목다병화체)

    - 癸(吉) : 戊癸合. 戊土가 癸水를 막아준다.

    - 丑(凶) : 丙火의 화기가 습토에 泄氣(설기)

    - 壬子 : 戊戊 건토가 水 병신을 막아주어 무탈하다.

    - 辛(凶) : 用神合去(용신합거). 用神羈絆(용신기반)

    - 庚(吉) : 旺木을 間伐(간벌)해 준다. 또는 庚金 官(관)을 丙火가 빛나게 해 준다(활동하게 해 준다).

- 作號(작호)

    - 卯月의 寅時는 해 뜨기 전이다. 조후가 부족하다. 아호 첫 번째 자에 丙火 한자를 넣어 작호 한다. 丙火 조후용신과 항상 함께 하는 것이다.

    - 운에서 丙辛合去(병신합거)나 癸水가 구름이 되어 丙火를 가리는 경우도 아호에 丙火가 있으므로 예방을 한다.

    - 아호가 수호신장 역할을 한다는 긍정적 사고가 중요하다.

목화통명 사주 실전 2. 남

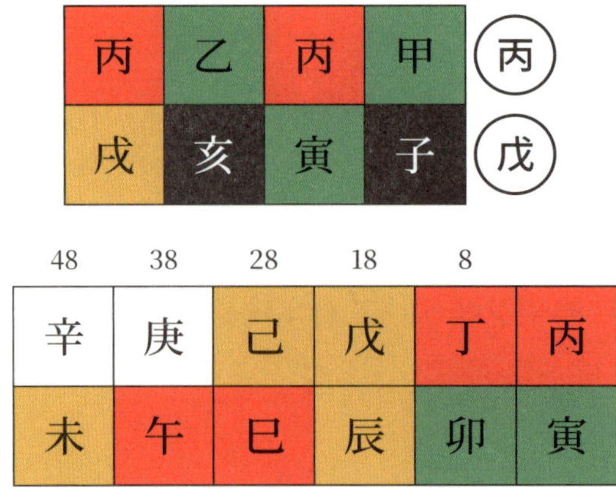

- 5〉3 身旺財旺(신왕재왕)

    - 金 흥신   - 水 구신   - 木 병신   - 丙火 조후용신   - 지지 戊土 약신

■ 특징

- 金, 水, 木이 사주 구조상으로는 凶하다. 그러나 큰 병이 들었는데 名藥(명약)도 있어 병도 크고 약도 큰 부귀격이 되었다. 有病有藥(유병유약)이다.

- 身旺財旺(신왕재왕)으로 木火通明(목화통명)을 이루어 大富大貴(대부대귀)하다.

- 月支(월지) 부모궁 寅中 丙火는 천간 丙火 조후용신의 뿌리가 되어 용신이 有力(유력)하고 寅中 戊土 또한 약신으로 財(재)가 되어 부모가 財力家(재력가)이다. 유산이 상속된다.

- 日支(일지) 배우자궁 亥中 戊土가 약신으로 財(재)가 되어 妻家(처가) 역시 財力家(재력가)이다. 妻德(처덕)이 있다. 상속받은 재산이 있다.

- 時支(시지) 자식궁 戊土(戊土) 약신 財가 透出(투출)되어 사업이 한층 더 大發(대발)하여 부모로부터 자손 대까지 戊戊戊로 약신 財(재)가 이어지는 부귀격이 된다.

■ 乙亥 日柱(일주)

- 물 위에 떠 있는 연꽃과 같다. 세상을 보는 시각이 남과 다르고 특정 분야에서 빼어난 재능이 있다.

- 지혜롭고 두뇌 명석하며 예술성도 겸비한 멋쟁이다.

- 乙木은 丙火를 보아 향기가 있고 戊土로 水를 막아 제방을 쌓아서 건강과 돈이 따른다.

- 바람(風木)이나 새(乙)처럼 떠돌고 강물(亥)처럼 흘러가는 대단한 역마이다. 企業家(기업가)로 활동영역이 넓다.

■ 大運(대운)

- 丙寅(吉) : 유치원. 영어 사교육

- 戊辰(吉) : 경영학과 졸업. 중견기업 가업 승계 준비

- 南方(남방) 火運으로 승승장구

乙木

여름

명리학은 자연학이며 지혜를 구하는
학문으로 신살, 격국, 육친 등 어휘의 뜻에 매달리면
숲을 보지 못하고, 숲속에서 길을 못 찾고 헤매는 꼴이 된다.
자연은 가장 큰 스승이다. 목화토금수 음양오행이 가장
큰 명리학의 뼈대이며 나머지는 곁가지에 불과하다.

여름 巳午未월의 乙木

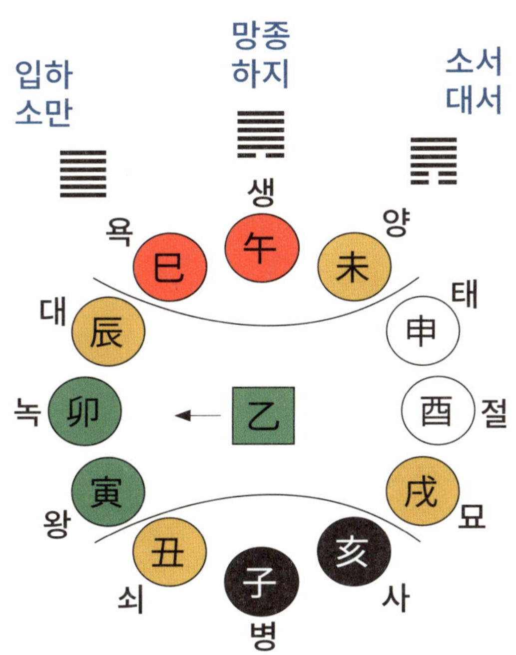

▦ 핵심

- 여름 사주

  - 水 조후용신, 金 길신, 己辰丑 습토 길신

  - 戊戌未 건토 병신, 木 약신

- 水 용신의 뿌리 : 辰丑亥子申酉

- 만물은 巳午未월에 크게 성장한다.

- 火旺節(화왕절) : 水 조후가 시급하다.

- 金 길신 / 戊戌 건토 병신 / 木 약신 / 辰丑 습토 大吉(대길)

- 만물은 巳午未월에 성장한다.

    - 春生(춘생) : 봄에 새싹이 태어난다(생욕대).

    - 夏長(하장) : 여름에 크게 성장한다(녹왕쇠).

    - 秋收(추수) : 가을에 거두어들인다(병사묘).

    - 冬藏(동장) : 겨울에 저장한다(절태양).

- 여름 乙木의 조후

  - 水 조후용신

    • 여름 木은 물이 있어야 생명이 유지된다.

    • 여름 사주는 대부분 水 조후용신. 金 길신이다.

    • 水 용신의 뿌리 : 辰丑亥子申

※ **여름 辰丑 습토는 火氣를 흡수하고 지장간 癸水로 水용신의 강력한 뿌리 역할을 한다.**

  - 건토 戊戌未 병신

    • 여름생에 건토는 병신이고 木은 약신이 된다.

    • 건토는 물을 막는다. 갈증 난다. 乙木이 생기를 잃는다. 삶도 생기를 잃는다. 판단력이 흐려진다.

    • 건토(財)가 병이 되어 재물복과 처덕이 약하다.

  - 여름 乙木이 水旺하면 逆用神(역용신) 火를 쓴다.

    • 여름은 水가 정용신이다. 그런데 乙木이 水旺하고 한습하면 火용신을 쓸 수밖에 없다. 역용신을 쓰는 것이다.

    • 逆用神(역용신)을 쓰는 사람은 일반인들과는 다른 생각과 언행을 가진다.

    • 丁火 용신 쓰면 흉이다. 乙木은 습목으로 丁火에 제대로 타지 않으면서 연기와 눈물만 난다. 피차간 고통이 따른다.

  - 水太旺하면 戊戌 건토가 약신이고 木이 흉이 된다.

用神合去(용신합거)

- 乙木 + 壬水(용신) + 丁火(대운)

  - 丁壬合으로 水용신이 묶인다. 흉이다.

  - 水용신은 천간 壬癸水보다 지지 亥子水가 더 좋다.

- 乙木 + 丙火(용신) + 辛金(대운)

  - 丙辛合으로 丙火 용신이 묶인다. 흉이다.

  - 乙木은 丙火가 없어져 생기를 잃는다.

> ※ 【핵심】 乙木 + 辛金 + 丙火(대운)
> 乙木은 丙火를 보아서 생기를 얻고, 辛金은 丙火를 보아 스스로 빛나니 乙木을 극할 생각을 하지 않는다.

여름 乙木과 金의 관계

- 乙木 + 뿌리 寅卯辰 + 庚金

  - 庚金은 곡식이나 열매가 크는 것으로 본다. 부자 사주이다.

- 乙木이 지지 뿌리가 없으면 신약 + 庚金

  - 나무는 약한데 열매가 달리니 우박 맞은 격이다.

  - 쭉정이 열매이다.

  - 간 질환. 신경계 조심

- 지지 巳酉, 巳丑, 酉丑, 巳酉丑은 金局이 되어 乙木이 상처받는다.

  - 丁火가 약신이다. 이때 乙木과 丁火는 떨어져 있어야 한다.

  - 丁火를 약신으로 쓰는 사람의 직업군 : 활인업, 약사, 군검경

- 乙木은 관인상생을 싫어한다.

  - 乙木 + 癸水(인) + 辛金(관) : 습목인 乙木이 물을 많이 먹은 형국이 된다.

  - 乙木 + 壬水(인) + 庚金(관) : 乙木이 부평초가 될 수 있다.

화토중탁이란?
字解(자해)로 풀어보는 重(중)과 濁(탁)

重(무거울 중, 거듭 중)의 類型別 漢字(유형별 한자)

- 重(무거울 중, 거듭 중) = 壬(우뚝설 정) + 東(동녘 동)

  - 사람이 무거운 짐(東)을 지고 우뚝 서 있다(壬). 그 짐이 거듭되어 무겁다.

    【예】火土重濁(화토중탁), 隱忍自重(은인자중), 九重宮闕(구중궁궐)

- 種(씨 종, 심을 종) = 禾(벼 화) + 重(무거울 중)

  - 볍씨(禾)를 5%의 소금물에 담아서 가라앉는 무거운(重)것 만을 골라 씨로 심는다.

    【예】種豆得豆(종두득두), 種瓜得瓜(종과득과), 芒種(망종)

- 鍾(술잔 종, 종 종) = 金(쇠 금)+ 重(무거울 중)

  - 무거운(重) 쇠(金) 술잔

    【예】鍾路(종로) = 鐘路(종로), 金鍾(금종), 石鍾(석종)

- 動(움직일 동) = 重(무거울 중) + 力(힘력)

  - 무거운(重) 물체를 힘(力)들여 움직인다.

    【예】行動擧止(행동거지), 輕擧妄動(경거망동), 驚天動地(경천동지)

- 衝(찌를 충) = 行(다닐 행) + 重(거듭 중)

  - 사람들이 사거리에서 왕래(行)하는 것이 거듭(重) 겹쳐서 부딪치다.

    【예】左衝右突(좌충우돌), 憤氣衝天(분기충천), 宿虎衝鼻(숙호충비)

- 量(헤아릴 양) = 曰(말할 왈) + 重(거듭 중)

  - 내용의 핵심을 거듭(重) 헤아려가며 말한다(曰).

【예】 無量大福(무량대복), 感慨無量(감개무량), 積載定量(적재정량)

- 童(아이 동) = 辛(매울 신 : 죄, 죄인) + 重(무거울 중)

  - 무거운(重) 죄(辛) 진 자를 노예로 삼아 아이 취급했다.

    【예】 三尺童子(삼척동자), 白髮童顔(백발동안), 童蒙先習(동몽선습)

- 憧(마음 들뜰 동, 그리워할 동) = 忄(心, 심방 변) + 童(아이 동)

  - 마음(忄)이 들떠 어린애(童) 같다.

    【예】 憧憬心(동경심), 憧憬者(동경자)

- 潼(물 이름 동) = 氵(水, 물수 변) + 童(아이 동)

  - 수분(氵)이 많은 아이(童)처럼 물이 풍부한 강

    【예】 潼酪(동락) = 牛乳(우유), 碧潼郡(벽동군)

- 瞳(눈동자 동) = 目(눈 목) + 童(아이 동)

  - 어린아이(童)의 맑은 눈(目)동자

    【예】 瞳孔强直(동공강직), 龍瞳鳳頸(용동봉경) = 貴人相(귀인상)

- 鐘(쇠 북 종) = 金(쇠 금) + 童(아이 동)

  - 쇠(金) 북소리를 아이(童)의 높은 울음소리에 비유했다.

    【예】 鐘鼓之樂(종고지락) = 琴瑟之樂(금슬지락) = 夫婦和睦(부부화목)

濁(흐릴 탁)의 類型別 漢字(유형별 한자)

- 蜀(벌레 촉, 촉나라 촉) = 罒(目, 누운 눈 목) + 勹(쌀 포) + 虫(벌레 훼)

  - 눈(罒)이 크고 몸이 구불거리는(勹) 해바라기 벌레(虫)

    【예】 蜀鳥(촉조) = 杜鵑(두견) = 蜀魂(촉혼) = 歸蜀道(귀촉도) = 子規(자규) = 不如歸(불여귀)

- 觸(닿을 촉) = 角(뿔 각) + 蜀(벌레 촉)

  - 짐승의 뿔(角)이나 벌레(蜀)의 촉각이 물체에 닿는다.

【예】一觸卽發(일촉즉발), 接觸不良(접촉불량), 觸感發達(촉감발달)

■ 燭(촛불 촉) = 火(불 화) + 蜀(벌레 촉)

  - 촛불(火)이 타는 것이 벌레(蜀)처럼 넘실거린다.

  【예】華燭洞房(화촉동방), 風前燭火(풍전촉화) = 風前燈燭(풍전등촉)

■ 屬(무리 속) = 尾(꼬리 미) + 蜀(벌레 촉)

  - 꼬리(尾) 달린 짐승무리와 벌레(蜀) 무리

  【예】附屬建物(부속건물), 所屬團體(소속단체), 金屬種類(금속종류)

■ 獨(홀로 독) = 犭(犬 개 사슴록 변. 짐승) + 蜀(벌레 촉)

  - 짐승(犭)과 벌레(蜀)가 어울리지 못하고 각자가 따로 살아간다.

  【예】獨不將軍(독불장군), 獨守空房(독수공방), 鰥寡孤獨(환과고독)

■ 濁(흐릴 탁) = 氵(水 물수 변) + 蜀(벌레 촉)

  - 물(氵) 속에 벌레(蜀)가 생기면 그 물은 흐려진 상태이다.

  【예】火土重濁(화토중탁), 一魚濁水(일어탁수), 上濁下不淨(상탁하부정)

火土重濁(화토중탁) 실전 사주

火土重濁(화토중탁)

- 火와 土가 거듭되어 탁하다는 뜻

- 밝은 사주인 木火通明(목화통명)에 대응되는 흐린 사주가 火土重濁(화토중탁)이다.

- 土는 火를 저장한다. 火土同德(화토동덕)이다. 십이운성도 같이 간다.

- 대기권에는 열을 저장할 흙이 없다. 위로 올라갈수록 기온이 떨어진다.

- 화토중탁의 조건

  - 火 + 戊戌未 건토 = 조열

  - 사막토, 열토, 황사 현상

  - 木 생명이 살기 어려운 환경이다.

- 화토중탁의 사주풀이

  - 모든 기운이 土로 집중된다. 土體가 되고 土用神이다.

  - 土가 가는 길을 막는 木이 병신이 된다. 그러나 丁午火가 원국에 있어 木生火, 火生土로 관인상생이 되면 木이 병신 작용을 하지 않는다.

  - 金은 旺土(왕토)를 설기하여 길하고, 水는 조열한 사주에서 조후가 된다.

  - 화토중탁 사주도 土從格(토종격)과 같이 해석한다.

- 화토중탁 사주의 특징

  - 고전에는 스님 사주라 일컫는다. 가정을 이루기가 어렵다.

  - 火 인성인 밝음을 써서 내면을 밝히기 위해 勇猛精進(용맹정진)한다. 정신세계를 추구한다.

- 내 몸을 태워 세상을 밝히려 한다. 이러한 특성을 살려서 사회의 등불 역할을 한다. 業相代替(업상대체)가 된다.

- 신부, 목사, 고승, 철학자, 명리학자, 정의구현사제단, 심리상담사, 작가, 컨설턴트, 노조 대표자

- 깊은 성찰과 신뢰가 있다.

- 반대로 물질세계를 추구하면 波瀾萬丈(파란만장)한 삶으로 평생이 허무하다.

火土重濁(화토중탁) 사주 예시

【예 1】

- 모든 기운이 土로 몰려 있다. 土體이고 土用神이 된다. 土從(토종)과 같다.

- 旺火(왕화)가 日柱(일주) 己丑 습토에 흡수되어 大吉하다.

- 旺土(왕토)가 庚金으로 설기되어 길하다. 설기가 안 되고 차여 있으면 밥 먹고 체한 것처럼 답답하고 짜증만 더해진다.

- 土가 가는 길을 막는 木은 병신이다(木克土). 그러나 원국 干支(간지)에 丁午火가 있어 木生火, 火生土로 관인상생 되어 무난하다.

- 己丑 습토가 있어서 정격 화토중탁은 아니다.

【예 2】

- ■ 土 용신. 時干(시간) 甲木 병신이나 丁火로 관인상생 되어 길하다. 水 조후길신
- ■ 作號(작호) : 천간(이름자 첫 자)에 金을 넣어 劈甲引丁(벽갑인정)하게 한다.

【예 3】

- ■ 火土重濁(화토중탁). 土從(토종)
- ■ 未中乙木, 辰中乙木이 火傷(화상)을 입는 형국이다.
- ■ 木은 肝(간)이고, 신경계 질환과 눈은 간 소속으로 시력의 문제가 있다.
- ■ 안검연축(눈꺼풀 떨림)의 고칠 수 없는 뇌 신경 질환이 있다.
- ■ 어릴 때 서예를 많이 했다. 대학에 입학하자 데모를 하는 상황이 자주 벌어졌다. 이때마다 서예 솜씨를 발휘하여 현수막을 쓰면서 주위의 칭찬과 권유로 자연스레 인권 운동에 몰입한 경우이다.
- ■ 치과기공사로 金水가 많은 사람과 사귀고 있다. 천생연분이다. 이런 인연도 쉽지가 않다.
- ■ 作號(작호) : 月支 辰 습토가 大吉하다. 천간의 水가 지지보다 더 길하다.

巳月의 乙木 실전 사주

巳月의 乙木

- ▤ 純陽(순양, 6양) : 乙木이 잘 큰다.

- 巳火는 丙火의 건록지이다.

- 태양 보고 활짝 핀 꽃(곡식, 열매, 근채류, 약초)

- 乙木 + 지지 巳酉, 巳丑, 酉丑, 巳酉丑 金局

  - 꽃이 떨어진다.

  - 肝(간)이 손상을 받는다. 신경성 질환

- 巳 지장간
  - 戊(정재) : 高山之草(고산지초). 청초, 고독
  - 庚(정관) : 巳火는 庚金의 장생지로 길하다. 乙庚合
  - 丙(상관) : 자식 바보. 남편 뒷전.

午月의 乙木

- ▤ 양이 극에 이르면 음이 하나 생긴다.

- 午月은 火帝旺月(화제왕월)이다. 대부분 水 조후용신이다.

- 水 조후용신 일 때 戊戌 건토는 흉하고, 辰丑 습토는 길하다.

- 火多木焚(화다목분) : 火가 많으면 乙木이 火傷(화상)을 입는다.

- 午月 + 寅午戌火局

  - 지지가 불바다이다. 가정이 파탄 난다.

  - 水보다 辰丑 습토로 火를 설기하는 것이 시급하다.

  - 작명에 습토한자(振, 周, 甫, 留)를 이름자 아래에 쓴다.

- 午 지장간
  - 丙(상관) : 乙木이 丙火를 보아 영광이 있다.
  - 己(편재) : 사막의 선인장과 같다.
  - 丁(식신) : 乙木이 丁火를 보면 화상을 입는다. 丁火는 눈물만 난다.

未月의 乙木

- ☷ 음이 두 개가 생긴다.

- 土月에는 木이나 水가 용신인 경우가 많다.

- 열토 未土의 열악한 환경에서 자라는 乙木으로 환경 적응력과 생활력이 강하다.

- 亥卯未木局은 땅과 인연이 깊다.

- 未 지장간
  - 丁(식신) : 열토, 사막토, 꺼지지 않는 지열
  - 乙(비견) : 乙(일간) + 乙(지장간) = 剛性(강성). 선인장. 외유내강
  - 己(편재) : 이면토. 습토. 땀 흘려 경작.

    식신생재 : 의식주 넉넉

실전 1. 남

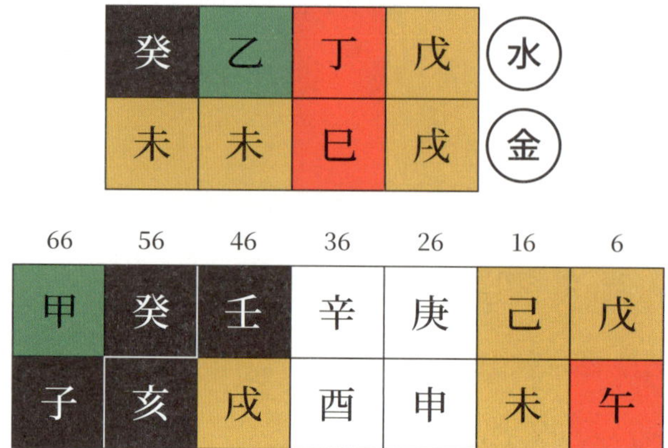

- **火土重濁(화토중탁), 從財格(종재격), 土從(토종)**

  - 巳月 한낮의 未土 위에 癸水는 증발하고, 바짝 마른 乙木은 丁火에 잘 타서 화토중탁이 되었다.

  - 土 용신   - 金 길신   - 水 조후   - 木 병신(지지 寅卯未)

- **작명에는 지지(이름 끝 자)에 金을 넣어 木 병신이 들어올 때 목극토 못하도록 한다.**

- **乙未 日柱(일주) + 月支(월지) 巳月**

  - 사막의 선인장

  - 열악한 환경에서도 결실을 거두는 강한 집념과 성취욕이 뛰어나다.

  - 갑작스럽게 닥치는 위험도 따른다.

  - 백호가 길 작용을 할 때만이 특별한 재능이나 능력을 발휘한다.

- **大運(대운)**

  - 運路(운로)가 순탄하여 대학 졸업 후에 중소기업에 입사하여 가정을 이루고 평탄하게 살았다.

  - 50대에 대인관계 부적응으로 퇴사한 후에 명리 공부에 몰두 중이다.

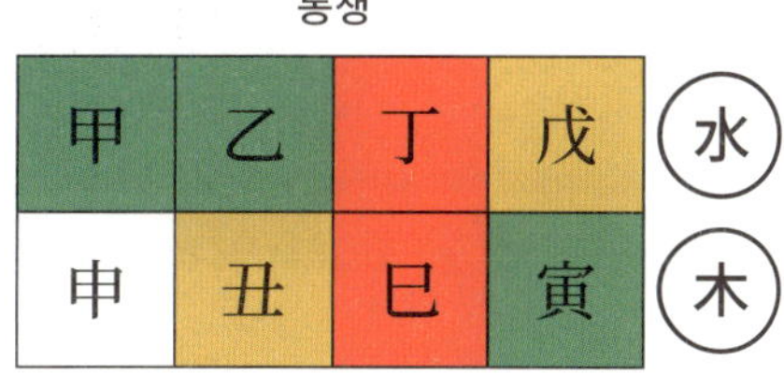

- 일란성 쌍둥이 時柱(시주) 정하는 규칙

  - 쌍둥이 자매나 형제일 경우 : 첫째가 未時이면 동생은 그다음 申時로 본다.

  - 쌍둥이 남매일 경우 : 남자와 여자는 대운이 다르므로 같은 時로 본다.

- 언니 : 문예창작과

  - 3 〈 5 身弱(신약)

  - 金 길신   - 水 조후용신   - 戊戌 건토 병신   - 木 약신   - 火 병신

  - 丑中 癸水가 여름 한낮의 열기를 흡수하고 時干(시간) 癸水의 뿌리가 되어 조후로 안정되어 있다.

  - 乙丑 日柱(일주)는 丑土 자갈밭을 일구어 꽃 피우고 열매를 수확하는 苦盡甘來(고진감래)의 영
    광이 있다. 예체능에 소질이 있다.

- 동생 : 미용사

  - 3 〈 5 身弱(신약)

  - 申中 壬水 조후용신   - 건토 병신   - 습토 길신   - 木 약신   - 火 구신

  - 원국에 水가 없어 金흉신

  - 지장간 용신을 쓰는 사람은 숨은 재주가 있다.

- 乙丑 日柱(일주) + 月支(월지) 巳月

  - 꽃, 약초, 곡식 + 자갈밭을 가는 소

  - 자갈밭을 일구어 꽃피고 가을이 되면 열매를 수확한다.

  - 근면과 성실함으로 苦盡甘來(고진감래)의 영광이 있다. 예체능에 소질이 있다.

실전 3. 여

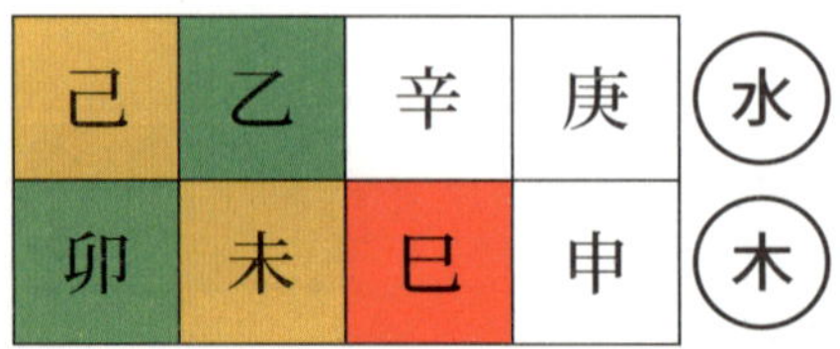

- 2 〈 6 太弱(태약)

  - 水 조후 용신 겸 통관 길신　　　- 土 구신　　　- 木 약신　　　- 金 병신　　　- 火 흉신

- 정편관 庚辛金이 년월에 透干(투간)하여 초년 고생이 따른다.

- 肝(간) 乙木이 다치니 일찍 안경을 썼다.

- 己土 + 乙木이 야생화가 안 되려면 丙火가 있어야 한다.

午月의 乙木 실전 사주

실전 1. 남 : 50년 우정

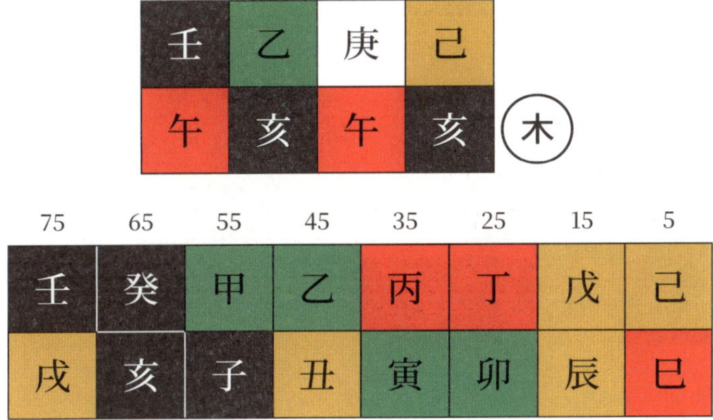

■ 4 〈 4 身弱(신약)

  - 水 조후용신 有力(유력)   - 土 병신   - 木 약신   - 金 길신   - 火 흉신

■ 용신이 有力(유력)하여 財官(재관)이 갖추어지고 삶의 목표를 이룬다.

■ 특징

  - 쌍꺼풀. 好男(호남). 축산학과. 사료 회사 10년 근무. 한우농장 100두 정도

  - 한우농장을 먼저 시작한 오랫동안 사귄 친구의 한우 사육 경험과 기술을 전수한 것이 농장이
    점진적으로 발전하는 원동력이 되었다.

  - 본인이 雅號(아호)를 가지면서 친구에게 아호를 선물했다. 보기 드문 美談(미담)이다.

■ 乙亥 日柱(일주) + 月支(월지) 午月

  - 午月에 물 위에 떠 있는 연꽃과 같다.

  - 세상을 보는 시각이 남과 다르고 특정 분야에서 빼어난 재능이 있다.

- 지혜롭고 두뇌 명석하며 예술 감각도 겸비한 멋쟁이다.

■ 大運(대운)

- 運路(운로)가 木水로 흘러서 길하다.

- 癸亥(흉) : 水旺. 乙木이 과부하

실전 2. 남 : 50년 우정

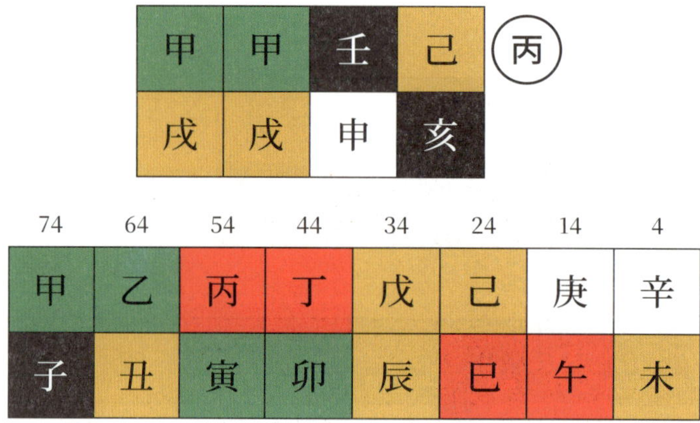

■ 4 〈 4 신약이었는데,

- 官印相生(관인상생)이 되어 신왕하다.

- 4 〉 4 身旺財旺(신왕재왕)

■ 丙火 조후용신이 시급하다.

■ 특징

- 중학교 때부터 畜産(축산)의 꿈

- 축산학과 장학생. 축협 근무

- 친구에게 한우 사육 전문 지식과 경영 노하우를 전수해 주었다.

- 사업에 성공하고 시인과 수필가로 활동 중이다.

■ 甲戌 日柱

- 戌月에 단풍이 물든 산으로 풍광이 아름답고 낭만과 멋이 있다.

- 木을 키워 가을에 풍성한 수확을 하니 성품이 인자하고 재물이 넉넉하다.

■ 大運(대운)

- 己巳. 戊辰(吉) : 27살. 축협 퇴사. 한우농장 운영과 한식당 성업

- 40~50살(凶) : 정치 입문. 巨金(거금)이 나갔으나 손실만큼 깨달음을 얻었고 또한 좋은 사람들
  과의 만남으로 轉禍爲福(전화위복)의 기회가 되어 사업 영역을 확장할 수 있었다.

- 丙寅(吉) : 예식장 및 카페 성업. 식물원 및 복합 문화 예술 공간 시설 확장 중

未月의 乙木 실전 사주. 부부 아호

실전 1. 남편

- 2 〈 6 太弱(태약)

  - 丙火 조후용신　　- 戊戌 건토 길신　　- 木 병신　　- 金, 水 흉신

- 水 태약 사주에서 金 인성과 水 비겁이 흉이 된 이유

  - 亥月 겨울생이 金, 水는 한랭함을 더욱 키워준다.

  - 신약해도 겨울 사주는 金, 水는 쓰지 않는 것이 순리이다.

- 특징

  - 초년 대운이 金, 水로 고통 속에서도 어려움을 극복할 수 있었던 것은 년주 丙午 조후의 영향이 큰 것으로 생각된다.

  - 이때 본인 스스로 생각하기에 긍정적으로 열심히 노력하며 살았다고 한다.

  - 년주 丙午로 조상의 덕도 있어 땅과 돈도 제법 물려받았다.

- 癸巳 日柱(일주) + 月支(월지) 亥月

  - 癸水는 丙火를 항상 반기어 밝음을 추구하며 긍정적으로 산다.

  - 하늘의 은덕을 입어 귀인이 액운을 막아주는 癸巳 天乙貴人(천을귀인)으로 처덕이 있다.

  - 癸巳 일주는 정재와 정관 둘 다 아름다운 在官雙美(재관쌍미) 귀격에 천을귀인의 天福(천복)까지 입은 부귀격이다.

실전 2. 아내

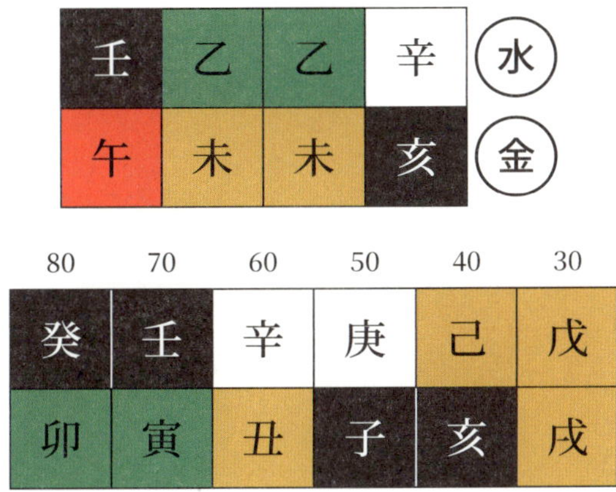

- 4 〈 4 身弱(신약)

  - 金 길신　　- 水 조후용신　　- 戊戌未 건토 병신　　- 木 약신　　- 火 구신

  - 壬水 조후용신의 뿌리 亥水가 있어 용신이 힘이 있다.

- 특징

  - 여름철 水 용신이 힘이 있으면 식수, 농업용수, 공업용수, 발전 등 다용도로 쓰이고 木 생명(자식)을 기르니 자비심 및 희생, 봉사 정신이 따른다.

  - 未月에 천지가 꽃밭으로 요리, 서예, 음악 등 예술 방면에 감각이 뛰어나다.

  - 辛亥는 보석이 亥水에 洗光(세광)되어 빛나는 것처럼 두뇌가 명석하다.

- 乙未 日柱(일주)

  - 여름의 乙木이 未中 乙木에 뿌리를 두어 곡식, 약초 및 根菜類(근채류)로 무성하게 자라 풍성하

게 수확할 수 있다.

- 乙未 백호가 길 작용을 하고 있어 魁罡(괴강)이나 干與支同(간여지동)처럼 특별한 재능이나 능력을 발휘한다.

■ 大運(대운)

- 水木 大運으로 흐름이 좋다.

- 戊戌(凶) : 은행 퇴직. 여름 水용신을 戊戌 건토가 干支(간지)에서 모두 막는다.

여름(午.未)월의 분만택일

실전 1. 생년월일은 정해져 있고 時(시)만 선택하여 유도 분만한 경우

<table>
<tr><td></td><td>乙</td><td>甲</td><td>辛</td></tr>
<tr><td></td><td>卯</td><td>午</td><td>丑</td></tr>
</table>

→

<table>
<tr><td>壬</td><td>乙</td><td>甲</td><td>辛</td></tr>
<tr><td>午</td><td>卯</td><td>午</td><td>丑</td></tr>
</table>
水

■ 月 확인 → 午月

■ 午月의 乙木이 가장 필요한 오행은 水이다.

■ 時(시) 선택

- 戊寅 時 : 한여름의 戊土는 水를 막으니 피한다.

- 己卯 時 : 己土는 대운에서 壬水가 왔을 때 己土濁壬(기토탁임)되므로 피한다.

- 庚辰 時 : 乙庚合金, 寅卯辰木局되니 피한다.

- 辛巳 時 : 乙木이 극을 당하니 피한다.

- 壬午 時 : 여름생에 필요한 壬水는 좋다.

- 癸未 時 : 여름생에 필요한 水이다. 하지만 未土 위의 癸水는 약하다.

- 甲申 時 : 申金이 卯木을 극하니 피한다.

- 乙酉 時 : 酉金이 卯木을 극하니 피한다.

- 丙戌 時 : 여름생에 화기만 더하니 피한다.

⇒ 壬午時가 가장 좋고, 그다음이 癸未時이다.

■ 작명에는 이름 두 번째 자에 水를 넣어 천간 水의 뿌리가 되게 한다.

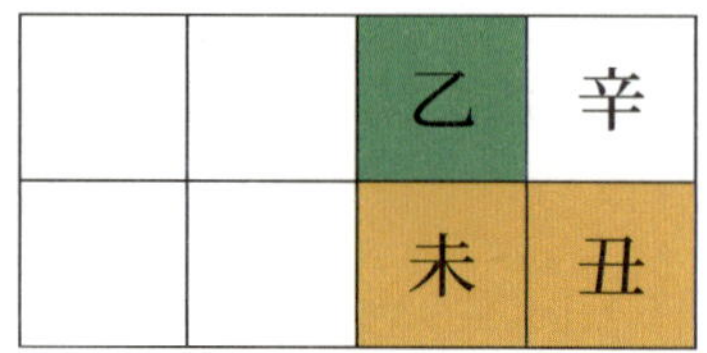

■ 月을 확인 → 未月

■ 여름에 가장 필요한 오행은 水이다.

　- 의사가 지정한 분만 가능한 날 중에 水가 들어간 날로 우선 확인

■ 日干(일간) 선택하기(양력)

　※ **의사가 지정한 분만 가능한 날 → 토, 일 수술 가능. 수요일 수술 불가**

　- 7/25(일) 甲戌日 : 戌土는 水를 막으므로 피한다. 또한 土가 너무 많아진다.

　- 7/26(월) 乙亥日 : 여름생의 필요한 水는 좋다.

　- 7/27(화) 丙子日 : 여름생의 필요한 水는 좋다.

　- 7/28(수) 丁丑日 : 수술 불가일

　- 7/29(목) 戊寅日 : 戊土는 水를 막는다.

　- 7/30(금) 己卯日 : 己土는 조후용신 水를 막는다.

　- 7/31(토) 庚辰日 : 乙庚合金되고, 土가 많아지므로 피한다.

　- 8/ 1(일) 辛巳日 : 辛金이 乙木을 극하고, 여름철 巳火는 피한다.

　- 8/ 2(월) 壬午日 : 여름생의 조후용신 水는 좋다.

　- 8/ 3(화) 癸未日 : 여름생의 조후용신 水는 좋다.

　⇒ **丙子日이 가장 좋고, 그다음이 乙亥日이다.**

■ 時(시) 선택하기

- 丙子일로 時(시) 선택해 보기

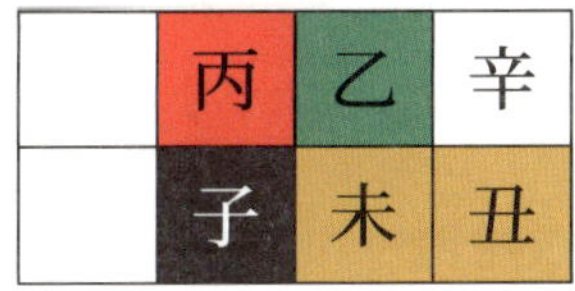

① 癸巳時 : 癸水가 구름이 되어 丙火를 가린다. 피한다.

② 甲午時 : 甲午시가 되면 水가 통근이 안되니 水가 힘이 없다. 피한다.

③ 乙未時 : 水가 열토 속에 갇힌 상황이다. 피한다.

④ 丙申時 : 申子辰水局되니 차선책으로 가능하다.

- 乙亥일로 時(시) 선택해 보기

① 壬午時 : 水 용신이 힘이 있으려면 천간에 水가 들어간 壬午시가 가장 좋다.

■ 정해진 분만 택일을 살펴보자 : 辛丑년 乙未월 乙亥일 壬午시

- 일간은 丙子일이 가장 좋으나, 時에서 필요한 水가 나오지 않아서 丙子일보다 乙亥일로 분만택일을 정하였다.

- 4 〈 4 身弱(신약)

- 金 길신　　　- 水 조후용신　　- 土 병신　　　- 木 약신　　　- 火 구신

• 水 조후용신이 通根(통근)이 되어 용신이 힘이 있다.

- • 金 인성이 官印相生(관인상생)되어 길하다.

- 乙亥 日柱(일주) + 月支(월지) 未月

- • 물 위에 떠 있는 연꽃과 같다.

- • 지혜롭고 두뇌가 명석하며 예술 감각도 뛰어나다.

- • 용신이 배우자궁에 자리하고 있어 부부 화합한다.

- 한여름 생이 金, 水 대운으로 향하여 길조이다.

乙木

가을

삶을 살면서 어려운 일을 겪는
굽이굽이마다 우리는 지혜가 필요하다.
나의 힘겨운 일들을 판단하고, 결정하고, 앞으로 힘차게
나아가게 해주는 안내자가 필요하다. 어쩌면 매 순간일
것이다. 명리를 차곡차곡 가슴에 쌓아놓고 이때마다 꺼내 쓰자.
天·地·人을 꺼내 쓰면 무엇이 두렵고 아프겠는가.
앞으로 살아갈 자리가 어떤 자리라도
꽃자리 아니겠는가.

文濟 宋錫美

가을 申酉戌월의 乙木

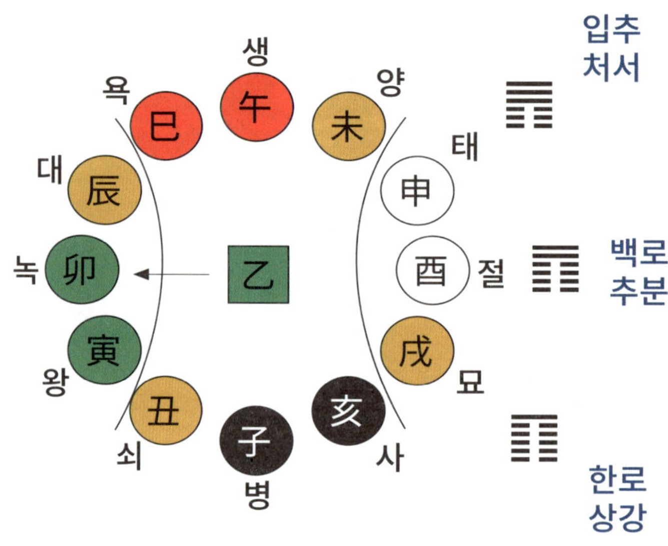

핵심

- 한랭한 계절로 丙火 조후가 필수이다.

- 金旺節인 결실의 계절로 木이 상처를 입지 않고

  丙火를 보아 金火交易(금화교역)을 이루면 풍성한 수확을 거둔다.

- 가을, 겨울생이 사주 원국에 戌土 하나가 있으면 의식 걱정이 없다.

계절별 乙木

- 봄 寅卯辰월의 乙木(木旺節)

  - 寅卯辰은 乙木의 뿌리가 되므로 길하다.

  - 丙火 용신이 有力(유력)하면 木火通明(목화통명)이 되는 貴局이다.

- 여름 巳午未월의 乙木(火旺節)

  - 乙木의 성장이 매우 왕성한 계절이다.

  - 水 조후용신이 시급하고 金 인성은 약한 水를 도와준다.

  - 여름 辰丑 습토는 火氣를 흡수하여 大吉하다. 戊戌 건토는 물을 막아 大凶하다.

- 가을 申酉戌월의 乙木(金旺節)

  - 한랭해지는 계절로 丙火 조후가 필수이다.

  - 결실의 계절로 甲乙木이 상처를 입지 않고 丙火를 보아 곡식, 열매, 약초가 풍성한 金火交易(금화교역) 구조가 되면 부귀격이 된다.

  - 戌中 丁火는 생명체가 겨울을 나게 하는 난방 역할을 한다. 가을, 겨울생이 戌土 하나를 가지고 있으면 의식 걱정이 없다.

  - 가을과 겨울의 戌土는 防水(방수), 防風(방풍), 除濕(제습)의 수호 신장 역할을 하는 名品(명품)이다.

- 겨울 亥子丑월의 乙木(水旺節)

  - 水旺한 것이 병이 되니 戊戌 건토 약신 우선이며 火 조후가 다음이다.

  - 겨울에는 木旺한 것이 병이 된다. 약신 戊戌 건토를 극하며 木多丙火滯(목다병화체), 木多丁火熄(목다정화식)으로 丙丁火 조후를 無力(무력)하게 하기 때문이다.

  - 겨울에 살지도 못할 나무를 심어 키우려고 헛고생만 하는 바보는 없다.

木(봄)의 반대 계절 金(가을)

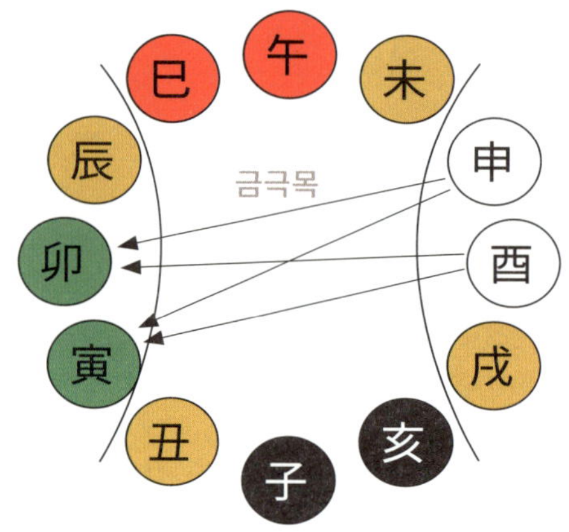

- 金木相爭(금목상쟁) = 金克木(금극목)

  - 庚辛金은 甲乙木을 극하며, 申酉金은 寅卯木을 극한다. 이때 通關(통관) 水가 필요하다.

- 천간이 이름 첫 번째 자이고, 지지가 이름 두 번째 자에 해당한다.

금목상쟁에서 통관용신 水의 위치

【예 1】

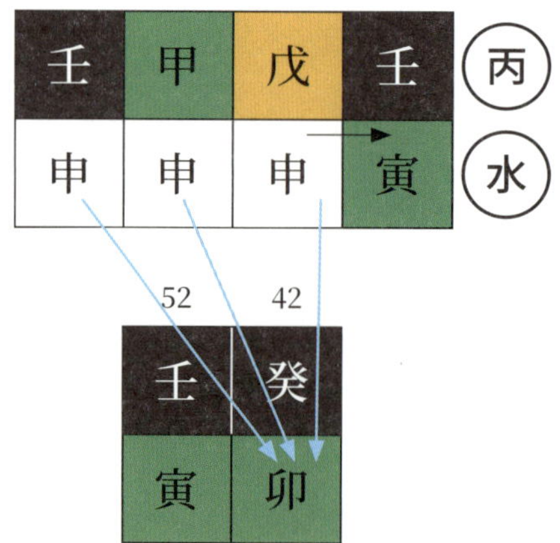

- 지지에서 금극목이 벌어지고 있다.

- 水 통관을 지지에 적용한다. 이름 두 번째 자에 水를 넣어 작명한다.

- 대운에서 木이 올 때 명식의 申金이 木을 극하니 흉이다. 이때를 대비해서 통관이 필요하다. 이름자에 水를 넣어서 작명한다.

【예 2】

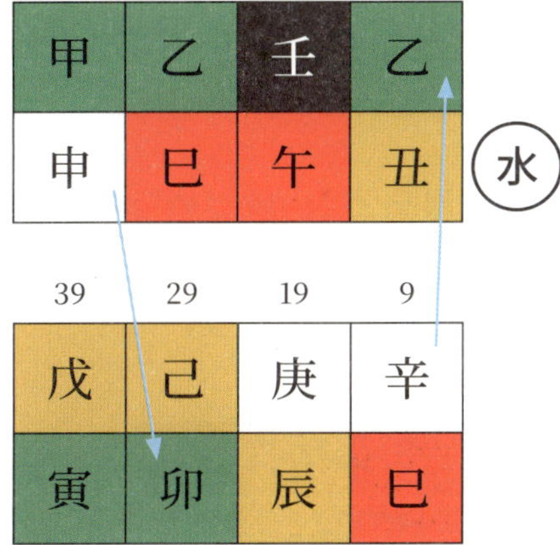

- 명식의 申金이 대운에서 오는 木을 극한다. 水가 필요하다. 따라서 지지에 水를 넣어서 작명한다. 이름 두 번째 자에 水를 넣는다.

- 대운의 庚辛金이 명식의 木을 극한다. 하지만 명식에 壬水가 있어서 金을 통관시키니 천간은 문제가 되지 않는다.

> ※ 이름에 水가 필요하다고 위아래에 모두 水를 넣으면 안 된다. 이름 자에 같은 오행을 두 개 넣어서 작명하지 않는다.

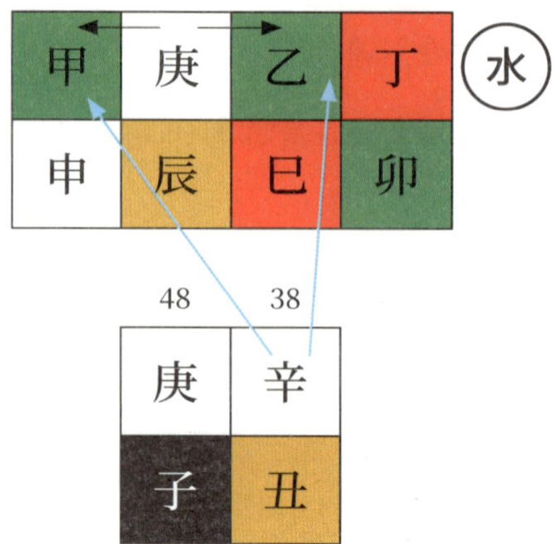

■ 명식의 천간에 금목상쟁으로 木이 다치게 되므로 이름 첫 번째 자에 水를 넣어서 작명한다.

【예 4】

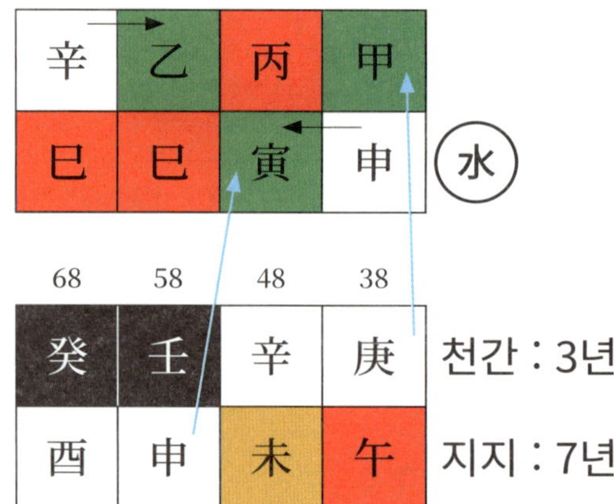

■ 명식의 천간과 지지에서 금극목하고 있다. 水 통관이 천간과 지지에서 모두 필요하다.

■ 대운에서 오는 金이 명식의 木을 극하고 있다. 이때 또한 水 통관이 천간과 지지에서 모두 필요하다.

■ 水가 필요하다고 해서 천간과 지지에 모두 水를 쓰지 않는다.

■ 천간 水보다 지지 水가 더 필요한 이유

　- 대운 10년은 천간은 3년, 지지는 7년으로 配分(배분)된다. 지지에 水를 넣는 것이 더 合理的(합리적)이다.

　- 지지는 땅이고 인간을 비롯한 생명체가 生長收藏(생장수장)하는 근원이며, 月支인 나의 활동 무대가 안정을 찾아야 삶의 목표를 이룰 수 있다.

- 月支 寅木이 申金에 극을 받고 있어 지지에 水를 넣는다.

【예 5】

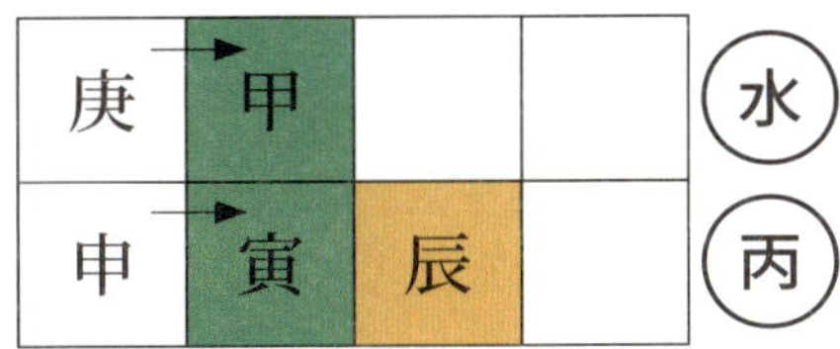

- 甲木이 辰土 옥토에 뿌리를 내려 아주 건왕하다. 금극목을 해도 잘 다치지 않게 된다.

- 寅木이 진토를 보아 또한 木이 건왕하다. 金의 영향을 덜 받는다.

【예 6】

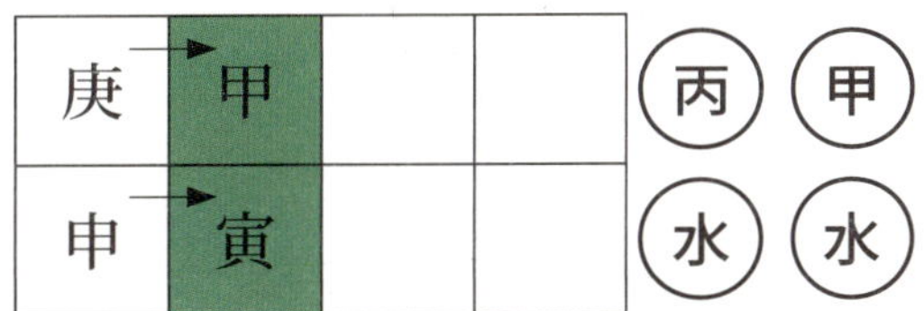

- 천간 금목상쟁의 해결 방법

  - 甲木을 하나 더 넣으면 甲木이 힘이 생긴다. 자기용신(비견용신)을 쓴다.

  - 또는 丙火를 넣어서 庚金을 제압하고 甲木을 잘 키운다.

- 지지 금목상쟁 해결 방법

  - 지지에 水를 넣어서 金을 통관시킨다.

  - 이 경우에는 이름 첫 번째 자에 丙火를, 이름 두 번째 자에 水를 넣어 작명한다.

- "水火는 不相沖(불상충)이다"

  - 丙火와 壬水는 서로 沖하지 않는다.

  - 이름에 쓰는 水는 壬水(큰 물, 강물, 호수 물)를 쓴 것이다.

  - 큰 강물 위에 해가 떠있는 형국이므로 水克火가 아니다. 丙壬沖도 생각하지 말자.

申月의 乙木 실전 사주 – 1. 부부

【남편】

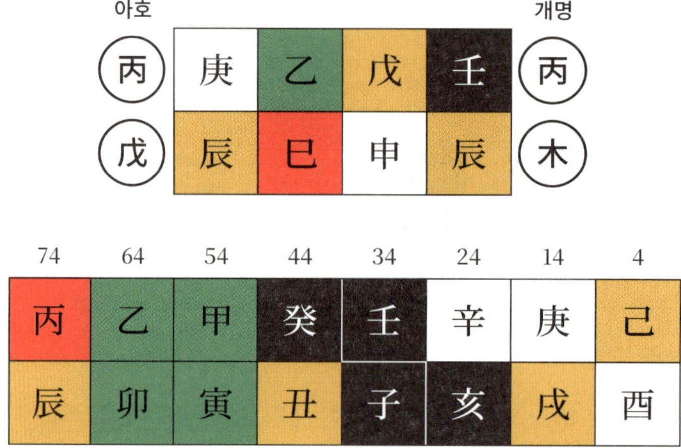

- 2 〈 6 太弱(태약), 財多身弱(재다신약), 寒濕(한습)

  - 乙木 日干(일간)이 辰土 沃土(옥토)에 뿌리를 내리고, 辰中 乙木이 거듭 있으며 巳火를 보아 생기가 있어 태약하지 않다.

  - 水 길신　　　- 土 병신(습토)　　　- 木 약신　　　- 丙火 조후용신　　　- 金 흥신

- 특징

  - 心柱(심주)가 바르고 4기둥이 강하여 七顚八起(칠전팔기)의 강인한 정신력으로 삶을 아름답게 꾸민다.

  - 丙火 조후용신이 배우자 궁에 있어 아내가 살결이 곱고 미모이며 현모양처이다.

- 乙巳 日柱(일주) + 月支(월지) 申月

  - 申月에 태양보고 곡식이나 약초가 익어간다.

  - 양지도화의 기운으로 순수하고 겸손하여 인기가 많다.

  - 두뇌가 명석하고 프로 기질로 성공한다.

- 大運(대운)

  - 己酉(凶) : 2살 때 어머니 사망. 9살~16살 신문배달

  - 庚戌(凶) : 동사무소 행정보조. 제대

  - 辛亥(凶) : 친한 친구 사망. 인생의 무상함을 느껴 절에서 불경 공부하고 토굴에서 산 기도 결심. 모악산 200일. 계룡산 국사봉 100일. 식장산 구절사 100일. 대천 천비산 굴속에서 기도 20일째 일진광풍이 불어 촛불이 꺼짐을 보고 '아! 기도가 끝났구나' 생각이 들어 下山

  - 壬子(吉) : 35살 결혼. 슈퍼마켓 5년. 아파트 구입. 문구점. 아파트 경비. 대한민국 예술대전 서예 부분 입선

  - 甲寅(吉) : 60살. 중·고 검정고시 1년 만에 합격

  - 乙卯(吉) : 한자 한문 지도자 자격증 취득

  - 丙辰(吉) : 명리, 작명공부. 명리 상담 및 작명 활동. 대한민국 예술대전 한국 미술 대전 서예 부분 초대작가

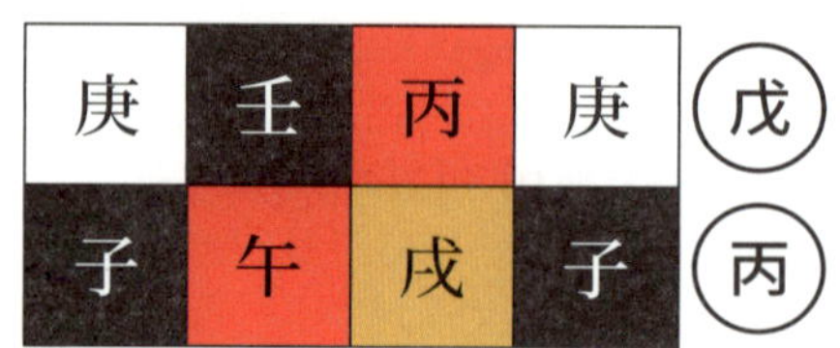

- ■ 5 〉3 身旺(신왕). 金水雙淸(금수쌍청)

  - 水旺 병신   - 戊土 약신   - 金, 水 한랭 병신   - 丙火 조후용신

  - 명식에 戊土(官) 약신과 丙火(財) 조후의 뿌리인 午火가 있어 大吉하다.

- ■ 특징 : 金水雙淸(금수쌍청)

  - 두뇌가 명석. 언행이 곱다. 말솜씨가 좋다. 미모. 다재다능. 창의력

  - 財(丙)와 官(戊)이 다 좋은 財官雙美(재관쌍미)일 때, 활발한 활동과 뛰어난 능력을 발휘한다.

  - 58세 : 중고 검정고시 1년 만에 합격

- ■ 壬午 日柱(일주)

  - 물의 정수 壬水와 불의 정수 丁火의 丁壬合으로 강력한 합이다.

  - 水火旣濟(수화기제)를 이룬다. 水의 하강기운과 火의 상승기운이 만나 새 생명 木이 탄생한다.

    새로운 일의 시작을 나타내기도 한다.

  - 금수쌍청에서 한랭한 물을 午火가 따뜻하게 해주는 조후 역할을 한다.

申月의 乙木 실전 사주 − 2

가을 乙木의 특징

■ 가을 乙木 + 丙火

 - 가을은 한랭해지는 계절이라 丙火가 필수이다.

 - 가을꽃은 벌, 나비가 없다. 열매가 없다. 영광만 있고 내실이 적을 수 있다.

 - 가을 乙木이 火가 없으면 진드기만 꼬인다. 나쁜 친구가 많다. 배우자궁이 不美(불미)한 경우가
   많다.

 - 丙火만 있고 그 뿌리가 되는 午巳戌未寅 중에 어느 하나도 없다면 자기는 능력이 있다고 착각한
   다. 망상 속에서 헛된 꿈만 꾼다.

> ※ **丙火 용신일 때 운에서 辛金이 와서 丙辛合水 되면**
> 丙(태양) + 辛(구름) = 水(비)가 된다.
> 이를 用神合去(용신합거) 또는 用神羈絆(용신기반)이라 한다.
> 辛金 보석이 태양을 보고 반짝반짝 빛난다고 볼 수도 있다.

■ 가을 乙木 + 甲木 + 丙火

 - 藤蘿繫甲(등라계갑)이 되어 乙木 입장에서는 길하다.

 - 운에서 己土가 오면 甲己合, 辛金이 오면 丙辛合 되어 등라계갑이 깨지니 흉이다.

■ 乙庚合金 + 申酉戌월 + 丙火

 - 곡식이나 열매가 되면 부귀격이다.

 - 金이 많아서 흉이 될 때 丙丁火는 약신 역할을 한다.

- 가을 乙木 + 壬癸 + 亥子申辰丑

  - 가을비가 와서 丙丁火, 巳午火가 無力해진다.

  - 乙木이 冷害(냉해)를 입는다. 사람 몸도 냉해를 입어 신경이 굳는다.

  - 정신 질환, 관절, 근육통이 올 수 있다.

  - 戊戌 건토가 약신이다.

- 가을 乙木이 열매나 곡식, 약초가 되는 조건

  - 甲庚, 乙辛, 甲辛, 寅申, 寅酉, 卯申, 卯酉가 나란히 있어 금극목으로 木이 상처받지 않아야 한다.

  - 甲丁, 乙丁, 午寅, 午卯, 寅午戌의 목생화로 木이 火傷(화상)을 입지 않아야 한다.

  - 가을 丙火의 뿌리인 午巳戌未寅 중 하나라도 있어야 조후가 제대로 되어 가을 金을 빛나게 하는 금화교역을 이루고 결실이 풍부하다.

    → 이때 직장, 직위, 재물, 배우자, 자식이 길하다.

실전 1. 여. 긍정적으로 사주를 보자

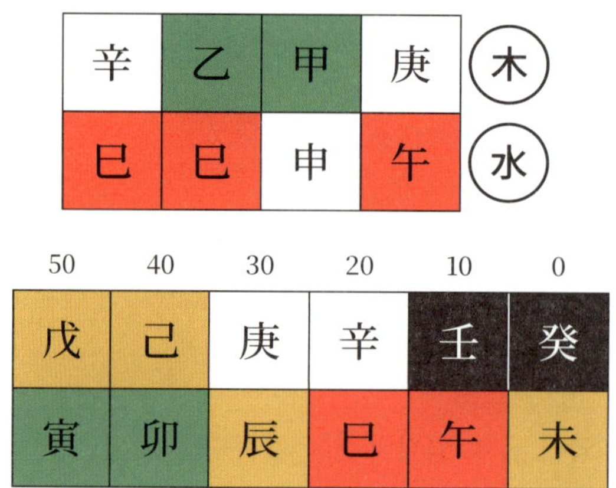

- 2 〈 6 太弱(태약)

  - 水 조후 겸 통관   - 金 병신(천간)   - 戊戌 건토 구신   - 火 약신(지지)   - 木길신

- 특징

  - 정편관이 混在(혼재)되어 있다.

- 庚辛金과 申金이 干支(간지)에서 금극목하고 있다. 관(남편)이 흉이다.

- 열악한 환경에서 살아야 하니까 눈치가 매우 빠르다. '눈치가 빠르면 절에 가도 젓갈을 얻어먹는다'는 속
  담이 있다.

- 일찍 남자를 알 수도 있고, 원하지 않는 결혼을 할 수도 있다.

- 내가 태약하고 乙木이 착해서 남자를 보는 눈이 약할 수도 있다.

- 이런 경우에 지식 공부가 아닌 지혜를 샘솟게 하는 명리학을 접하는 것도 좋은 인연이 될 수 있다.

― 乙木이 丙火를 만나 예체능에 능하고 미모이다.

― 甲申 日柱(일주) : 絶處逢生(절처봉생)

- 申中 壬水는 申金 絶地(절지)에 태어난 壬水로 관인상생되어 길하다.

- 지장간 용신을 쓰면 아이디어 창출, 글솜씨, 특수 분야의 전문 지식 등 숨은 재주가 있다. 그리고 바쁘게
  최선을 다해 산다.

― 신약한 乙木이 旺金의 殺(살)속에서 어떻게 살아갈까?

- 乙木이 巳火(丙火)를 만나 甲木에 등라계갑되어 辛金의 칼날을 乙木이 피할 수 있다.

- 辛金이 丙火와 丙辛 暗合(암합)되어 乙木이 극을 받지 않는다.

- 金이 많아서 병이 되었지만 약이 되는 火 또한 많아서 乙木이 생기를 얻는다.

■ 乙巳 日柱(일주) + 月支(월지) 申月

― 가을에 태양 보고 익어가는 곡식이나 약초

― 양지도화의 기운이 강하여 매력적이고 순수하며 프로 기질로 성공한다.

― 두뇌가 명석하고 미모이며, 명랑 쾌활하다.

■ 大運(대운)

― 火, 木 운으로 전체의 흐름이 양호하다.

■ 歲運(세운)

2024	2023	2022	2021	2020	2019
甲	癸	壬	辛	庚	己
辰	卯	寅	丑	子	亥

- 水, 木운이 길하다.

- 좋은 직장으로 이동하고, 몸무게도 20kg 감량하였다.

■ 鳶飛魚躍(연비어약)

- 하늘에 솔개가 날고 물속에 고기가 뛰노는 것이 자연스럽고 調和(조화)로운데, 이는 솔개와 물
  고기가 저마다 나름의 타고난 길을 가기 때문이다.

- 만물이 저마다의 법칙에 따라 자연스럽게 살아가면, 전체적으로 천지의 조화를 이루게 되는 것
  이 자연의 오묘한 道(도)이다.

■ 四柱를 看命(간명)할 때

- 木火土金水 五行의 상생, 상극이 우주 변화의 원리이듯이 명리학에서도 五行中心으로 간명하
  는 것이 중요하다.

- 日干(일간)이 木이 아니더라도 木 생명 중심으로 간명하고 한자 자원오행에 의거해서 作名(작
  명)한다. 한글 발음오행은 훈민정음 해례본이 정설이다. 생명론의 핵심이다.

- 조후 용신을 우선하고 통관 및 억부로 中和(중화)를 이루도록 한다.

- 어떤 사주이든지 장점은 항상 있다. 긍정적으로 간명하는 것이 습관화되면 부정적인 내용은 덤
  으로 보이고, 지혜의 문이 활짝 열릴 것이 분명하다.

申月의 乙木 실전 사주 - 3

부부 사주 1.
【아내】

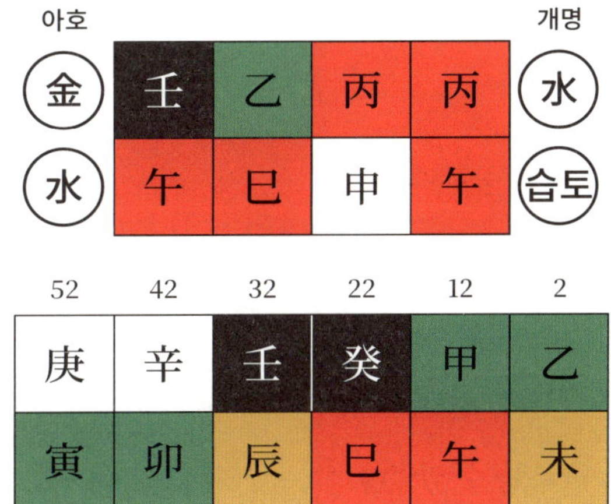

- 2 〈 6 太弱(태약).

  - 金 길신   - 水 조후용신   - 건토 병신   - 습토 길신   - 木 약신   - 火 구신

- 특징

  - 乙木이 壬水와 丙火를 보고 잘 크고 있으나 지지가 너무 燥熱(조열)하여 습토운이 대길하다.

  - 영문학을 전공한 후 유아교육 학위까지 땄다. 인성이 부족하면 부족함을 채우려고 지속적으로 공부하는 경향이 있다.

  - 지지가 조열하여 申金이 火多金鎔(화다금용)으로 폐, 대장 질환이 있을 수 있다.

  - 평생 폐렴 기운이 있다. 몸이 안 좋다 싶으면 감기 기운이 먼저 따라오고 각막염이 생겨 몹시 불편하다. 乙木은 肝(간)이고 눈은 간 소속이며 각막염은 눈병이다.

중, 고, 대학교까지 위장병을 앓았다. 사주가 寒暖燥濕(한난조습) 어느 한쪽으로 偏重(편중)되면 건강이 악화하면서 신경이 예민해진다. 신경이 예민해지면 식욕부진에 위장병도 竝行(병행)한다.

■ 乙巳 日柱(일주) + 月支(월지) 申月

- 가을에 태양 보고 익어가는 곡식이나 약초이다.

- 미모이며 창의력과 사교성이 좋다.

- 역마의 기운이 강하다. 바람(風木)이나 새(乙 : 새 을)는 流動性(유동성)이 강하고, 해(巳)는 사계절 쉼 없이 활동한다.

■ 大運(대운)

- 癸巳(吉) : 巳申水. 큰 방향 설정(주역, 명리 공부)했다. 火旺하면 물질세계보다는 정신세계를 추구한다.

- 壬辰(吉) : 最吉運(최길운)

- 辛(吉) : 丙辛合水. 주역, 명리 공부에 정진

■ 歲運(세운)

- 47세 壬辰年(吉) : 요가. 마음공부 시작

- 53세 戊戌年(凶) : 남편 간경화 진단. 戊戌年에 부부가 같이 재앙이 겹쳤다. 두 분 모두 心柱(심주)가 굳건하여 역경을 극복할 수 있었다.

■ 改名(개명)

- 이름 첫 번째 자(천간)에 水를 넣어 조후로 한다.

- 이름 두 번째 자(지지)에 습토를 넣어 火氣를 뺀다.

> ※ 습토 한자 4개 : 振(진), 周(주), 甫(보), 留(류, 유)
> 습토에서 무성하게 싹이 나는 한자이다.

■ 雅號(아호)

- 아호 첫 번째 자(천간)에 金 인성을 넣어 水를 돕는다.

- 아호 두 번째 자(지지)에 水를 넣어 조후되게 한다.

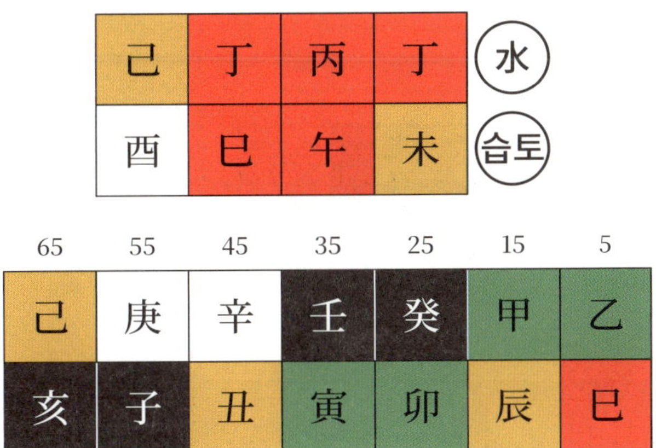

- **5 〉3 身旺(신왕)**

  - 金 길신   - 水 조후용신   - 건토 병신   - 습토 길신   - 火 구신

  - 木 : 원국에 丁午火가 있어 木生火로 火氣만 키우니 흉하다.

- **특징**

  - 時干(시간) 己土 습토로 火가 泄氣(설기)되어 길하다.

  - 부부가 함께 燥熱(조열)한 사주이다. 不和(불화)하기 쉬운 환경인데 정신세계를 추구하며 열린

    마음으로 서로 격려하며, 心身의 고통을 夫婦愛(부부애)로 昇華(승화)시킨 지혜가 돋보인다.

- **大運(대운)**

  - 甲辰(吉) : 습토운에 다 이루어짐

  - 辛丑(吉) : 丙辛合水. 丑 습토로 火 설기. 丑未沖으로 巳午未火局 깨져서 길하다. 은행 본부장

    승진

- **歲運(세운)**

  - 40세 丙戌年(凶) : 부갑상선 항진증으로 수술

  - 52세 戊戌年(凶) : 간경화. 未中 乙木이 火傷(화상)입는다.

- **雅號(아호)**

  - 水와 습토가 適合(적합)하다.

부부사주 2.
【아내】

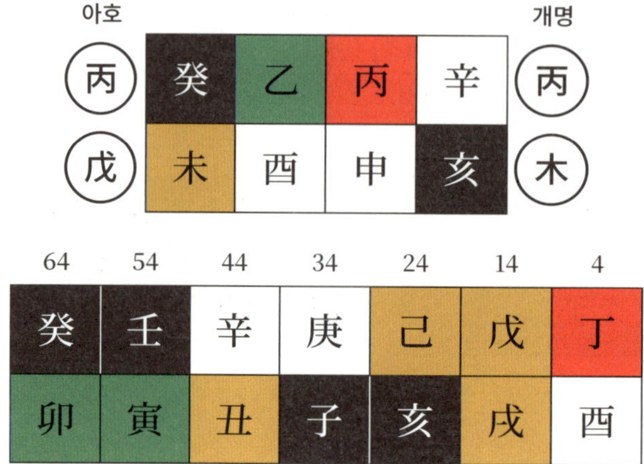

- ■ 3 〈 5 身弱官旺(신약관왕)

  - 木 길신　　　　- 金 병신　　　　- 水 흉신　　　　- 戊戌 건토 길신
  - 己辰丑 습토 흉신 丙火 조후용신

- ■ 특징

  - 美大(미대) 도자기과 : 乙木이 丙火를 만나 예술성이 뛰어나다.

  - 辛金 보석이 亥水에 洗光(세광)되고, 丙火에 빛이 나서 두뇌가 명석하고 영광이 세상에 드러난다.

  - 乙木의 뿌리가 時支(시지) 未中 乙木에 있고, 丙火의 뿌리가 未中 丁火에 있어 말년운과 자식궁
    이 길하다.

  - 이름자에 둘 다 辛金인 한자를 써서 不美(불미)하다.

    > ※ **구슬 옥변 (王 임금 왕 → 玉 구슬 옥) = 辛金**

- ■ 乙酉 日柱(일주)

  - 바위틈에 뿌리내린 가을꽃이 丙火를 보아 약초로 크고 있다.

  - 고통 속에 피는 꽃으로 파란곡절과 변화가 많으며 外柔内剛(외유내강)의 대표적 일주이다.

  - 乙木이 칼에 의해 생명이 꺾이는 환경인지, 아니면 예리한 도구로 바위틈의 귀한 약초를 채취하
    는 형상인지를 가늠할 줄 아는 識見(식견)이 중요하다.

- **大運(대운)**

  - 酉(凶) : 斜視(사시)로 눈 수술 5회. 乙木은 肝(간)이며 눈은 간 소속으로 乙木이 상처받는다.

  - 戊戌(吉) : 경제적으로 풍요로웠으나 눈 수술 후유증으로 두통에 시달렸다.

  - 己亥(凶) : 미술학원 운영 4년

  - 庚子(凶) : 사람들과의 不和(불화)로 마음고생이 심하여 미국 뉴저지로 도피성 이주. 추위 때문에 고통받는 것이 남이 나를 컨트롤하는 것처럼 느껴졌다.

【남편】

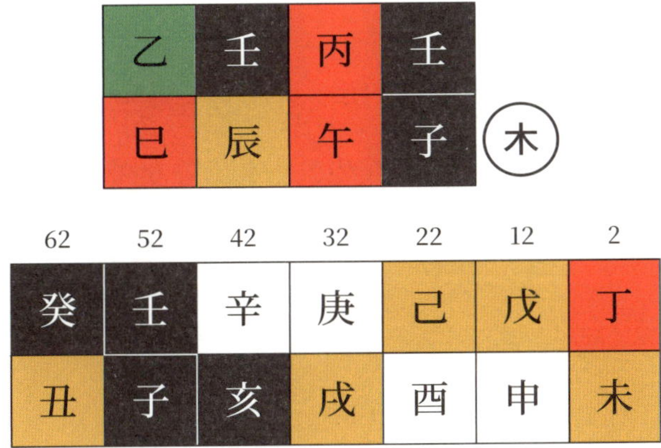

- **3〈5 身弱(신약)**

  - 壬辰 日柱(일주)가 강하여 결코 신약하지 않다.

  - 더 이상의 水는 필요하지 않다.

  - 이름자에 水 한자는 不適合(부적합)하다.

- **특징**

  연월일시 4기둥이 健旺(건왕)하여 百折不屈(백절불굴)의 정신력으로 逆境(역경)을 극복하고 목표와 꿈을 이룬다.

- **壬辰 日柱(일주)**

  - 큰 물에 마르지 않는 샘물이다. 魁罡(괴강)으로 에너지가 강하다.

  - 日支(일지) 辰戌丑未 四庫(사고)가 吉作用을 할 때는 식복은 배로 좋아지고 부모형제·자·배우자와의 인연 속에서 오는 고통은 半減(반감)된다.

- 고집, 자존심, 독립심이 강하며 군·검·경, 교직, 의료직, 종교 부문에서 力量(역량)을 발휘한다.

■ 大運(대운)

- 申(凶) : 申子辰水局. 고등학교 시절부터 24살까지 고난의 연속

- 己(凶) : 己土濁壬(기토탁임)으로 혈액순환의 문제 발생. 遺精(유정)과 夢精(몽정)이 심해졌다.

- 酉(吉) : 辰酉金. 미국에 공부하러 갔다가 건강회복을 渴求(갈구)하던 중에 氣功修練(기공수련)에 心醉(심취)하였다. 용맹정진하여 기공수련원을 운영하면서 건강도 찾고 새로운 삶을 개척하였다.

■ 歲運(세운)

- 42세. 癸巳年 : 결혼

- 48세. 己亥年 : 歲運(세운)에서 또 한번 기토탁임. 방광 결석으로 한국에서 수술

- 49세. 庚子年 : 歸國(귀국). 외국 나갔다가 인성운에 고향 찾아 귀국한다.

酉月의 乙木 실전 사주 – 1

실전 1. 여

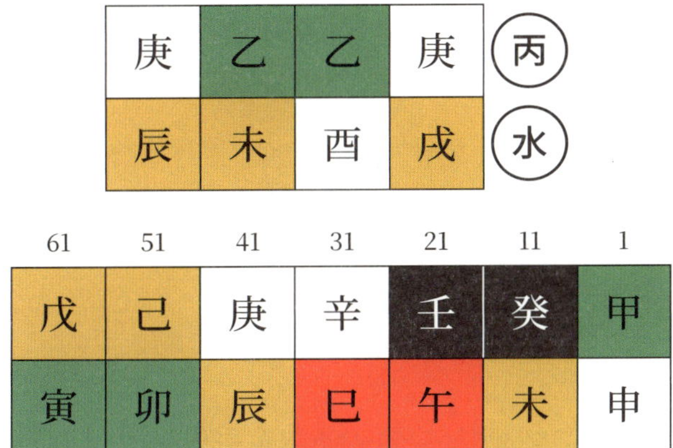

- 2〈6 身弱官旺(신약관왕)

  - 水 인성 통관 길신   - 木 길신   - 金 병신   - 土 구신
  - 丙火 조후용신 겸 약신

- 특징

  - 酉月 金帝旺月(금제왕월)에 토생금으로 金氣가 강하여 從殺格(종살격)이 될 가능성이 높다.

  - 雙(쌍) 乙木이 辰土 沃土(옥토)에 뿌리를 내리고 辰中 乙木과 未中 乙木이 通根(통근)되어 乙木이 힘이 있고 또한 가을의 곡식이나 根菜類(근채류)가 되어 金으로 따라가지 않았다.

  - 金(관 : 남편. 폐. 대장)이 흉 작용을 한다.

  • 평생 주말 부부로 산다. 業相代替(업상대체)로 길하다. 같이 살면 피차가 힘들다.

  • 폐, 대장 질환으로 고통받고 있다.

  • 부족한 水의 문제로 몸이 많이 붓는다.

■ 改名(개명) 권유 : 이름 隋晶(수정)

- 건강으로 고통받는 모습을 보고 門下生에게 처음으로 개명을 권유

- 隋 : 수나라 수. 떨어질 타(원래의 훈음은 떨어질 타)

> ※ 수양제가 중국을 통일하고 왕자 때 쓰던 이름인 隨(따를 수)에서 辶을 빼고 隋(떨어질 타)를 쓰면서 國號(국호)
> 隋(수나라 수)로 발음까지 탈바꿈된 보기 드문 경우의 漢字(한자)이다.
> ① 떨어질 타. 落也. 與墮同 : 떨어지는 것이다. 떨어질 타(墮)와 함께(與) 같은(同) 뜻이다.
>   - 隋(떨어질 타) =阝(←阜 : 언덕 부) + 左(왼 좌) +月(←肉 : 육달월)
>   (字源) 언덕(阝) 왼쪽(左) 부분의 흙덩이(月)가 산사태 등으로 떨어져 나간다.
>   ⇒ 언덕이 주인공인 입장에서는 언덕의 어느 한쪽이 무너진다는 것은 자기의 살이 떨어져 나가는 것과 같다.
>   사람이라면 내 살이 떨어져 나간다는 것과 같아서 내 건강이 무너짐에 비유할 수 있다.
> ② 수나라 수 : 國名. 本作隨 始謂 隨文帝楊堅 南北朝混一而改隋. 나라 이름이다. 본래는 隨(수)이다. 隨 문
>   제 양견이 혼란한 남북조를 통일하고 隨(수)를 隋(수: 원음은 '타')로 고쳐 처음으로 불렀다.

- 晶 : 수정 정(水晶). 맑을 정(精光). 빛날 정(光也)

(字源) : 밤하늘의 별들이(日·日·日 : 丁火) 수정처럼 맑게 빛난다.

> ※ 晶은 丁火를 뜻하므로 日干(일간) 乙木에게는 흉이다.

■ 乙未 日柱(일주) + 月支(월지) 酉月

- 酉月에 未中 丁火와 戌中 丁火 地熱(지열)로 조후를 하여 乙木이 뿌리를 두어 결실을 보는 강한 집념과 성취욕이 뛰어나다.

- 白虎(백호)와 魁罡(괴강)이 길 작용을 하여 특별한 재능과 능력을 발휘한다.

- 日支(일지) 辰戌丑未 四庫(사고)가 길 작용을 하여 식복은 배로 좋아지고 부모형제·자·배우자의 고통은 半減(반감)되었다.

- 未 = 味. 미식가, 맛집, 요리사. 음식 솜씨가 뛰어나다.

■ 大運(대운)

- 甲申(凶) : 絶處逢生(절처봉생). 甲木이 庚庚에게 극을 받는다. 申酉戌金局. 홍역, 감기, 천식으로 고생

- 癸未(吉 凶) : 초등학교 학업 우수. 중·고 : 물질적 풍요, 정신적 고통

- 壬(吉) : 결혼

- 午(凶) : 남편 사업 실패. 위장 이혼. 酉金이 午火에 상처받는다.

- 辛(凶) : 辛金이 乙木을 그대로 친다. 사고로 팔 수술하고 요통으로 꼼짝 못 했다. 기독교 입문

- 庚辰(吉) : 乙庚合金. 辰 습토. 辰戌沖. 신학대학 입학. 신랑과 재결합. 채무 청산. 대전연수원 입

  학. 전 과정 수료 후 지금도 공부중이다.

酉月의 乙木 실전 사주 – 2

실전 1. 남

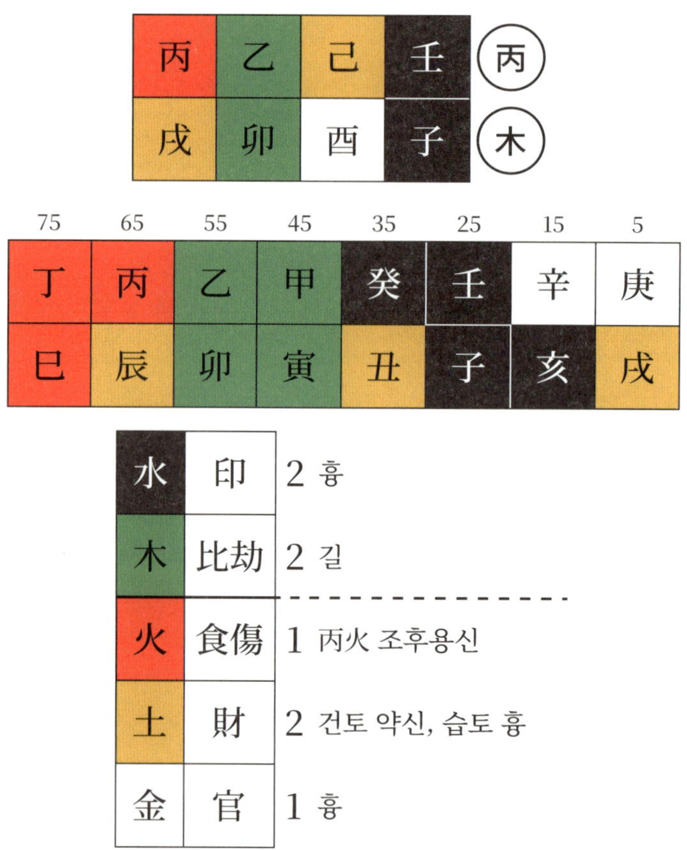

■ 4 ﹤ 4 身弱(신약). 寒濕(한습)

- 신약 : 月支(월지) 酉金에 극을 받고 있다.

- 한습 : 酉月 + 壬子(水旺) + 己(습토) + 乙卯(습목)

- 戊戌 건토 약신이다.

- 丙火 조후용신 : 酉月 金帝旺月(금제왕월)에 水旺하고 해가 진 戌時로 조후가 부족하다.

■ 더 이상의 水 인성은 흉이다.

- 곡식이 익어가는 酉月에 많은 水는 흉이다.
- 두뇌는 명석하나 공부에는 흥미가 없고 예능 방면에만 관심을 나타낸다.

■ 특징

- 세무사인 누나의 도움으로 세무 공부를 하고 회사에 취직하였으나 乙卯, 壬子의 강한 역마로 轉職(전직)이 잦다.
- 卯酉沖으로 가을 卯木인 곡식과 신경계가 상처받고 있다. 그러므로 곡물 수확량이 적어 재물복이 약하고 요통으로 장기 치료 중이다.
- 2018 戊戌年 약신운에 결혼하고 得男(득남)한 후 진정한 刮目相對(괄목상대)가 무엇인지 보여주고 있다.
- 時柱(시주) 丙戌에 용신과 약신이 함께 있어 미래가 밝다.

■ 乙卯 日柱(일주) + 月支(월지) 酉月

- 가을꽃이 丙火를 보아 향기는 있으나, 卯木이 상처 받고 있어 內實(내실)이 적다.
- 생명체 木으로만 구성된 子午卯酉 帝旺(제왕) 干與支同(간여지동)일주의 하나로, 두뇌 명석하고 고집이 세며 자기주장이 너무 강하여 스스로 외로움을 부른다.
- 長身(장신)에 서구형 미남이다.
- 기타, 노래, 춤 등 예술적 기질이 강하다.
- 乙木은 風木(풍목)으로 바람의 상이고 또한 새(乙 : 새 을)로 한 곳에 머무름이 없으며, 卯는 들판에서 자유롭게 뛰노는 토끼로 역마의 기가 강하다.

■ 大運(대운)

- 辛亥(凶) : 丙辛合. 丙火用神合去(병화용신합거)
- 壬子(凶) : 水旺. 군대 제대 후 방황. 세무, 회계 공부
- 癸丑(凶) : 요통 악화. 한냉보다 한습이 더 힘든 환경이다.
- 甲寅. 木火運(吉) : 결혼. 득남. 건강 호전. 긍정적 사고로 전환. 삶이 안정되었다.

【아들】

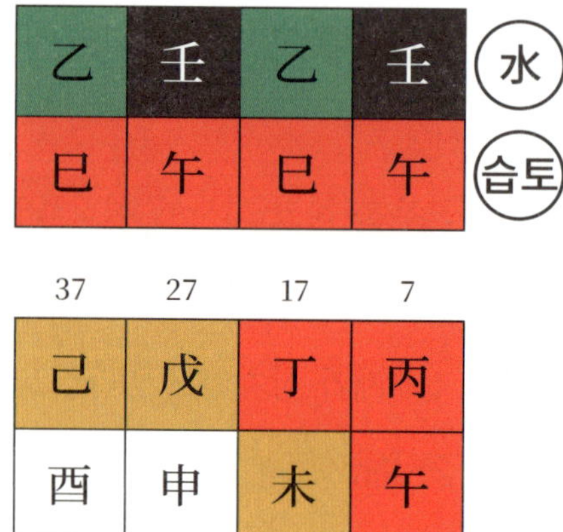

■ 지지가 불바다이다. 습토로 火氣를 泄氣(설기)해야 길하다.

- 습토 한자 4개 : 振(진), 周(주), 甫(보), 留(유, 류)

■ 중학생 이후로 집에 있지를 못하고 매일 외출을 하였고, 지구력도 없어서 어머니가 궁금해하던 중에 명리
공부를 시작하면서부터 아들의 언행을 이해할 수 있었다.

【어머니】

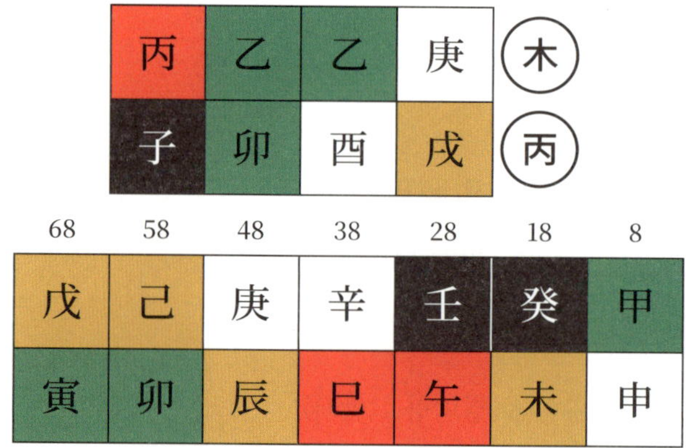

■ 4 〈 4 身弱官旺(신약관왕)

- 水, 木 길신   - 金 병신   - 土 구신   - 丙火 조후용신 겸 약신

■ 특징

- 子時의 丙火는 虛火(허화)로 별빛이나 달빛에 비유된다.

- 乙木이 곡식이 되는 조건

  ① 가을 申酉戌월 + 乙木의 뿌리 + 丙火의 뿌리 午巳戌未寅

  ② 木이 상처받으면 결실이 적다.

■ 乙卯 日柱(일주) + 月支(월지) 酉月

- 은하수 흐르는 三更(삼경) 丙子時에 가을꽃이 피어 향기와 운치가 있다.

- 예체능 방면과 창의력을 요구하는 어느 직업군이건 광범위한 영역에서 능력을 인정받는다.

- 木 생명체의 干與支同(간여지동)으로 外柔內剛(외유내강)형이다.

- 남편이 공기업 임원으로 건강체이다.

■ 大運(대운)

- 甲申(吉) : 甲木은 藤蘿繫甲(등라계갑). 申金은 金生水

- 癸未(吉) : 癸水 인성. 卯未合木

- 壬午(吉) : 壬水 인성. 午火는 丙火의 뿌리

- 辛(凶) : 丙辛合. 丙火用神合去(병화용신합거)

- 巳(吉) : 45세 甲午年에 진급

戌月의 乙木 실전 사주. 연주상생

실전 1. 남

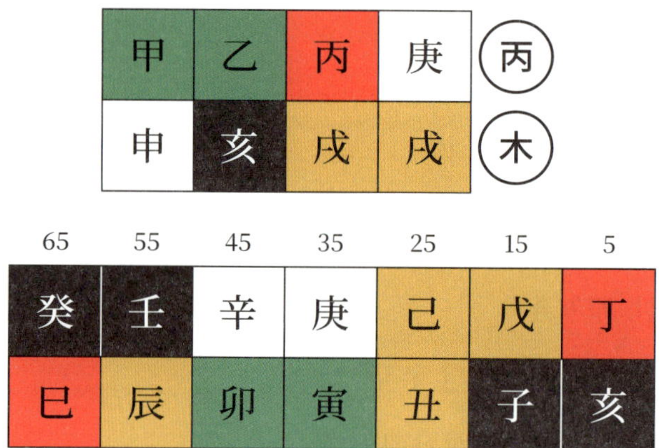

■ 3〈5 身弱 → 身旺 → 身旺財旺. 身旺官旺 → 財官雙美(재관쌍미)

- 官印相生(관인상생)으로 신약하지 않고, 乙木이 丙火를 보아 무성하게 자라서 신왕사주로 변했다.

- 土月은 木이 正格(정격)인데 戌土月에 甲乙木이 넉넉하여 신왕재왕으로 재물복이 있다.

- 천간은 乙木과 庚金이 떨어져 있어 길하고, 지지는 관인상생(申金→亥水→乙木) 되어 신왕관왕으로 사회적 명성이 따른다.

- 곧 財官雙美(재관쌍미)의 부귀격이 되었다.

- 官印相生(관인상생) : 국가, 사회, 관청, 직장, 상사, 주변 어른 등의 관심과 배려로 乘勝長驅(승승장구) 한다.

■ 水 길신. 木 약신. 丙火 조후용신. 金 천간 흉신. 지지 길신

- 土 흉신이나 戌中 丁火가 겹쳐 있고 이것이 丙火의 뿌리가 되어 길하다. 申時로 햇살이 있는 것도 길하다.

- 土旺節인 戌月은 木이 旺해야 길하다.

■ 특징

- 戌月의 滿山紅葉(만산홍엽), 가을 산이 아름답게 단풍으로 붉게 물들듯이 경제적 豊饒(풍요)와 함께 삶의 운치가 묻어 있다.

- 가을 丙火가 힘이 있어 큰 역할을 한다. 甲乙木은 열매, 곡식, 약초 등이 될 수 있고, 庚申金은 잘 익은 알곡들이 주렁주렁 달려 豊盛(풍성)함을 뜻하기도 한다.

- 聯珠相生(연주상생) 구조로 大吉(대길)하다.

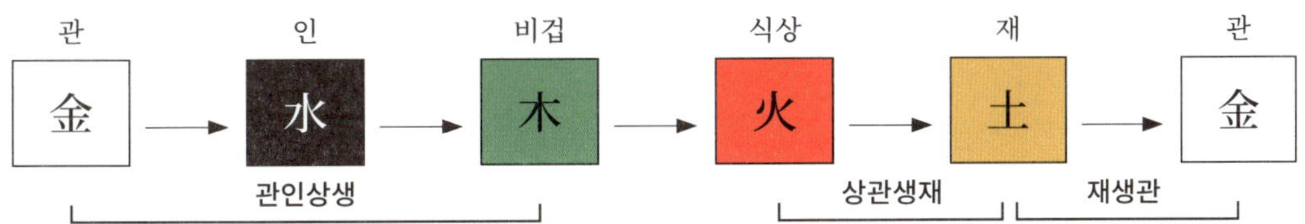

> ※ 傷官生財(상관생재) : 연지 戌土 祖父(조부)의 넉넉한 財가 월지 戌土 부모 財로 상속된다.
> 부모궁 상관 丙火는 戌土 財를 바탕으로 家業(가업)을 한층 더 발전시켜 성공 신화를 이룬다.

- 日支 처궁에 亥 중 戊土 財가 있어 드러나지 않은 유산을 상속받았다.

- 時支 자식궁에 申 중 戊土 財가 있어 자손 대까지 財貨(재화)가 유지된다고 본다.

- 乙木이 時支 甲木에 藤蘿繫甲(등라계갑)되어 자식덕이 있다.

■ 乙亥 日柱(일주) + 月支(월지) 戌月

- 乙亥 연꽃이 戌月에는 열매인 蓮實(연실)로 食用이나 補陽劑(보양제)로 귀하게 쓰인다.

- 智慧(지혜)롭고 두뇌가 명석하며 예술 감각도 兼備(겸비)한 외유내강형이 특징이다.

- 戌月 晩秋(만추)에 亥水 인성이 길 작용을 하여 自己硏鑽(자기연찬)에 게으름을 피우지 않는 귀한 사례이다.

- 배우자궁 亥水가 인성으로 남편 乙木을 滋養(자양)하니 어머니 같은 사랑으로 內助(내조)가 크다. 현모양처이다.

■ 大運(대운)

- 戊子(吉) : 미국 留學(유학). 경영학 전공

- 己丑(凶) : 습토로 火氣가 빠져 밝음이 부족해진다. 10년간 어둡고 긴 터널 속에 갇혀있는 상황에 놓인 것이다. 分岐點(분기점)에 다다랐다.

- '젊어서 고생은 돈 주고도 못 산다'는 속담처럼 고난을 이기고 더 성숙해질 수 있는 轉禍爲福(전화위복)의 계기가 되었던 대운이다.

- 運路(운로)가 水·木·火 運으로 길하다.

- 연주상생으로 순환되면 凶運(흉운)이라도 어려움이 半減(반감)되고 고난을 이겨낼 수 있는 강인함을 內在(내재)하고 있다.

'부뚜막의 소금도 집어넣어야 짜다'는 속담이 있다. 대들보 사주라도 노력하지 않으면 雜木(잡목)으로 轉落(전락)될 수밖에 없다. 不斷(부단)한 노력으로 家業(가업)을 탈바꿈시켜 새로운 모습으로 거듭남에 찬사를 보낸다.

실전 2. 여

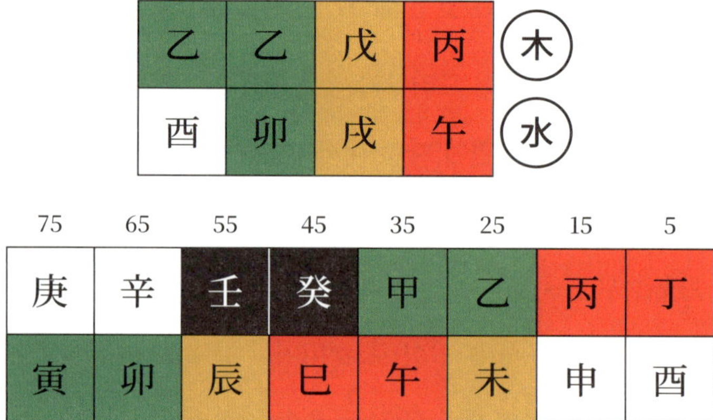

■ 3 〈 5 身弱. 財多身弱(재다신약)

- 水 통관길신   - 戊戌 건토 병신   - 木 약신   - 金 흉신   - 火 구신

■ 특징

- 戌月에 火多(화다)하고 인성 水가 하나도 없어서 乙木이 乾草(건초)가 되었다.

- 水가 필요한 데 없어서 술을 많이 마신다. 몸이 寒冷(한랭)한 사람은 체온을 높이기 위해 술과 친한 경우가 많다.

- 乙卯는 무성한 木으로 酉金에 꺾여도 바로 다시 돋아나는 특성이 있지만, 건초가 한번 베어지면 再生(재생)하는데 시간이 걸린다.

- 時柱(시주) 乙酉는 바위틈에 핀 꽃과 같다.

- 생명체 木이 상처받는 환경이면 가는 길이 순탄치 못하다.

- 丙午, 戊戌, 乙卯 세 기둥이 干與支同(간여지동)이다. 百折不屈(백절불굴)의 정신으로 관절염과
  싸우며 혼자 자녀 養育(양육)에 專念(전념)하고 있다.

■乙卯 日柱(일주) + 月支(월지) 戌月

- 가을 높은 산의 꽃으로 淸楚(청초)하나 찾는 이가 적어 고독하다. 예술적 감각이 뛰어나다.

- 배우자궁의 강한 성정으로 부부 화합의 어려움이 따를 수 있다.

- 형제, 친구, 동료 경쟁자들과 좋은 관계를 유지하는 데 노력이 필요하며 이들과의 금전 거래는
  금물이다.

■大運(대운)

- 丁酉. 丙申(凶) : 초년에 정편관이 흉하면 일찍 결혼할 수 있다. 申酉金으로 卯木이 꺾이면 나의
  의지처가 없어진 것과 같다.

■歲運(세운)

- 24세 己巳年 : 결혼

- 33세 戊寅年 : 미용실 개원

- 52세 丁酉年 : 이혼. 자녀 양육

乙木

겨울

명리공부가 어려울 땐 처음으로
돌아가자. 모든 것은 음양오행에서 시작되고
그 안에 모든 해답이 숨어있다. 사주가 막히고 해석이
혼란스러울 때는 화려한 기법보다 기본원리를 다시 들여다보자.
음양의 흐름과 오행의 상생상극만 꿰뚫어도 엉킨 실타래가
풀리듯 사주의 맥이 보이기 시작한다. 기초는 단순하지만
그 안에 진리가 있다. 돌아가는 게 아니라,
더 깊이 들어가는 것이다.

夏垣 尹炤阮

겨울 亥子丑월의 乙木 - 1

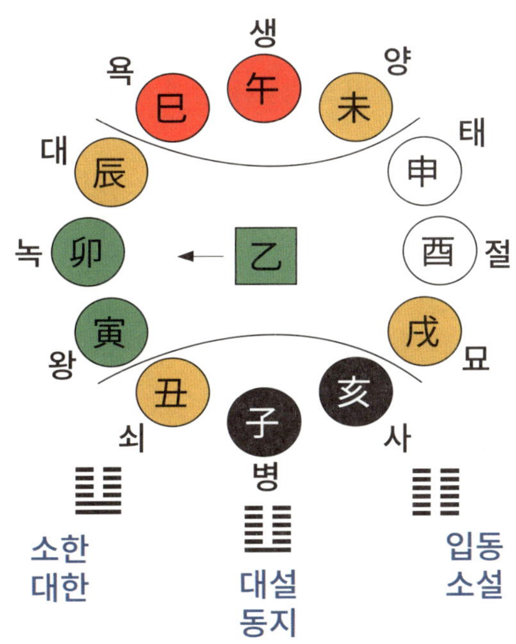

▦ 핵심

- 嚴冬雪寒(엄동설한)

- 木旺하면 凶 : 목다병화체, 목다정화식으로 丙丁火를 못쓰게 하고 약신 戊戌土를 극한다.

- 戊戌 건토약신 우선 + 뿌리 戌未午巳寅

- 丙丁火 조후용신 다음 + 뿌리 午巳戌未寅

- 겨울은 休囚(휴수)의 계절이다.

  - 생명체 木이 자라지 않고 쉬고 있으니 水生木하지 않는다.

  - 태양의 고도가 낮으니 춥다. 木이 얼지 않아야 한다. 火 조후가 필수이다.

- 겨울에는 丙丁火를 조후용신으로 한다.

  - 뿌리(通根 : 통근) 午巳戌未寅 중 하나만 있어도 용신이 有力한 것이다.

- 겨울철 金水는 寒冷(한랭)함을 더하고, 己辰丑 습토는 寒濕(한습)함을 더하여 흉이 된다.

  - 金(관＝남편)은 金生水하여 水기운만 키워준다. 남편 때문에 아내 乙木이 물벼락이나 눈보라를 맞는 형국이 된다.

  - 겨울철 庚辛金이 火가 없으면 눈이나 고드름이 되며, 癸水가 있으면 눈보라로 환경이 劣惡(열악)하다.

  - 己辰丑 습토는 火氣를 흡수하여 한랭보다 한습이 더 흉하다. 戊戌 건토 약신이 時急(시급)하다.

  - 한습하면 대부분 몸이 차고 여자는 생리불순이나 심하면 불임 가능성이 높다.

- 겨울에는 戊戌 건토 財를 약신으로 한다.

  - 겨울은 戊戌 건토가 防水(방수), 防風(방풍), 除濕(제습)의 약신 역할로 재물복과 처덕이 있다.

  - 女命(여명)이면 살림꾼에 현모양처형이다.

- 겨울에 木旺(목왕)하면 흉이 되는 이유

  - 겨울에는 木이 성장하지 않는다. 키우지 못할 나무 심고 키우려고 헛고생만 한다. 단 劈甲引丁(벽갑인정 : 甲丁庚)과 甲木이 丁火에 타서 조후가 되는 경우는 길하다.

  - 겨울에 木旺하면 戊戌未 건토 약신을 극하고 運에서 土가 들어설 자리가 없게 된다.

  - 겨울에 木旺하면 丙丁火를 못쓰게 한다.

> ※ 木多丙火滯(목다병화체) : 木이 많아서 丙火를 가린다. 食滯(식체)한 것처럼 삶이 답답하다.
>
> ※ 木多丁火熄(목다정화식) : 木이 많아서 丁火는 꺼진다. 심혈관 질환에 조심하고 자식 때문에 마음고생이 따를 수도 있다.

■ 겨울에 乙木은 丙火가 최고의 희망이다.

- 만물이 丙火를 반기지만 겨울철 乙木은 특히 丙巳火가 절실하게 요구된다.

- 丙火의 뿌리인 午巳戌未寅이 있으면 용신이 有力하고 삶이 편안하다.

- 乙木과 丁火는 떨어져 있어야 길하고 지지 巳午未火局을 이루면 더욱 길하다.

- 겨울철 丁午火가 地熱(지열)로 조후가 되면 난방이 잘 된 격이니 內實(내실)이 있어 등 따습고 배부르다.

- 조후가 잘 된 겨울 乙木은 동백, 매화 등으로 德香(덕향)이 있으며 영지, 인삼, 산삼 등 귀한 약초로 교육, 종교, 문화, 예술 방면에서 세상을 빛내는 사람들이 많다.

겨울 亥子丑월의 乙木 – 2

겨울 乙木의 특징

- 겨울 乙木과 調候(조후)

  - 겨울에 火가 없으면 嚴冬雪寒(엄동설한)에 얇은 옷을 입고 허허벌판에 서 있는 형국과 같다.

  - 겨울 庚辛金은 겨울비, 눈, 고드름으로 寒冷(한랭)함을 키운다. 정·편관이 흉으로 年柱(연주)에 있으면 조상 음덕이 없고, 月柱(월주)에 있으면 부모덕이 박하다. 火를 찾아 밖으로 돌아다닌다. 바쁘게 살지만 실속이 적다.

  - 겨울에는 천간에 丙丁火가 없어도 지지가 保溫(보온)만 잘 되면 가정이 평안하고 삶이 안정적이다.

- 겨울 乙木이 甲木과 丙火을 보아 조후가 되면 곡식이나 약초 구실을 한다.

  - 조후가 안되면 群劫爭財(군겁쟁재)로 木이 약신 戊土를 극하기 때문에 나쁜 친구나 동료로 인해 損財(손재)가 따른다.

- 겨울 乙木 + 丙丁火 + 戌未午巳寅

  - 丙丁火의 뿌리가 有力하면 조후가 되어 있으니 삶도 따뜻하다.

  - 천간에 丙丁火 없고, 지지만 보온되어 있다면 사회적 활동(천간)은 미미하나 집안(지지)은 따뜻하고 알부자가 많다. 처·자식궁이 길하다.

- 乙木이 양쪽에 丙丁火를 두고 있는 경우

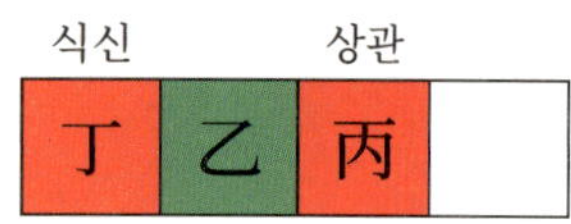

  - 식신과 상관의 성격이 번갈아 나타나 일관성이 부족하다.

- 乙木이 신약하면 柔弱(유약)하여 마음이 자주 흔들린다. 그러나 신왕하면 주관이 뚜렷하여 初志一貫(초지일관)하는 경향이 짙다.

■ 겨울 乙木 + 乙木 부리(寅卯辰)없다 + 火多 = 乾草(건초)

- 乙木이 바짝 말라 건초가 되어 丁火에 잘 탄다.

- 火傷(화상). 수술. 간(눈), 신경성 질환에 조심

- 내 몸을 태워 사회를 밝히려 한다. 봉사, 희생, 헌신적, 수도승, 종교인

- 겨울에는 火가 正用神인데 水用神을 쓰니 逆用神(역용신)을 쓴 경우가 된다.

■ 겨울 乙木은 丙火를 보러 밖으로 나가야 한다. 실속은 없고 춥다. 外華內貧(외화내빈)이고 빛 좋은 개살구이다. 見聞(견문)은 넓으나 삶은 고달프다.

■ 겨울 乙木 + 丁火(난방 불, 화로, 온돌방, 온실, 지열)

- 활동영역은 좁으나 가정을 중시하며 小小한 행복을 추구한다.

- 겨울 亥子丑월에는 丁火가 丙火보다 더 좋은 경우가 많다. 단 乙木과 丁火는 떨어져 있어야 한다. 붙어 있으면 乙木 습목이 丁火에 타면서 연기만 난다. 피차간 어렵다.

- 丁(정)은 초코파이 情(정)과 음이 같다. 丁(정)은 따뜻한 심장으로 情(정)이 많다. 주는 情에 비해 받는 情이 미미하여 마음의 상처를 잘 받는다. 베푸는 情을 節制(절제)할 줄 아는 지혜가 필요하다.

겨울 亥子丑월의 乙木 - 3

亥子丑월의 특징

- 亥月 ☷ 6음. 立冬(입동). 極陰(극음). 純陰(순음)

  - 陰極則陽生(음극즉양생) : 음이 극에 도달하면 새로운 양이 生하기 시작한다.

  - 亥水는 본래 陰水(6음)이지만 그 쓰임은 陽水(溫水)이다.

  - 6음지인 亥月이 가장 추워야 하는데 그렇지가 않다. 戌月의 지장간 본기 戊土를 亥月에서 지장간 여기로 받아 보온이 되며, 바닷물이 천천히 식어 亥水는 溫水(온수)이다.

  - 亥月은 小春(소춘)으로 丙火 조후 먼저이고 戊土 약신은 다음으로 많이 쓴다.

  - 亥 지장간
    - 戊(정재) : 약신역할
    - 甲(겁재) : 생명의 씨가 자란다.(核 : 씨 핵)
    - 壬(정인) : 겨울에 水旺(수왕)하면 흉

  - 戌亥는 天門星(천문성)으로 명상, 종교, 역술 등 정신세계를 추구하는 경향이 짙다.

- 子月 ☵ 一陽始生(일양시생) : 1양이 처음으로 생긴다.

  - 陽復之月(양복지월) : 양의 기운을 회복하는 달

  - 子月은 大雪(대설)과 함께 시작하여 겨울의 한복판 冬至(동지)에 이르러 壬水가 작용하는 시기이다.

  - 子水는 陽水(일양시생)이지만 그 쓰임은 陰水(冷水)이다.

  - 子月은 冷水(냉수)이며 水帝旺月(수제왕월)로 壬癸水만 활동하니 戊戌 건토약신 우선이며 丙丁火 조후는 次用(차용)한다.

- 戊土의 뿌리는 戌未午巳寅, 丙丁火의 뿌리는 午巳戌未寅이 길하다. 그러나 水旺한 겨울에는 건토가 우선으로 戌未午巳寅이 더 有力하다.
- 자기만의 시간과 지혜를 추구하여 공부하는 사람이 많다. 공자, 맹자, 노자, 장자
- 乙木 子月生이 戊土가 有力하면 富格(부격)이고, 丙丁火가 유력하면 貴格(귀격)으로 지식과 명예가 있다.
- 子時의 丙火는 달빛이나 별빛으로 虛火(허화)이다. 매화나 동백이 달빛에 비치면 감성적이고 운치는 좋으나 고독하다.
- 子卯형은 겨울철에 卯木이 얼어있는 경우만 해당된다.
- 冷水 子水와 열토 未土가 만나면 辰土 沃土(옥토)로 변한다.

■ 丑月 ☷ 2양 天寒地凍(천한지동)

- 위에 4개의 음기에 싸여 2개의 양기가 제대로 진행하지 못한다.
- 하늘은 춥고(天寒) 땅은 얼어있는(地凍) 계절로 丙丁火를 갈망하며 戊戌 건토가 약신 역할을 한다.
- 丑月에 木旺하면 戊戌 건토 약신을 극하고, 목다병화체, 목다정화식으로 丙丁火를 無力하게 하여 흉하다.
- 土는 생명을 키우는 것이 첫째 임무로 木正用神이 正格이나 丑月은 木旺함을 꺼린다. 단 劈甲引丁(벽갑인정 : 庚甲丁)의 구조이면 길하다.
- 丑土는 봄을 준비하기 위한 土이며 찌꺼기 土로 위장병, 당뇨, 피부트러블 등에 脆弱(취약)하다.

	癸(편인) : 겨울의 눈, 비. 丙丁火를 무력하게 한다.
丑 지장간	辛(편관) : 丙辛合, 丁辛沖으로 흉
	己(편재) : 火氣(화기) 흡수

- 소의 상징과 의미는 佛家(불가)에서 尋牛圖(심우도)로 나타난다. 사찰 법당 벽화에 本性을 찾아 修行(수행)하는 10단계의 여정을 동자와 소에 비유해서 묘사한 불교 회화이다.

亥月의 乙木 실전 사주

실전 1. 여

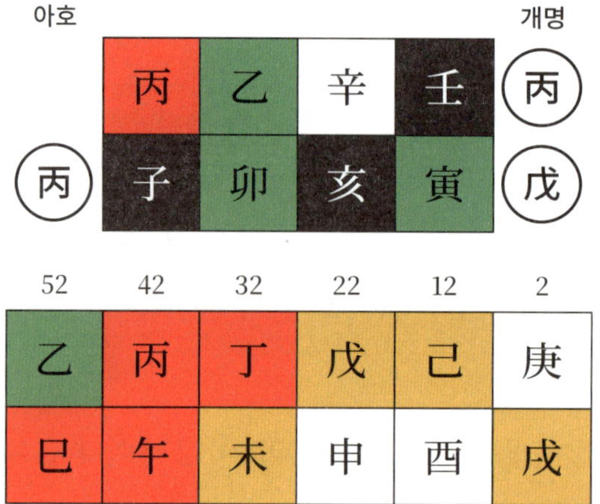

- 6 〉 2 太旺(태왕)

  - 金 구신   - 水 병신   - 木 흉신   - 戊戌 건토약신   - 丙火 조후용신

■ 특징

- 子時(자시)의 丙火 조후용신이 뿌리가 넌지 寅中丙火로 멀리 떨어져 있어 별빛이나 달빛이 되었다. 虛火(허화)이다.

- 丙火 상관으로 達辯家(달변가)이다. 화장품 회사 직원 교육 강사로 재직 중이다.

- 겨울밤 달빛아래 동백, 매화, 인동초, 구절초 등이 피어 淸楚(청초)하며 純眞無垢(순진무구)하다. 고독하다.

- 亥月에 木旺하여 戊戌 건토 약신을 막고 木多丙火滯(목다병화체)로 능력만큼 힘을 펼치지 못한다.

- 지장간 寅中 戊土와 亥中 戊土로 浮木(부목)이 아니다.

- 月干(월간) 辛金이 壬亥水를 만나 洗光(세광)되어 두뇌 총명하고 乙木을 자를 생각을 안 하니 길하다.

■ 乙卯 日柱(일주) + 月支(월지) 亥月

- 겨울밤 달빛 아래의 구절초가 언덕에 펼쳐진 것이, 한 폭의 동양화 같은 운치가 있다. 미인이며 춤, 노래, 운동 등 다방면에 재능이 있다.

- 乙卯는 오직 木氣만 있는 子午卯酉 제왕의 干與支同(간여지동)이다. 외유내강형이다.

- 卯木 배우자궁의 강한 性情(성정)으로 부부 화합의 어려움이 따를 수 있다.

■ 大運(대운)

- 戌(吉) : 약신 운. 국문학 전공. 화장품 회사 입사

- 未(凶) : 亥卯未木局으로 목다병화체. 남편과 별거

- 丙午(吉) : 남편과 재결합. 승진. 사내 직원교육과 관리

실전 2. 남

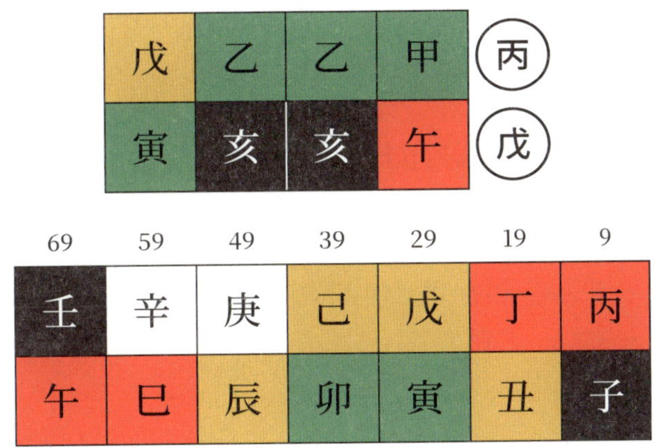

■ 6〉2 太旺(태왕). 身旺財弱(신왕재약)

- 천간 金 길신   - 지지 金 흉신   - 木 병신   - 戊戌 건토 약신   - 丙火 조후용신

- 천간 金은 旺木을 間伐(간벌)해서 길하고, 지지 金은 金→水→木으로 木氣만 키워주어 흉하다.

■ 특징

- 겨울에 木旺(목왕)하여 木多丁火熄(목다정화식)되어 조후가 부족하고, 아울러 약신 戊土 財(재)를 극하여 재물복이 약하다. 그러나 지장간 寅中 戊土와 亥中 戊土(財)가 겹쳐 있어 의식주는 문제가 없다.

- 본인 왈 "사고와 질환으로 死境(사경)을 헤맨 것이 여러 번인데 起死回生(기사회생)한 것이 기적이다. 인생을 여러 번 다시 산다."

- 前半(전반) 과수원 20년간의 실적보다, 後半(후반) 造景業(조경업) 10년간의 상황이 더 좋았다. 信用(신용)을 지키면서 德(덕)을 쌓아온 결과라고 믿는다. 거기에 더하여 乙木 일간이 조경업에 어울리고 大運 또한 巳午未 용신운으로 영향이 크다고 판단된다.

■ 乙亥 日柱(일주) + 月支 亥月

- 亥月 연꽃의 열매인 蓮實(연실. 일명 연자육)이 맺혀있다. 연실은 食用(식용)과 補陽劑(보양제)로 귀하게 쓰이는 약제이다.

- 세상을 보는 시각이 남과 다르고 특정 분야에서 빼어난 재능이 있다.

■ 大運(대운)

- 8세. 辛丑年(凶) : 놀이터에서 사고. 뇌수술을 크게 했다.

- 늑막염, 골수염, 자동차 교통사고 등으로 죽음을 눈앞에 두고 七顚八起(칠전팔기)하여 삶을 더욱 아름답게 昇華(승화)시킨 주인공이다.

- 겨울에 木旺하여 흉이 된 대표적 사례이나 木의 仁(인)한 本性과 百折不屈(백절불굴)의 정신력이 吉運과 만나 榮光(영광)을 이룬 美談(미담)이다.

실전 3. 남

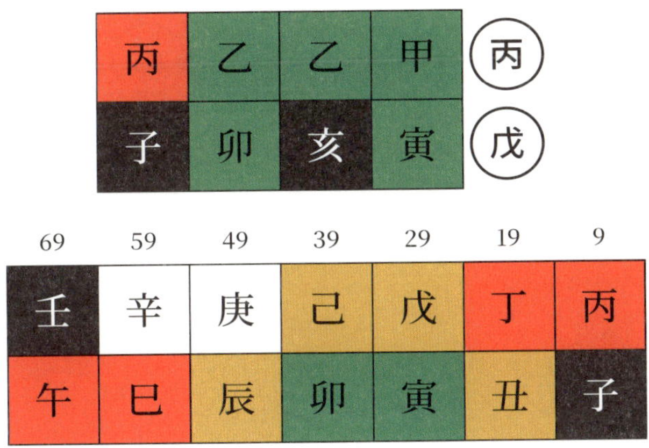

- 木從旺格(목종왕격) = 木體(목체) = 木用神(목용신)

  - 金 천간 병신 : 금극목. 木용신이 가는 길을 막는다.

  - 金 지지 길신 : 金→水→木. 지지 水 통관길신

  - 水 길신 : 수생목

  - 丙火 조후용신

  - 건토 길신 : 木이 살 집

  - 습토 흉신 : 火氣(화기)를 흡수하고 한랭해 진다.

- 특징

  - 크레인 기사로 미혼이고 손재주가 좋으며 취미 생활에 열중하고 있다. 큰 키에 미남이다. 취미는

    만들기, 율동, 복싱, 대체의학

  - 木多丙火滯(목다병화체)로 亥月 子時의 丙火는 별빛이나 달빛이 되어 寒冷 (한랭)하고 木이 살

    집인 戊土가 필요하다.

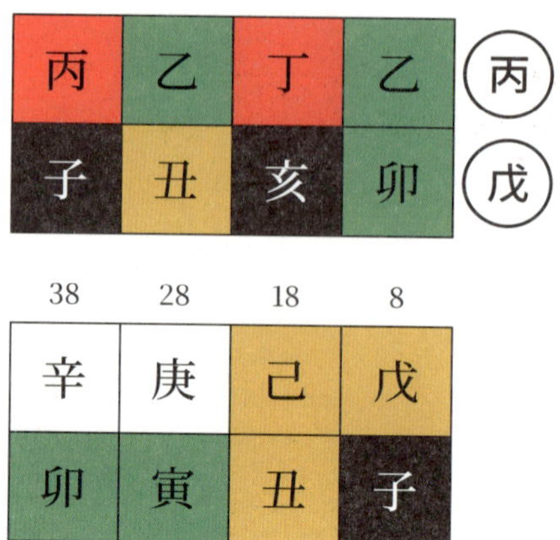

■ 5〉3 身旺(신왕) 寒濕(한습)

　- 金 흉신　　- 水 구신　　- 木 병신　　- 戊戌 건토 약신　　- 丙火 조후용신

■ 특징

　- 子時의 丙火가 뿌리가 없어 無力하다.

　- 물을 잔뜩 먹은 乙木 습목이 丁火에 타지 않고 연기만 난다.

　- 亥月에 水旺한 乙木 습목이 丙丁火가 무력하고 丑 습토를 보아 사주가 寒濕(한습)하여 큰 병이 되었다.

　- 자식 낳기를 원하여 시험관 아기를 여러 번 시도하였으나 실패하였다. 몸이 한습하면 着床(착상)이 어렵다. 卯木 병신 대운이 착상에 도움이 되지 못하여 안타깝다.

子月의 乙木 실전 사주

실전 1. 여

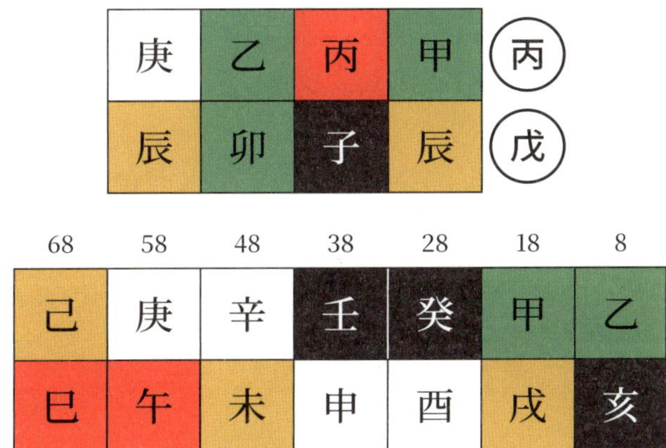

- 4 〉4 身旺(신왕). 寒濕(한습)

  - 水 구신　　- 木 병신　　- 戊戌 건토약신　　- 辰丑 습토 흉신

  - 金 흉신　　- 丙火 조후용신

- 특징

  - 丙火의 뿌리인 午巳戌未寅 가운데 어느 하나도 없어 조후가 부족하다.

  - 丙火가 부모궁으로 부모의 좋은 영향을 많이 받으면서 성장하였고, 耳順(이순)의 나이에도 부모를 理想(이상)으로 삼는 孝心(효심)이 돋보인다.

  - 子月 乙卯 습목이 辰 습토와 겹쳐있고, 火가 부족하여 환경이 寒濕(한습)하다.

  - 지장간 辰中戊土는 약신 작용을 하여 길흉이 共存(공존)한다. 二律背反的(이율배반적)이다.

- 辰戌, 寅申巳亥 지장간 戊土 크기(일수)

辰	乙	9일
	癸	3일
	戊	18일

寅	戊	6일
	丙	6일
	甲	18일

巳	戊	6일
	庚	6일
	丙	18일

戌	辛	9일
	丁	3일
	戊	18일

申	戊	3일
	壬	9일
	庚	18일

亥	戊	3일
	甲	9일
	壬	18일

> • 봄(寅), 여름(巳)의 지장간 戊土는 餘氣(여기)가 6일간이다.
>
> • 가을(申), 겨울(亥)의 지장간 戊土는 餘氣(여기)가 3일간이다.
>
> • 辰戌 지장간 戊土는 本氣(본기)가 18일간으로 戊土 영향을 제일 많이 받는다.

- 戊戌未 건토 財(재)는 돈이 되지만 己辰丑 습토 財(재)는 돈이 되지 않는다.

  • 辰中 戊土 건토는 6친(六親)상으로 돈이 있으나 겨울 습토가 火氣(화기)를 흡수하여 따뜻한 삶을 추워
  지게 만들어 재물 복이 약하다.

  • 辰丑 습토 재는 돈이 들어오면 쓸 일이 생겨 바로 나가고, 돈에 집착하는 경향이 있다.

- 時柱(시주) 庚辰 魁罡(괴강)으로 늦게까지 활동한다.

- 丙火의 뿌리가 없어 용신이 無力하고 木多丙火滯(목다병화체) 일지언정 乙木의 최고 이상인 丙
  火를 보고 辰中 戊土 약신이 이정표가 되어 매우 열심히 성실하게 살고 있다.

■ 乙卯 日柱(일주) + 月支(월지) 子月

- 子月의 乙卯 일주가 丙火조후가 有力하면 동백이나 매화로 향기가 있으며, 귀한 약초의 역할로
  活人業(활인업)에 종사하는 덕이 있다.

- 형제, 친구, 동료, 경쟁자들과 좋은 관계를 유지하는 데 노력이 필요하며, 이들과의 금전 거래는
  특히 금물이다.

■ 大運(대운)

- 乙亥(凶) : 가난, 여상

- 戌(吉) : 약신운. 취업

효명작명 목성론

- 癸酉, 壬申(凶) : 어렵게 어렵게 생활

- 辛(大凶) : 용신이 丙辛合去(병신합거)로 습기 찬 환경에서 주로 발생하는 머릿속 곰팡이 감염

  증으로 고생

- 未(吉) : 7년간 치료 후 완치

실전 2. 여

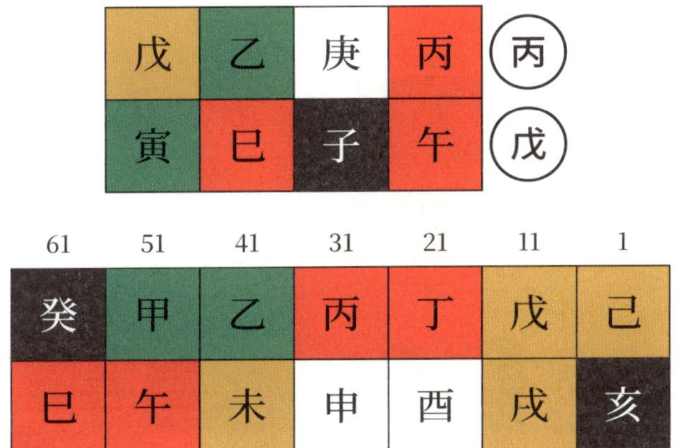

■ 3 〈 5 身弱(신약)

 - 木 길신   - 水 병신   - 金 구신   - 戊戌 건토약신   - 丙火 조후용신

■ 특징

 - 子月 甲乙木은 신약함이 길하다. 겨울 木이 신왕하면 戊戌 건토 약신을 극하여 흉하다.

 - 겨울 火는 多多益善(다다익선)이다.

 - 子月 겨울 산에 핀 꽃이나 약초로 丙火를 보아 역할이 아름답고 건강체이나 고독감을 면할 수

   없다.

 - 몸살 기운이 있거나 스트레스 받을 때 노래방에서 춤추고 노래 부르면 다 풀린다.

■ 乙巳 日柱(일주) + 月支(월지) 子月

 - 한겨울에 조후 丙火와 약신 戊土의 뿌리인 巳午寅이 有力하여 乙木이 약초가 되어 능력을 발휘

   하고 사회에 공헌한다.

 - 양지도화의 기운으로 매력적이고 순수하여 인기가 많으며, 프로 기질로 성공한다.

- 지장간 財官雙美(재관쌍미 : 戊庚)로 능력 있는 남편을 만나 열심히 노력하여 명성을 떨친다.

■ 大運(대운)

- 戊戌(吉) : 농대 조경학. 공인중개사 시험 합격

- 運路(운로)가 木火運(목화운)으로 大吉 하다.

- 丙火용신의 뿌리인 巳火가 남편궁이니 부부가 부동산 일을 같이 한다면 더욱 좋을 것이다.

실전 3. 여

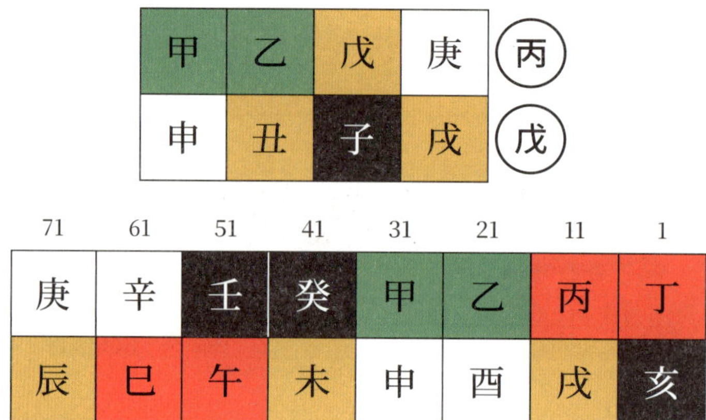

■ 3〈5 身弱. 財多身弱(재다신약)

- 木 길신   - 水 병신   - 金 구신   - 戊戌 건토약신   - 丑 습토 흉신

- 戌中 丁火 조후길신   - 丙火조후 정용신

■ 특징

- 일간이 乙木인 경우는 丁火로 태워서 피차간 고통 받지 말고, 丙火가 命式(명식)에 없더라도 正用神으로 삼음이 順理(순리)이다.

- 일지 丑 습토 남편궁이 흉신이다. 乙酉 대운에 결혼, 사별, 재혼했다.

- 辰戌丑未 四庫(사고)를 일지에 둔 일주는 식복은 있으나, 나와 부모형제·자·배우자는 남이 모르는 고통이 있다.

- 戊戌 건토 약신이 있어 의식주에는 아무 문제가 없다.

丑月의 乙木 실전 사주

실전 1. 여

丙	乙	癸	丁	丙
子	未	丑	未	戊

63	53	43	33	23	13	3
庚	己	戊	丁	丙	乙	甲
申	未	午	巳	辰	卯	寅

■ 3 〈 5 身弱(신약)

- 木 길신   - 水 병신   - 金 구신   - 戊戌 건토 약신

- 丑 습토 흉신   - 丙火 조후용신

■ 특징

- 丑月 乙木이 丙火를 보고 未土(건토, 財) 약신이 겹쳐 있어 재물복이 있다.

- 지장간 未中 乙木과 丁火가 또한 겹쳐 있어 丙丁火의 뿌리가 되고, 용신이 힘이 있어 乙木이 생

  기를 받아 신약하지 않다.

- 子時의 丙火는 달빛이나 별빛에 비유된다. 운치가 있고 예술성이 강하다.

- 5남매 중 장녀로 많은 대지와 논밭을 친정아버지로부터 相續(상속) 받았다.

■ 乙未 日柱(일주) + 月支(월지) 丑月

- 丑月의 乙未 일주가 丙火로 조후가 되어, 乙木이 약초나 根菜類(근채류)가 되니 강한 집념으로

뜻을 이룬다.

- 乙未 白虎(백호) 일주가 길 작용을 하여 특별한 재능이나 능력을 발휘한다.

- 에너지가 밀집된 능력자로 큰 그릇 역할을 한다.

실전 2. 남

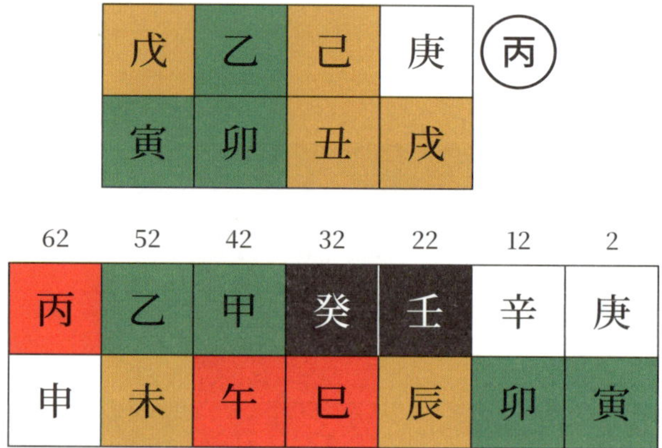

■ 3〈5 財多身弱(재다신약)

- 木 길신
- 水 흉신
- 金 구신
- 戊戌 건토 약신

- 己丑 습토 흉신
- 寅中 丙火 조후용신

■ 특징

- 丑月 嚴冬雪寒(엄동설한)에 寅中 丙火가 조후가 되고, 戊戌 건토 약신이 있어 열심히 일하고 성실함으로 주변의 사랑을 받는다.

- 안정을 추구하는 경향으로 욕심내지 않고 차근차근 발전하는 끈기 있는 면모를 보이고 있다.

- 회사 생활을 적극적으로 하며 자식 교육에도 관심이 많다.

- 운동으로 땀 흘리고 샤워해야 두통도 해소되고 숙면을 취할 수 있다.

■ 乙卯 日柱(일주) + 月支(월지) 丑月

- 寅中 丙火가 조후가 되고 戊戌 건토가 除濕(제습)과 保溫(보온)이 되어 한겨울의 乙卯 일주가 귀한 藥草(약초)의 역할을 다한다.

- 乙卯는 오직 木氣만 있는 子午卯酉 帝旺(제왕)의 干與支同(간여지동)으로 두뇌 명석하고 독립

심과 인내심이 강하다.

- 창의력을 요구하는 어느 직업군이든 광범위한 영역에서 능력을 인정받는다.

■ 大運(대운)

- 庚辛(凶) : 천간의 정관 편관은 흉하다.

- 寅卯(吉) : 선한 부모님 밑에서 농사일을 도우며 성장했다. 고등학교는 도시에서 하숙 생활

- 壬辰 : 壬水와 辰 습토는 흉신이나 戊戌土 약신이 제방 역할로 역량을 발휘할 수 있었으며, 辰 습토는 寅卯辰木局으로 길신 작용을 하여 無難(무난)하게 되었다. 대졸. 대기업 취업. 결혼

⇒ 運路(운로)가 巳午未 火運으로 餘生(여생)이 평안하다.

실전 3. 남

- 2 〈 6 太弱(태약)

  - 水 천간길신   - 木 길신   - 金 병신   - 습토 구신   - 丙火 조후용신

■ 특징

- 丙火 조후용신의 뿌리인 午火가 겹쳐 있어 용신이 有力하고 未土 건토가 除濕(제습)이 되어 길하다.

- 한겨울의 壬水가 지지 난방으로 溫水(온수)가 되어 乙木이 生氣를 얻어 활동력이 크고 丙火를 보아 향기가 세상에 퍼진다.

- 丑月 壬水 正印(정인)이 길 작용을 하는 보기 드문 사례이다. 공부하면 100% 흡수한다. 더 이

상의 水는 필요하지 않다.

- 년월일시 4기둥이 建旺(건왕)하여 에너지가 密集(밀집)된 능력자로 큰 그릇 역할을 한다.

- 丑月은 火多多益善(화다다익선)이다. 丑 습토가 불먹는 하마로, 부모덕이 약하여 자수성가하였다.

■ 乙未 日柱(일주) + 月支(월지) 丑月

- 嚴冬雪寒(엄동설한)의 乙木이 조후와 제습이 되어 귀한 藥草(약초)의 역할을 다하여 人命을 求(구)하는 의사로 부귀격이다.

- 일간 乙木이 未中 乙木을 뿌리에 두어 여린 듯하나 매우 剛性(강성)으로 전형적인 外柔內剛(외유내강)이다.

- 乙未 白虎(백호) 일주가 길 작용을 하여 醫術(의술)에 탁월한 능력을 발휘한다.

- 부부 화목하며 가정이 평안하다.

■ 大運(대운)

⇒ 運路(운로)가 木火로 天福(천복)을 타고났다.

이 책 『목성론』을 통해 독자 여러분께서 생명론의 깊은 통찰을 얻고, 삶 속에서 실질적인 지혜와 도움을 발견하시길 바랍니다.

한국한문교사 대전연수원장 효정 이현나

스승님의 깊은 뜻이 오랜 노력 끝에 한 권의 책으로 엮여 나온 것을 곁에서 함께할 수 있어 참으로 감사한 마음입니다. 『효명 작명-목성론』은 단순한 작명을 넘어, 삶을 바라보는 지혜와 통찰이 담긴 귀한 책이라 생각합니다.

제자로서 부족한 실력이지만 편집 과정에 함께하며, 글자 하나하나에 담긴 스승님의 마음을 가까이 느낄 수 있었습니다. 이번 책이 많은 이들에게 길잡이가 되길 바라며, 저 또한 이 여정을 기쁨과 감사로 오래도록 간직하겠습니다.

효명작명 초·중급 명리반 교수 하원 윤소윤

이번 교재는 생명의 발현과 시작을 상징하는 목(木)을 다루며, 앞으로 이어질 화·토·금·수 여정의 첫 걸음이 됩니다. 선생님의 열정과 정성을 곁에서 지켜보며 그 뜻이 독자께 온전히 전해지기를 바라는 마음으로 함께하였습니다.

木의 본질과 가치를 깨닫게 하는 이 교재가 독자 여러분께 울림과 통찰을 전하길 바라며, 지혜를 나누어주신 효명 선생님과 함께해 주신 편집위원님들께 깊이 감사드립니다.

효명작명 편집위원 서연 박성혜

저는 명리학(命理學)을 인문통계학(人文統計學)이라 정의합니다. 오랜 세월 속 인문학의 집대성이자 통계학의 정수라 할 수 있기 때문입니다.

천간 10자와 지지 12자를 통해 성격·건강 등 삶 전반을 살피는 명리학은 자신을 알고 타인을 이해하게 하는 멋진 학문이라 생각됩니다. 이번 목성론(木性論) 교재의 초안을 거듭 읽으며 저 역시 많은 배움을 얻었고, 함께할 수 있어 큰 영광이었습니다.

효명작명 편집위원 호담 조현찬

어린 시절, 천상의 세계를 다녀온 듯한 기억이 있습니다. 초겨울 아침, 뒤꼍 감나무에 주렁주렁 매달린 붉은 감 위로 첫눈이 소복이 쌓인 풍경이었습니다. 세상은 온통 하얗고, 나는 얼어붙은 듯 그 장면만 황홀하게 바라보았습니다. 그날의 충만감은 삶이 힘들 때마다 행복으로 떠올라 제 마음을 지탱해 주었습니다.

작년 가을부터 책을 만드는 과정에 참여하며 그날의 감동이 새록 올라왔습니다. 마음을 가다듬고 한 걸음씩 그 세계에 들어가는 귀한 시간이었고, 명리반 모두가 함께 생명론의 세계로 깊이 들어가기를 간절히 소망합니다.

효명작명 편집위원 문제 송석미

효명 원장님의 두 번째 책을 펴내심을 진심으로 축하드립니다. 이미 『효명 작명』을 통해 깊은 통찰과 지혜를 전해주신 선생님께, 제자 된 입장에서 큰 가르침을 얻어왔습니다.

이번 신간은 오랜 학문적 탐구와 따뜻한 인간애가 담긴 책으로, 단순히 甲乙木의 생명을 넘어 인생의 등불이 될 것입니다. 독자들에게 전하고자 하는 선생님의 진심과 정성이 고스란히 느껴져 가슴이 벅찹니다.

대전광역시교육청 진후 남지형

강의에서 보여주시는 열정과 깊은 내공, 그리고 지혜로운 인품을 닮고 싶습니다. 명리학의 생명론으로 새 지평을 여시는 원장님을 존경하며, 저 또한 위편삼절의 고사처럼 저서를 거듭 읽고 익히겠습니다.

효명작명 고급 명리반 회장 송담 정재훈

효명 원장님의 명강의를 응축해 놓은 이 책은 명리를 공부하는 이들에게 훌륭한 길잡이가 되리라 믿습니다. 표지 디자인 작업에 함께하며 책의 뜻을 조금이나마 시각적으로 표현할 수 있어 영광이었습니다. 앞으로도 이 지혜가 많은 이들의 삶에 밝은 등불이 되기를 바랍니다.

사각원 사주풍경 작가 이훤 김경집, 다경 윤소하

상담사로서 사람에 대한 깊은 이해를 하고 싶었습니다. 그래서 선생님이 주신 아호가 炅厚(경후)입니다. 상담실에 오는 사람들을 아기 강보 싸듯이 포근히, 안전하게, 정성을 다해 감싸주는 사람이 되라는 뜻입니다. 선생님의 혜안에 눈물이 납니다. 깊은 이해는 자기 이해부터 시작합니다. 더 나아가 자기 이해를 통한 타인 이해를 위해 이 책을 추천합니다.

해봄 심리상담 김하서

효명작명
목성론

펴낸날 2026년 3월 1일

지은이 최화복
펴낸이 주계수 | **편집책임** 이슬기 | **꾸민이** 이슬기

펴낸곳 밥북 | **출판등록** 제 2014-000085 호
주소 서울시 마포구 양화로 156 LG팰리스빌딩 917호
전화 02-6925-0370 | **팩스** 02-6925-0380
홈페이지 www.bobbook.co.kr | **이메일** bobbook@hanmail.net

© 최화복, 2026.
ISBN 979-11-7223-134-7 (13180)